本书受国家自然科学研究基金地区项目"制度变迁、社会[...]
定性研究"（项目编号：71663014）、海南大学应用经济[...]

证券契约
与国有资本管理

兼谈国企治理中
资本所有者与职业经理人
角色定价的动态博弈

傅　斌◎著

中国财经出版传媒集团

经济科学出版社
Economic Science Press

图书在版编目（CIP）数据

证券契约与国有资本管理：兼谈国企治理中资本所
有者与职业经理人角色定价的动态博弈／傅斌著．—北
京：经济科学出版社，2019.3
ISBN 978 - 7 - 5218 - 0349 - 5

Ⅰ.①证…　Ⅱ.①傅…　Ⅲ.①国有企业—企业管理—
研究—中国　Ⅵ.①F279.241

中国版本图书馆 CIP 数据核字（2019）第 043648 号

责任编辑：谭志军　李　军
责任校对：王苗苗
责任印制：李　鹏

证券契约与国有资本管理

——兼谈国企治理中资本所有者与职业经理人角色定价的动态博弈

傅　斌　著

经济科学出版社出版、发行　新华书店经销
社址：北京市海淀区阜成路甲 28 号　邮编：100142
总编部电话：010 - 88191217　发行部电话：010 - 88191522
网址：www.esp.com.cn
电子邮箱：esp@esp.com.cn
天猫网店：经济科学出版社旗舰店
网址：http://jjkxcbs.tmall.com
固安华明印业有限公司印装
710×1000　16 开　13.75 印张　210000 字
2019 年 4 月第 1 版　2019 年 4 月第 1 次印刷
ISBN 978 - 7 - 5218 - 0349 - 5　定价：58.00 元
（图书出现印装问题，本社负责调换。电话：010 - 88191510）
（版权所有　侵权必究　打击盗版　举报热线：010 - 88191661
QQ：2242791300　营销中心电话：010 - 88191537
电子邮箱：dbts@esp.com.cn）

前　言

为提高市场资源配置的效率，不断完善国有企业资本管理体系已成为世界各国证券市场发展的重要内容。

本书综合运用一般均衡理论、博弈论和制度经济学的分析方法，结合中国特色，就我国国有企业资本管理模式进行全面分析，并结合实证研究，为我国国有企业资本管理提供了参考和借鉴。

党的十九大明确了我国国有资产的管理将以资本管理即风险管理代替资产管理，成立了国有资本控股公司。完善国有企业资本管理模式，提高国有企业经营和治理效率成为是我国新时代全面深化国有企业改革的重要目标。

证券契约理论在解决国有企业资本管理的逆向选择和道德风险问题上有着无可替代的作用，成为我国乃至各国赖以进行经济机制设计的重要手段。2016年人大通过的股票发行注册制实施方案以及2018年科创板的推出，为我国国有资本的流通创造了宽松的环境，增强了中国企业国际市场的竞争力。

中央在2018年全国民营企业座谈会上发表的重要讲话也指出，公有制经济、非公有制经济应该相辅相成、相得益彰，而不是相互排斥、相互抵消。鼓励欢迎支持民营企业及国内外各类企业，共同参与国有企业混合所有制改革，共同打造股权多元、布局合理、治理规范、活力迸发、业绩优良的公众公司，推动各类所有制资本取长补短、相互促进、共同发展，推动中国经济高质量发展。在市场经济体制下，国有资本的经营，必然不断走向开放，向其他社会资本开放，向市场竞争开放，向国际竞争开放。

可以说，本书的出版在一定程度上促进了证券契约与国有资本管理之间的理论研究，希望在当前国有企业资本管理制度的创新领域做出应有的贡献。

傅斌

2019年3月1日

目录

导　论 ……………………………………………………………… 1

第一章　证券契约的理论基础 ……………………………………… 13

　　第一节　一般均衡与理性选择 ………………………………… 13

　　第二节　现代资本市场理论 …………………………………… 20

　　第三节　科斯定理、交易费用与契约的安排 ………………… 27

　　第四节　MM 定理及其命题 …………………………………… 34

第二章　证券契约的最优设计 ……………………………………… 41

　　第一节　最优设计的模型 ……………………………………… 41

　　第二节　信贷配给与最优证券契约 …………………………… 49

　　第三节　企业所有权与经营权的安排 ………………………… 59

　　第四节　企业的兼并收购 ……………………………………… 77

第三章　证券契约与充分信息的形成 ……………………………… 94

　　第一节　委托—代理理论 ……………………………………… 94

　　第二节　对称信息下的最优契约设计 ………………………… 101

　　第三节　非对称信息下的最优契约设计 ……………………… 108

　　第四节　充分信息的形成与市场深化 ………………………… 114

　　第五节　代理问题、信号传递与资本结构 …………………… 123

第四章　现代企业制度与证券契约 ·· 133

　　第一节　企业与证券契约 ·· 133

　　第二节　经理人与资本所有者的角色分化和博弈 ··············· 143

　　第三节　企业所有权的安排与企业治理 ························· 155

第五章　我国国有企业资本管理 ·· 166

　　第一节　我国国有企业的概况 ······································· 166

　　第二节　国有资本管理的特征 ······································· 172

　　第三节　我国国有企业治理机制的设计 ························· 186

　　第四节　我国国企改革与国有资本管理的政策取向 ············· 193

参考文献 ··· 205

导　论

一、信息与激励

信息的引入修正了一般均衡理论，为瓦尔拉斯定价提供了完全分散化的抉择方式，在这一抉择中，价格是固定的，并在一连串的拍卖中得到修正。这个过程可以这样描述：

（1）生产组合和消费偏好的信息是严格私人的，即非对称的，只有个人自身对自己的自然状态最清楚。

（2）价格和商品质量的信息是完全的。

后者使得前者无关紧要，因为信息可无成本地加以利用。同样，如果信息非对称问题能得到有效解决，契约中的委托人与代理人可无成本或在可接受的类似于市场交易费用的条件下交易，信息是否完全也就不重要了，现实也就接近于信息完全条件下的新古典一般均衡所描述的理想状态。

但现实中，由于信息不可能完全，相应地，大部分市场交易行为又因私人信息的问题而出现外部性，代理问题就出现了。人们不得不用契约工具尽可能消除信息的非对称问题，从而解决代理问题，使得交易取得近似于最优状态（即次优的状态），因此，契约治理交易的现象产生了，可以说，市场体系、企业政府组织、法规体系等制度安排都是在一定契约安排下经济参与人交易费用节约的结果。

现实世界是通过一个纳什均衡（即次优的选择）来体现经济体系是进步还是落后，根本在于经济制度的变迁能否对现有的状态进行帕累托改进。这个改进的过程体现为经济机制的设计，设计的手段可归纳为两个方面：

（一）信息是否有效的问题

现代社会高度分工，个人向社会提供产品，同时个人消费由全社会供给，这就产生了信息交流的需要。作为经济参与人，必须传递有关他们的特征，如消费偏好、初始资源及生产可能性集合等信息，通俗地讲，他们必须交流需要什么、提供什么的信息，不同的经济机制所传递的信息空间的维数不同，对于某个经济目标，人们总想找到具有尽可能小的信息空间的机制，以提高效率。

（二）激励问题

这涉及两个方面：

1. 个人动力

个人参与经济的动力来自效用最大化的动机，确立经济机制之前，首先要确认人的经济活动是否是以个人效用最大化为主要特征。

2. 激励相容

如果每个人都按效用最大化原则追求个人目标，在给定经济机制的条件下，资源配置是否满足整体目标（现实中，一方面生产者也许知道消费者需要什么、也有能力生产，但他也许没有生产这种产品的积极性；另一方面，国家禁止生产某种商品，但生产者仍然私下生产并销售这种商品），如满足，则为"激励相容"；不满足，则为"激励不相容"。

可见，经济机制设计不仅要能充分刺激以效用最大化为目标的个人的积极性，而且要使竞争机制"激励相容"。

市场价格机制的优点就表现在信息传递的有效性和可以充分刺激以效用最大化为目标的个人的积极性。但在经济社会成员数量有限且人们的行为按占优策略决策时，经济环境中即使只有私人商品，也不可能存在某个市场机制能够实现帕累托最优状态。也就是说，在市场价格机制部分失效的领域，经济机制的设计应从何而起？这个起点应该是企业。

二、企业与契约设计

作为社会资源配置的核心和社会财富的主要创造者，企业组织生产要素生产商品，追逐会计利润，在改进私人境况的同时尽可能增大集体福利，带动整个社会的发展和演变。证券及其市场就是企业不断发展过程中的契约制度的创新，股份公司已成为现代企业制度的主要形式。

市场条件下，企业需要多元化的投资主体和多样化的投资方式，面对各种资产的风险与预期收益，如何选择最优的资本结构和资产组合，以实现利润最大化呢？给定投资机会和资产组合，企业获得资本，有两种途径：

1. 在商品市场上出售现有的产品和劳务，积累资本。

2. 在货币市场和资本市场上出售未来利益。一是节约资本，二是扩大资本规模。前者产生了商业信用，如商业票据；后者引致出资本信用，如股票和债券。

与其他信用方式相比，资本信用中的信息非对称问题相对严重，由此产生了所谓的融资决策问题。表现为交易者出售企业未来长期收益权，交易各方难以进行有效的信息传递和交流，从而产生逆向选择和道德风险问题。对此，经济机制必须有所改变和发展。

正是证券及其制度在解决保险和信息问题上这种无可替代的作用，成为我国乃至各国赖以进行经济机制设计的重要手段。股份制已成为我国市场建设的重要内容，也是国企改革的方向。而典型的股份制又是与证券及其市场配套发展的，通过构建一个规范化的证券市场，最大限度地保护投资者的利益。在具体的实际工作中，证券及其制度是从以下几方面发挥作用的：

一方面，通过证券市场，企业家允许其他人在分担风险的同时分享企业剩余，把自己从某些风险中解脱出来。同时的每个参与企业的投资者可以通过市场提供的机会拥有多样化的证券。由于不同的证券带有不同的风险，投资者就可通过资产组合从系统性风险的降低中获益。因而，证券市场的作用不仅拓宽了保险的范围和企业生存的空间，还减少了整个社会风险分担的总量。

另一方面，企业发行股票或债券就是向社会发出需要资本的信息，同时投资者进入股市也就是向社会发出供给资本的信息。投资者尽管不直接参与经营，但收益最大化的动机会驱使他参与经济，监督投资的状况和经营者的行为。企业家为了投资者的利益，将力图实现企业价值的最大化。但企业价值不是绝对的而是相对的，公司效率须高于其他公司才能保证其对投资者的吸引力。

可见，企业在（证券）市场中被衡量，效率在市场的激励约束下不断提高，以实现资本增值。目前，没有哪种契约能像证券这样通过一个市场而出现，并以较为明确的形式转移风险。证券是用以满足投资者获取合理收益的一种契约，在消除市场外在不确定性风险方面做如下分析：

（1）分析证券通过特定的数学工具和技术手段发挥的其他市场工具所无可比拟的风险分担作用。

（2）从一般均衡的角度即从证券融资决策角度阐述证券及其制度在传递信号和提高企业效率中的作用。

（3）从期限结构上看，证券是货币的衍生品；从内生性需求上，证券是货币的孪生兄弟；货币和证券组成金融结构，共同深刻影响着处于非均衡状态中的现实经济社会。因此，本课题还进行了中国货币需求方面的实证研究。

由此得到的结论：经济机制的设计首先必须考虑是否激发了个人追求目标的积极性，同时必须不断规范竞争秩序，防止租值耗散。对于我国，中央放权和地方分权可能比刻意的但没有相应放权的政策导致更有效商业化和更高程度的市场一体化。而在经济机制设计的核心——证券设计中，需要注意的是：

（1）通过证券契约的设计实现企业所有权安排上的优化。

（2）通过在证券市场中引入信息交流机制，完善我国的企业治理和市场制度。

（3）通过证券契约设计的分析，为金融结构理论研究指明一个新的方向。

三、一般均衡理论

从一般均衡理论的发展开始，本书分两种情况对信息的作用进行讨论：

（1）某一时点，经济参与人关于外在不确定性的信息是不完全的，但对所有参与人而言是相同的，是充分信息。

（2）经济参与人间的信息往往也是非对称的。

因此，现实中，信息获取和传递可能会失败，从而导致市场失灵，决策就需要根据参与人掌握的信息进行调整，其行为也将部分由非价格因素支配：一方面，非价格制度为交易方传递更为具体的信息；另一方面，有信息优势的一方有可能有选择地发出对自身有利的信息而隐藏对自身不利的信息，甚至会输出虚假信息，从而出现代理问题。这是对一般均衡理论的重大修正。

四、证券契约的最优设计

信息非对称条件下，最优风险分担契约不存在，只能通过激励约束契约解决代理问题。现实中诸如企业、政府中的非价格制度是不同形式的激励约束契约竞争的结果，目的在于降低交易费用，弥补市场在处理决策问题上的缺陷，非价格制度有时也可达到帕累托最优。

五、证券契约的函数关系式

通过对企业家的一般均衡分析，本书得出代表现代企业制度的股份公司内部证券契约的函数关系式（q_A、q_B，γ_A、γ_B，β）（其中 q_A、q_B 分别为股东与经理的股份，γ_A、γ_B 为两者在公司控制上的相对重要性，β、$1-\beta$ 分别为股东和经理的剩余索取），同时本书得出：证券的设计取决于能力和资本的相对重要性和相对比例，表现为企业所有权的安排，目的是为了降低交易费用、获取投资收益。反映在产权立法上，证券设计就是要充分体现效率原则，技术上则要求保证广泛性与开放性，以适应代理人所设计的纷繁复杂的计划和方案。这就是证券的理念。

六、放松 MM 定理

金融契约理论就是在不断放松 MM 定理（或者说是不断放松新古典理论）某个方面的假设而形成的经济学分支。

假定经营者可以占有企业的所有收入，公司举债就是最优的融资契约方式，因为企业家作为效用最大化的主体，在承担全部风险的情况下必然要求全部的净剩余收益，而举债满足了他的这一要求（图导-1点 A 的位置表示企业净剩余收益为 0）。

由于现实中的信息不完全，贷款人一般无法判断借款人的优劣，也无法监督其借款后的行为。在银行提高利率时，信贷市场上出现将低风险项目借款人挤出信贷市场（逆向选择）和诱使借款人选择高风险项目（道德风险）的现象，造成贷款平均风险上升，那些愿意支付较高利率的借款人正是那些

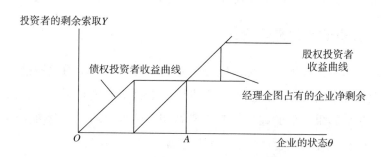

图导 -1　股权投资者债权投资者收益比较

还款可能性较低的人。贷款人对风险和收益的考虑不能完全依靠利率机制，还要参照金融契约当事人给出的条件和公共信用评级等附加条件配给信用，于是，信贷配给现象出现了。可见，逆向选择和道德风险使企业债务契约的帕累托最优难以实现。

一般而言，企业家的股份越多，无效率的公司控制或公司并购的概率越小。但在控制权收益和货币收益相分离的情况下，公司经理和股东之间存在代理问题，这就要求双方进行有效的补偿，以分担风险成本，避免非效率行为的发生，然而这种补偿不可能完全，因此，公司的剩余控制权掌握在谁手中影响重大。如果利益的冲突就发生在对公司剩余控制权的分配之间，那么证券设计的任务就是解决这种冲突并使企业价值最大化。具体的途径有两个：一是一定条件下根据不同筹资者的特征来提供不同类型的金融契约，使每个可能的借款人可以根据自己的意愿去选择为他所属类型的金融契约。二是投资者通过各种可获取信息的技术，从消除非对称信息开始解决代理问题。

前者关系到自我选择机制的可行性，如果可行，则是最优的，且前者主要适用于债务契约的设计。后者为了实现企业价值的最大化，只有从消除信息非对称性的角度，通过资本结构信号的传递克服信息的不足，为不同的外部投资者提供愿意支付款项的金融契约。

股票带有投票权，而债券只有在企业破产后才有投票权。不同的资本结构对公司剩余控制权配置有重大影响，公司并购成功与否，不仅要看拥有决策权的双方是否支持，还取决于剩余控制权和剩余索取权的制度设计，如受益方能否对受损方给予适当的补偿。这种外部性使企业面临着企业所有者是谁，他们的谈判力如何等问题。这在很大程度上决定了企业控制和并购的效率。

七、企业所有权的安排

企业治理机制本质上就是一个关于企业所有权的契约安排，核心是通过选择恰当的契约安排来实现剩余索取权和控制权的对应，确保企业决策的效率。这首先涉及企业参与人之间的谈判，可能使企业所有权契约表现为不同的形式，如资本雇佣劳动或劳动雇佣资本的单边治理契约以及利益相关者共享企业所有权的共同治理契约。不同的契约都有其局限性，在与复杂交易有关的企业契约中，共同治理相对有效，证券契约就满足了这一要求。

国企改革首先必须使国有企业经理的私人利益与公司总收益对应，或创造出有购买积极性和能力的股东，以避免无效的公司控制和并购。

由此得出的一般结论是：企业经理决策层的股份越多，补偿机制越完善，公司控制或并购就越接近于帕累托最优。

图导 -2 为资本家与企业家合一的企业和股份公司的比较。简单交易中，资本家与企业家合一的企业是企业所有权安排的最优模式；复杂交易中，资本家与企业家的共同治理形式也可能是企业所有权安排的最优模式。设复杂交易中，资本所有者成为企业家产生的企业剩余为 $r(0 < r < 1)$，经理没有财富，成为纯粹工人的工资为 $\omega(0 < \omega < 1 - r)$，经理的能力高于资本所有者，经理的参与可产生企业剩余 1，这里 $(1 - r - \omega)$ 就是企业家租金 R，设代理费用为 E，如果 $R \geqslant E$，股份公司就是可选择的企业治理形式。

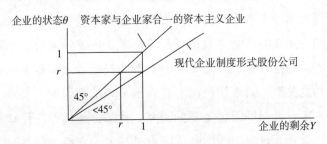

图导 -2　资本家与企业家合一的企业和股份公司的比较

可见，契约的外部性使得企业的制度环境和企业参与人的谈判力对企业治理有重大影响，离开一个国家的发展阶段及其正式与非正式的制度和文化遗产，孤立地评判某种企业治理机制的优劣没有实际意义。国有企业改革的政策取向具体包括：

（1）规范政府的行为；

（2）创造充分信息和公平的市场竞争。

总体上看，在中国证券金融市场变迁过程中，实现中国政府的渐进式改革，关键是要做好以下工作：

（1）完善中国证券市场的注册制功能，以完善产权交易市场体系；

（2）国有企业资本管理股权分散化的约束条件及其理论基础；

（3）做好中国金融结构及其制度变迁的实证研究。

八、我国国有企业资本管理

从证券契约形成约束的视角探讨证券契约的本质，首先，利用数学规划模型研究了经济个体选择成为企业家的最大化收益，以此得出企业家和资本所有者角色分化的条件。其次，利用不完全信息博弈模型，探讨在信息不对称情况下，企业家和资本所有者如何达成合作，形成证券契约。最后，综合前文的研究内容，提出了证券契约形成所隐含的企业家和资本所有者角色分化条件和参与约束条件，得出证券契约的函数关系式。通过模型分析，本书认为证券契约实质上是个人财富、资本要素和劳动要素的价格及其产出弹性、产品价格水平以及经济社会中存在的企业家才能类型及不对称信息情况下对他们的类型判断等个人和社会经济因素综合影响形成的博弈均衡结果。

资本所有者和经营者之间的契约安排是公司治理的核心问题，尤其是对我国以公有制为主体的社会主义市场经济而言，占主导地位的国有企业具有与私营企业不同的特殊性，理清资本所有者和经营者之间相互依存、相互转化、相互制约的关系，对于解决国有企业的公司治理问题意义重大。目前学术界对于资本所有者和经营者关系的研究，大部分是从委托代理理论的视角展开的，国内学者针对我国的实际情况也进行了一定程度的探讨，这部分的研究如：吴艳辉和张明华（2002）① 从委托代理矛盾入手，对所有者与经营者的行为进行分析，他们按照效用最大化原则建立了委托代理矛盾的数学模型，推导出了风险偏好与报酬安排的最佳关系，他们的理论模型认为，只要所有者与经营者的剩余索取权之比等于他们各自的风险偏好之比，就可以得到最佳的激励报酬安排。郭彬和张世英等（2004）② 讨论了风险中性的企业所有者为风险厌恶的经理人设计最优激励报酬机制来解决经理人的逆向选择和道德风险问题，他们把经理人的最优激励报酬分为固定收益、信息租金、风险收益、激励收益和经理人市场价格五部分，通过对不同产业类型的企业的实证分析研究了企业产业类型对经理人激励收益和业绩的相关性问题。杨淑君和郭广辉（2007）③ 认为，所有者与经理人都具有委托人与代理人的双重身份，他们之间存在双向委托代理关系，因此在激励机制上应该实行经理人合同期望回填的双向激励约束机制。刘银国（2007）④ 运用委托—代理理论论证了国有企业经营者激励的必要性，分析了国有企业经营者激励的现状与不足，提出了提高激励水平、改进激励结构、完善激励考核机制等激励措施。朱信贵（2012）⑤ 从多任务委托代理的视角对高管薪酬管制问题进行了分析，他认为高管薪酬决定机制存在激励过度的内在冲动，高管薪酬管制具有合理性也有实行的必要性，政府可以通过强化高管薪酬股东决策权、细化高管薪酬信息披露制度以及建立奖金追回制度等措施进行薪酬管制。丁永健、王倩和刘培阳（2013）⑥ 也从多任务委托代理的角度，通过构建只具有生产任务和同时具有生产、在职消费双重任务的委托代理模型，研究红利上缴与

①　吴艳辉，张明华. 所有者和经营者的风险偏好与最优报酬安排［J］. 经济问题，2002（6）：14－39.

②　郭彬，张世英，郭焱，冷永刚. 企业所有者与经理人委托代理关系中最优激励报酬机制研究——兼论企业产业类型与业绩报酬的关系［J］. 中国管理科学，2004，12（5）：80－84.

③　杨淑君，郭广辉. 论建立所有者与经理人的双向激励约束机制［J］. 河北经贸大学学报，2007，28（4）：67－70.

④　刘银国. 基于委托—代理理论的国有企业经营者激励机制研究［J］. 经济问题探索，2007（1）：155－160.

⑤　朱信贵，高管薪酬管制分析——基于多任务委托代理视角［J］. 经济与管理，2012，26（6）：61－65.

⑥　丁永健，王倩，刘培阳. 红利上缴与国有企业经理人激励——基于多任务委托代理的研究［J］. 中国工业经济，2013（1）：116－127.

国有企业经理人的激励问题。他们的研究表明，激励强度与能力系数正相关，与风险规避程度、外部环境不确定性、成本系数负相关，在职消费与生产性努力此消彼长。与所有者和经营者委托代理密切相关的是公司治理的契约设计问题，对于契约设计问题国内学者的研究许多是围绕高管薪酬契约展开的。刘凤委、孙铮和李增泉（2007）[①] 以制度环境差异为背景，以我国 A 股上市公司作为研究样本，实证检验了制度环境对经营者薪酬合约的影响。李维安、刘绪光和陈靖涵（2010）[②] 基于契约理论及其行为分析，结合中国企业转型的制度背景，从功能渐进的经理人市场、经理权力与公司治理的互动以及契约参照点效应的视角提出了关于高管薪酬决定因素的理论假设。陈冬华和陈富生等（2011）[③] 则是从隐形契约的角度，以高管继任过程中职工薪酬的变化为背景，分析了高管实现控制权私利最大化过程中，以隐形契约为基础的公司政治的形成及经济后果。马连福、王元芳和沈小秀（2013）[④] 以 A 股披露的党委会成员在公司董事会、监事会以及管理层任职信息的国有上市公司为样本，对国有企业党组织参与公司治理行为对企业冗余雇员和高管薪酬契约的影响进行了理论分析和实证检验。王垒、刘新民和丁黎黎（2015）[⑤] 在国有企业异质委托情境下，引入国企高管在职消费和隐藏收益自利行为，分析了代理人不同自利行为对政府股东和社会股东纳什均衡合同中最优激励契约设计的影响。

尽管资本所有者和经营者的委托代理关系和契约设计问题学术界已经进行了一定程度的探究，但研究主要都是在公司治理层面上的讨论，资本所有者和经营者的角色是已经明确固定的。现实中，资本所有者和经营者（企业

① 刘凤委，孙铮，李增泉. 政府干预、行业竞争与薪酬契约——来自国有上市公司的经验证据 [J]. 管理世界，2007（9）：76 – 84.

② 李维安，刘绪光，陈靖涵. 经理才能、公司治理与契约参照点——中国上市公司高管薪酬决定因素的理论与实证分析 [J]. 南开管理评论，2010，13（2）：4 – 15.

③ 陈冬华，陈富生，沈永建，尤海峰. 高管继任、职工薪酬与隐形契约——基于中国上市公司的经验证据 [J]. 经济研究，2011（2）：100 – 111.

④ 马连福，王元芳，沈小秀. 国有企业党组织治理、冗余雇员与高管薪酬契约 [J]. 管理世界，2013（5）：100 – 115.

⑤ 王垒，刘新民，丁黎黎. 异质委托情境下国企高管自利行为对激励契约的影响分析 [J]. 上海经济研究，2015（9）：41 – 48.

家）的角色并不固定，具有一定财富的经济人都具有成为资本所有者和企业家的可能性，有时候角色之间还会相互转化。为什么有一些经济人会成为资本所有者，有一些人会选择成为企业家，是什么原因造成了角色选择的差异？在角色选择分化条件下，资本所有者和企业家是如何达成合作协议的，合理的契约安排应该是怎样的？这些问题对于理解证券契约是至关重要的，但从这个角度去探讨证券契约的研究并不多见。为此，本书尝试对资本所有者和企业家之间形成的证券契约进行经济学理论上的解释，以期揭示证券契约的本质，为资本所有者和企业家之间的契约设计提供新的视角。

从证券契约达成之前的不完全信息博弈的角度而非契约达成之后委托代理的角度去探讨证券契约的本质问题。首先，对企业家和资本所有者的角色分化问题进行了探讨，然后，对角色分化之后企业家和资本所有者在信息不对称情况下如何达成证券契约进行了分析，最后，综合前文的研究内容总结出了证券契约达成隐含的充分必要条件。通过本书的分析，得出以下主要结论：

（1）经济社会出现企业家和资本所有者的分化原因在于经济主体企业家才能的异质性。只有某个经济个体具有的企业家才能使得他从事企业经营获得的收益大于其成为资本所有者和劳动者的保留收益，他才会选择成为企业家，否则就选择成为资本所有者和劳动者。

（2）为了获得更大的收益，不管是何种才能类型的企业家，选择和资本所有者合作达成证券契约是每个企业家的占优策略。但由于存在信息不对称，资本所有者是否选择和企业家合作，取决于其对企业家才能类型的主观判断，这会形成其参与证券契约的约束条件。如果预期企业家才能低，证券契约中资本所有者要求的索取权的边界会变窄，这对于高才能类型的企业家的证券契约谈判是不利的，发送信号对于高才能类型企业家的证券契约谈判就显得尤为重要。

（3）证券契约实质上是证券参与人个人因素和社会经济因素综合影响形成的结果，个人财富因素、资本要素和劳动要素的价格及其产出弹性、产品价格水平，以及经济社会中存在的企业家才能类型及不对称信息情况下对他们的类型判断都是证券契约形成的影响因素。其中，企业家和资本所有者自有财富的状况决定着证券契约索取权分配的界限，哪一方合作投入的自有财富多，索取权的界限就越有利于哪一方，合作的资本数量在证券契约谈判中具有至关重要的作用；资本要素和劳动要素的价格及其产出弹性、产品价格水平在影响资本所有者索取权分配下限值的同时，也决定着经济个体成为企业家的门槛，进而决定着企业家才能资源和资本资源在经济体中的稀缺状况，证券契约的索取权最终会有利于资源相对稀缺的一方。本书的研究意味着，在进行证券契约设计时，仅仅考虑证券参与者的个人要素是不够的，其背后的社会经济因素同样需要考虑。

可见，对国有资本管理股权分散化是一个国有企业外部治理的约束条件，这是本书的理论论证基础，是本书前端偏微观，而转向与之相关的宏观经济实证的一个研究起点。

货币和证券共同形成金融结构，在中国，金融结构的变化体现了国家宏观经济调控侧重点的变化，也反映出经济运行周期的变化。但是否能够通过金融结构的调整以及与之相适应的货币政策的变化，来适应经济周期的变化，并熨平经济周期的波动，消除市场失灵带来的问题，做好宏观经济调控目标的实现，让市场尽可能出清。这是一个本书需要进行实证基础研究的有意义的话题。本书的另一个初衷是抛砖引玉，以求得到同仁们的共同关注，让这方面的研究继续深入。

第一章

证券契约的理论基础

　　证券作为商品交换的流转方式是实现市场有效运作的工具。要全面认识证券的本质与特征，须了解市场运作的基本方式和规律。迄今为止，唯一可以解释所有经济现象的理论是竞争性的一般均衡①。一般均衡理论是描述整个市场运作方式最系统、最全面的理论体系。作为新古典经济学的基石，该理论致力于研究整个经济体系（包括交换、生产、消费、储蓄、投资等）的所有商品与要素的相互关系和相互影响，证明所有市场同时达到均衡的可能性。

第一节　一般均衡与理性选择

一、一般均衡理论的演进

　　均衡的概念早在亚当·斯密 1776 年出版《国民财富的性质和原因的研究》之前就已在机械学中普遍应用。在机械学中，均衡是指绕中点转动的杠杆保持平衡的条件。据文献查新的结果表明，到目前为止的相关研究尚未发现亚当·斯密是否受到了机械学概念的影响而产生灵感，将一个社会体系中的个体追求不同价值目标而采取相互独立的行动，但最终达到和谐平衡状态的思想抽象概括为经济学中的均衡概念。亚当·斯密运用著名的"看不见的手"原理揭示资本主义市场经济的自动协调机制，使得人们认识到个体在追

---

　　① 侯玲．等译．经济学大师的人生哲学 ［M］．北京：商务印书馆，2002.

求不同目标的过程中，最终能实现一种和谐平衡的状态，这种思想对经济学无疑是一个大贡献，同时也深化了人们对社会发展规律的认识①。

之后，李嘉图在亚当·斯密研究的基础上通过使用统一利润率的竞争规律和资本在各部门间的转投说明了古典一般均衡的实现机制。1867年马克思的《资本论》第一卷问世，在批判以斯密、李嘉图为代表的古典经济学基础上，马克思建立起一种新的总量理论体系来解释资本主义的现实经济关系。后来，这种强调资本主义经济体系的研究不能脱离资本与利润对立关系的分析方法在斯拉法那里得到了复兴，通过在投入产出矩阵的基础上加入表明特定经济关系的"统一利润率"来决定价值与分配，从而令古典经济研究范式日趋完善。

然而，19世纪70年代的边际革命改变了古典经济学的研究方向，由完全抛弃了古典和马克思经济学以特定资本主义经济关系为研究对象的总量分析，转向了以新古典生产函数为基础的纯粹技术关系分析，并用瓦尔拉斯新古典静态一般均衡取代了由表明资本主义经济关系的"统一利润率"所代表的古典一般均衡，由此确立了新古典的一般均衡理论范式。

1874年，法国经济学家瓦尔拉斯（Walras）在《纯粹经济学要义》（*The mere economics to iustice*）一书中首先提出一般均衡理论。瓦尔拉斯认为，整个经济处于均衡状态时，所有消费品和生产要素的价格将有一个确定的均衡值，它们的产出和供给将有一个确定的均衡量。瓦尔拉斯是边际效用学派奠基人之一，他的价格理论以边际效用价值论为基础，他认为价格或价值达成均衡的过程是一致的，因此价格决定和价值决定是一回事。他用"稀少性"说明价格决定的最终原因，认为各种商品和劳务的供求数量和价格是相互联系的，一种商品价格和数量的变化可引起其他商品的数量和价格的变化。所以不能仅研究一种商品、一个市场上的供求变化，必须同时研究全部商品、全部市场供求的变化。只有当一切市场都处于均衡状态，个别市场才能处于均衡状态。

瓦尔拉斯一般均衡需要以下几个假设：

---

① 李红刚. 从均衡到演化：经济分析方法演讲的一条道路 [J]. 江苏社会科学，2004（3）.

（1）要求市场的参与者有关于市场的完全信息；

（2）假定经济中不存在不确定因素，因此不会因为预防不测而贮藏货币；

（3）不存在虚假交易，所有的交易都是在市场均衡价格形成时达成；

（4）经济系统是个"大经济"，即有足够多的参与者，从而符合"无剩余条件"。

即使在上述假定下，瓦尔拉斯体系的问题也是很明显的，瓦尔拉斯没有注意到这个问题，要决定 n 个未知数，至少需要 n 个方程，但是 n 个方程未必决定 n 个未知数，要 n 个方程决定 n 个未知数，方程必须是线性的，而且方程之间必须线性无关。同时瓦尔拉斯体系不能排除唯一的均衡解包括零价格（针对免费物品）和负价格（针对类似噪音的物品）的情况，因此瓦尔拉斯体系必须包括所有物品，而不仅仅是正常的经济物品。

一般均衡理论后来由帕累托（Pareto）、希克斯（Hicks）、诺伊曼（Ronald Neumann）、萨缪尔森（Samuelson）、阿罗（Arrow）、德布鲁（Debreu）及麦肯齐（McKenzie）等加以改进和发展，这些经济学家利用集合论、拓扑学等数学方法，在相当严格的假定条件之下证明：一般均衡体系存在着均衡解，而且这种均衡可以处于稳定状态，并同时满足经济效率的要求。

希克斯将均衡定义为：当经济中的所有个体从多种可供选择的方案中挑选出他们所偏爱的生产和消费的数量时，静态经济就处于一种均衡状态。这些可供选择的方案一部分决定于外在约束，更多的是决定于其他个体的选择。希克斯认为，他的静态均衡概念有两个特点：（1）一定存在着向均衡方向变动的趋势；（2）收敛于均衡的速度是极快的。

阿罗—德布鲁（ArrowDebreu）用数学模型证明了一般均衡。阿罗—德布鲁对一般均衡理论存在性的证明主要依存于两个假设：消费与生产集合都是凸集，每个经济主体都拥有一些由其他经济主体计值的资源，因此，这种均衡的整体稳定性取决于某些动态过程，这些过程保证每个经济主体都具有总需求水平知识，并且没有一项最终交易实际上是按非均衡价格进行的，这当中的某些假定也许可以放松，以适应少数行业中的规模报酬递增，甚至所有行业卖方垄断竞争的度量。

在瓦尔拉斯、阿罗、德布鲁一般均衡理论中，货币的存在仅仅是为了便于生产和交换的进行，实际上，货币是可有可无的，由瓦尔拉斯创立并由阿罗和德布鲁进一步完善，并被希克斯、萨缪尔森等加以运用的一般均衡模型要保持逻辑上的一致性，必须是一个只能分析实物经济的静态模型，这个静态模型是无法转而用来分析动态的货币经济的，这是由模型的内在逻辑结构或者其均衡的概念决定的，新古典一般均衡的框架中很难处理时间问题。

20世纪七、八十年代法国经济学家格朗蒙发表了一系列论文试图将阿罗—德布鲁模型动态化，他发展了短期一般均衡理论，致力于寻找宏观经济学的微观基础，虽然他意识到了阿罗—德布鲁一般均衡模型表面上的动态特征，但遗憾的是，格朗蒙预期函数仍然建立在严格的概率统计基础上，他的努力实际上没有超越阿罗—德布鲁框架①。

同时，阿罗—德布鲁模型在理论上的优势并没有在实际应用中得到体现，即使在简单的结构假设之下，模型求解也是一个难题②。1960年，约翰森（Johansen）提出第一个可计算一般均衡模型（computable general equilibrium，CGE）模型。在该项研究之中，约翰森首先设定了包含一个追求效用最大化的消费部门和20个追求成本最小化的产业部门，通过建立一组非线性方程和使用对数形式将这些方程线性化，然后再对这些方程进行微分，并利用简单的矩阵求逆得到比较静态结果③。

遗憾的是，在约翰森对CGE模型的创建做出重大贡献之后，CGE模型陷入了相当长一段时间的沉寂④。直到1967年，斯卡夫（Scarf）发现了一种计算不动点的整体收敛算法，使得阿罗和德布鲁等经济学家关于一般均衡模型的纯理论工作与CGE模型应用之间有了最为直接的联系。斯卡夫方法以一般均衡价格存在理论为基础，在超额需求函数连续和瓦尔拉斯定律成立等一般性假定条件之下，从一个初始解出发，最后收敛至均衡价格。

---

① 余晓燕. 一般均衡理论的发展脉络研究［J］. 现代商贸工业，2009，21（07）：22－23.

② Debreu G, Scarf H. A limit theorem on the core of an economy［J］. *International Economic Review*，1963，26（4）：23546.

③ Johansen L. *A multisectoral study of economic growth*［M］. North－Holland：Amsterdam，1960.

④ 吴福象，朱蕾. 可计算一般均衡理论模型的演化脉络与应用前景展望———一个文献综述［J］. 审计与经济研究，2014，29（02）：95－103.

二、商品与或有商品

商品是经济理论中最为基本的概念之一。一种商品必须能够进行物质上的准确描述，商品的种类定得越细，可供经济行为者交易的范围越大，而可以想象的配置就越大。从某种原则上看，商品的区分可以无限地进行下去，但这样做是没有必要的。当进一步的分工可产生设想的、能够提高经济行为者满足程度的配置时，那么，这样的商品就是阿罗—德布鲁或有商品①。

或有商品概念的建立过程是这样的：瓦尔拉斯是第一个对均衡的交易活动做出分析的人，但其卖者喊价理论对非均衡的交易活动没有解释力。埃奇沃斯重订契约的有限定理中没有瓦尔拉斯叫卖者的角色，他假定相互交易者在缔约之后，还可以寻找更好的签订契约的机会，这种重新签约的过程一直到双方对契约满意为止。但这个理论无法解释交易者的交易不可获利时的情形。阿罗—德布鲁做出了完善的经典分析。在资源可获得性的不确定性、消费者和生产可能性的不确定性、信息不对称和不完全性的条件下，每个经济生产者只需要考虑他自己的偏好或利润目标，经济行为者只依靠他自己的理性预期来预测价格，决定其行为。但在阿罗—德布鲁模型中，在不确定的环境下，要获得最优化结果，就要求存在一组完全的自然或有商品，并假定代理人拥有信息的不同不会影响个人行动的结果，这使得现实中的市场与标准的阿罗—德布鲁模型中所要求的市场相差甚远。

希克斯认为：日常的交易多是证券等金融资产或其他非均衡商品的交易，且发生在不同时点上；证券、储蓄和货币的出售可看成今天购买一件标明将来某一特定时间的价格的商品。阿罗和德布鲁把希克斯的观点与不确定性联系起来：没有不确定性时，商品是由其物理特性、地理位置及日期决定的；但当不同的环境出现时，同一商品可能很不相同②。

三、理性选择理论

商品是为消费者服务的，每个消费者都有一个计划集，消费者是在完全消

---

① 李贞芳．关于契约经济学的研究［J］．《社会科学动态》，2000（6）．
② 如同一把雨伞，在同一地点在下雨和不下雨的两种情况下就是不同的。

费集中做出选择，商品只有在与被消费或被计划消费的其他商品相联系时才有意义。消费者偏好学说和传递次序的结合体现了新古典理论理性选择①的思想。

下面着重介绍科尔曼的理性选择理论。②

科尔曼认为社会行动者就是经济学中所说的"具有目的性的理性人"，都有一定的利益偏好。社会系统内至少要有两个行动者，而且每个人都控制着能使对方获利的资源。当然，资源的种类很多，包括财富、事件、物品、信息、技能、情感等，它们可以划分成三种类型：私人物品、事件和某些专长。这些资源具有分割性、可转让性、保留性、即时交付性和无外在性等性质。而行动者的利益则是由一定的需要和偏好构成的，它包括物质的、精神的、社会的需要和偏好。这些利益又可分为客体自我利益和行动自我利益两种。

科尔曼认为，在一般情况下，行动者并不能控制能满足自己利益的所有资源，许多资源是由其他人控制着的；同样，行动者也控制着其他人所需要的某些资源。因此，两个及以上的行动者就可以交换资源，以此来满足双方的利益，这是人际互动的起因。

社会内部存在着各种不同的行动结构，这是由于各种行动中包含的资源不同，行动各异以及行动背景有所不同。有目的的社会行动与私人行动不同，前者主要包括以下几方面的关系：（1）交换关系；（2）市场；（3）分离的权威关系；（4）共同的权威关系与权威系统；（5）信任关系与信任系统；（6）分离的权威系统；（7）规范形成结构；（8）集体决定结构。

科尔曼指出，权利可分为"处置权"和"要求权"，权利既依赖权力，又依赖他人的承认。权利结构是由行动所涉及的所有人共同决定的，它规定每个行动者对何种资源有处置权或利用这些资源采取行动的权利。行动者可以依靠强力或影响力强制他人承认他的要求，也可以依靠共识形成规范，使有关的其他人承认他的权力。

状态社会优化是理性选择理论中系统层面的概念，是指如果行动者双方

---

① 理性选择是效用最大化的结果。一旦效用成为整个消费计划而不是瞬间消费的函数，理性选择就是效用最大化的充分必要条件。引自张雄. 市场经济中的非理性世界［M］. 立信会计出版社，1995. 第1章第4节.

② 谢舜，周鸿. 科尔曼理性选择理论评述［J］. 思想战线，2005（2）：70-73.

自愿交换没有外在影响的资源，双方均能获取较多的利益，没有任何一方被伤害。如果这种交换发生在非竞争性的结构中，交换率将在一定范围内浮动。在这种结构中，所有使双方获利的交换完成后，便达到一种最佳状态，这种状态就是社会优化（或称帕累托优化）。与这一概念相联系的是"社会均衡"。社会最优是在一定统中最佳的社会均衡状态。在社会系统中，社会最优有很多种，因为有各种不同的行动系统，每一系统都有自己的最优状态。

在现代社会结构中，法人行动者和自然人是并存的，他们有不同的互动关系，包括自然人与自然人的互动、法人行动者和自然人的互动和法人行动者与法人行动者的互动三种情况。但法人和自然人的行动基础不同，法人行动是系统行动，其基础不是个人动机和利益，而是在内部交换活动中形成的各种利益；法人权利的所有者和行使者也不同于自然人，当众多自然人将自己的权利交给法人后，法人再把集中起来的权利授予各个代理人；此外，对二者的约束手段也不一样，对自然人进行社会控制的手段主要是社会规范和社会化，对法人行动的控制则主要是加强外部管理、运用法律和税收政策。

科尔曼进一步分析了法人行动的社会选择问题。他认为，社会选择过程是行动者为追求一定利益，利用可能的环境条件或资源，在一定规范下的行为。由于个人"资源"的差异和对利益的追求，单个的个人行动便成为相互依存的社会行动。个人利益和社会利益在一定程度上都得到了满足，从而实现社会选择。而社会选择的主体有不同的层次，其中法人行动者的选择具有代表性。法人行动者的选择必须依赖于社会规则或规范，它作为一种集体行为或决策，与其主体成员的构成和意向、社会关系的结构特征、可供选择的途径和方式等密切相关，是一个复杂的社会过程涉及微观到宏观的行动转变。

希克斯和萨缪尔森把理性选择和效用最大化作为经济分析的逻辑起点和结果。这对经济理论具有深远的影响：

（1）若效用不能直接度量，那就从可观察的选择中推断；

（2）不要求进行度量的理性选择或其他偏好概念极易发展成一个诸如政府选举、公司投票等与市场没有直接联系或联系不太紧密的领域[1]。

---

[1]　为新古典分析那些超出市场范畴的问题开辟了道路，如阿罗不可能定理（Arrow's impossibility theorem）又称（Arrow's paradox）在一般均衡和福利经济学等领域有重大影响。

商品和理性选择现已成为均衡理论的基础。其中或有商品概念为人们研究资本问题提供了有力的工具。资本是人们延期消费获取利润的收入，表现为金融资产。资本的供给与需求始于投资者和筹资者的效用期望；投资者购买金融资产，形成资本供给；筹资者提供金融资产，形成资本需求；两者的交易构成资本市场。作为生产要素市场的衍生和信用制度高度发达的标志，资本及其市场强化了投资者与筹资者的资本融通，在扩大再生产中发挥着巨大作用。杰克·海希雷夫（Jack Hirshleifer，1958）运用"费—海"模型对此进行了充分的理论论证①，深化了费雪"不耐—机会"理论，成为论证资本市场重要性的基石。欧文·费雪（I. Fisher）提出"人性不耐"与"投资机会"是形成资本市场的两大重要因素；人性不耐指人们的行为将受到时间偏好的影响；不同时点人们享用财富的心理状况不同，一般重视现在而贬低将来；表现为排斥延期消费。投资机会指人们对收入的选择有多种机会，如果它的收入未来一段时间所具有的比较利益超过现在，人们就会放弃眼前的消费而重新安排其资本组合以期今后更高的收入，这种组合改变称为"投资机会"。

资本市场提高了效率，使整个社会的生产、消费、储蓄和投资都能通过市场机制进行有序组合。欧文·费雪认为："没有时间偏好就不会有现在与将来的交换，而没有投资机会就不存在自由竞争……正因为资本市场的存在，人们才得以在酌量'不耐'与'机会'时促进资本自由转移。"②

第二节　现代资本市场理论

阿罗和德布鲁认为现实中不确定性以不同的方式影响人们的行为，如消

---

① 刘波．"证券市场的理论与实践"讲座：第八讲 有效率的资本市场理论及发展．世界经济文汇，1992（6）：61–68．

② 但上述理论有一定的局限性：1. 在现在和未来消费比例的决定中，过于强调无差异曲线的作用，忽视了现实环境对个人偏好的约束。2. 过于简单化的假设，体现为资本市场的完全确定性；如现在收入和将来收入的确定性，自由进出实物投资领域和金融资产投资领域的确定性，两种投资产出的确定性。但不确定性始终影响着人们的投资决策。海希雷夫也不得不承认，投资收益应表述为"不确定性风险报酬的代价"。

费者偏好、企业生产技术、市场价格等，并把信息问题扩展到一般均衡理论中，从而在此基础上研究了信息与不确定性、预期以及资本的关系。而资本概念的引入自然而然将资本的金融形式或者叫资本工具——证券带入现实的经济生活中。研究资本市场的经济学理论归纳如下：

一、随机理论（random walk theory）和证券组合理论（modern portfolio theory）

肯德尔（Kendall，1953）与罗伯茨（Roberts，1959）发现，股票价格序列类似于随机漫步，他们对这种现象的解释是：在给足所有已知信息后，这些信息一定已经被反映于股价中了，所以股价只对新信息做出上涨或下跌的反映。由于新信息是不可预测的，那么随新信息变动的股价必然是随机且不可预测的[①]。这一理论的积极意义在于：在承认股价随机波动的前提下，认识到了信息与股价的相关性。

证券组合理论已较为完善。最早系统阐述这一理论的是马科维茨（Harry Markowiz），他在《资产组合选择理论：均值—方差分析》一书中以均值和方差分析投资者如何衡量不同的投资风险，如何合理组合自身的资金以取得最佳收益。该理论目的是在收益既定条件下如何进一步降低风险；并将风险分为"系统风险"与"非系统风险"[②]。非系统风险可通过证券投资组合（portfolio）等方法部分对冲，使证券投资收益相对提高，风险既定情况下风险溢价增大。依据现代证券组合理论，系统风险和非系统风险都有可能对证券投资产生影响。因此，在分析证券投资风险时不能仅着眼于与该证券相关的信息，而且还应了解与整个证券市场相关的系统风险信息，这样才可能对证券投资风险做出科学的计量。

---

① Kendall，M. G. The analysis of economic time series，partI：prices［J］. *Journal of Royal Statistical Society*，1953（96）.

② 系统风险指某种因素对市场所有的证券都会带来投资损失的可能性；包括利率风险、市场风险、汇率风险、购买力风险等。系统风险是共同的、整体的风险，与证券市场所有证券存在着系统性的联系，每一种证券都会受它的影响，投资者无法回避或消除。非系统风险指存在于某个公司或某一行业的风险，它只对某些证券投资者有造成损失的可能性，而不与整个市场发生系统联系；包括违约风险和经营风险两种。

一些美国的金融学家（如洛和麦金利，1988）对 1962～1985 年的每周股市数据进行统计，证明股价的变化并不总是随机的，小企业的股价变化总是落后于同行业规模较大的企业，至少在他们分析的这 23 年中，股市表现出了可预测的动向，任何一位具有相当洞察力和拥有先进数学模型与计算机技术的做市商都能察觉到这种"延迟"，根据大企业股价的走势预测小企业股价的变化投机赚钱。然而，他们 1988 年的结论到今天变得毫无价值，这表明有两种可能：要么是一开始就搞错了，要么是此后市场做了调整。

笔者认为，主要原因可能就在后者。因为，他们一开始就把精力集中在研究"市场随机行走"的例外情况上，认为市场实际上是有效的，但没有达到瞬息万变的程度，小的延迟会使做市商有足够的时间对机会加以利用，之后再消失掉；由于每一项新技术都会使市场变得更敏感，交易人必须做出调整，对交易技术加以改进才能始终捷足先登，而这些新技术多源于科学领域，如数学、统计、金融工程和计算机，今天人们把数量化以及与计算密切程度极高的技术应用于金融市场，带给股市的与其说是数学或计算机的技能，倒不如说是以科学技术手段的方法进行决策的能力，这种能力足以区别可预测的现实和随机波动，从而区别了随机游走的所谓的运气和智慧。证券组合理论的部分现实意义就在于此。

二、效率市场理论（efficient market hypothesis）

20 世纪 50 年代末 60 年代初，经济学界就单一证券价格和市场平均价格波动展开研究。在分析证券价格随机波动的基础上，发现价格波动与价格反映市场信息的程度吻合，使随机理论成为单纯要求公开与公平竞争的一种方法，并发展形成效率市场理论。

效率市场理论在承认资本市场重要性的同时，强调市场的配置效率。因为资本市场上各种证券的价格能充分反映所有可获得的信息，且价格信号又是资本有效配置的内在机制，能迅速地把资本导向收益最高的企业。如果投资者理性且均可免费获得信息，只要价格公平合理，就会成交，因此证券市场上的价格能确切反映证券的实际价值，是有效率市场。这样，市场均衡可用预期报酬率表示，证券预期价格等于今天的价格加上下一时期的预期报酬。

用公式表示为：

$$E\left(\tilde{p}_{j,t+1} \mid \varphi_t\right) = \left[1 + E\left(\tilde{R}_{j,t+1} \mid \varphi_t\right)\right] P_{j,t} \tag{1.1}$$

其中 $\tilde{p}_{j,t+1}$ 表示 j 种证券在时点 $t+1$ 上的价格；φ_t 是在时点 t 上可获得的定价信息；$R_{j,t+1}$ 是 j 种证券在时点 $t+1$ 上的报酬；$P_{j,t}$ 是 j 种证券在时点 t 上的价格。该模型表述了今天有关定价信息充分反映在明天的价格中；明天的价格考虑到了定价信息的期望值，这一期望值 $E(\tilde{p}_{j,t+1} \mid \varphi_t)$ 是随机变量。

在资本市场中，投资者都有强烈的获利愿望，如果预期报酬为负，投资行为往往不再发生。因此，价格有效性模型的期望报酬为：

$$E\left(\tilde{R}_{j,t+1} \mid \varphi_t\right) \geqslant 0$$

或 $\qquad E\left(P_{j,t+1} \mid \varphi_t\right) \geqslant P_{j,t} \tag{1.2}$

式（1.2）表示当定价信息得到充分反映时，预期的价格总是大于等于目前的价格，这保证了投资行为的持续。可见，投资者掌握和运用了时点 t 的可获得信息且所有投资者在这一基点上做证券选择的机会均等，少数内幕交易者或者操纵市场者就不可能通过交易获取资本利得，这使投资者持有证券的稳定性增强。随之而来的是：在任何时点上，可获得的信息都被注入到价格之中，价格在任何时点上都是证券内在价值的最佳评估，成为各类相关信息通过市场经济归纳后的结果。这就是证券价格有效性的核心思想。

有效率的证券价格理论解决了投资者处理各类信息所面临的问题，也简化了整个投资者的决策过程。在此基础上法玛（Eugene Fama，1970）等围绕着信息与价格的关系把效率市场理论的研究又向前推进了一步：既然证券价格作为一种正确的信号能充分反映一切可获得的信息，那么，可获得的有关信息就成为价格能否作为正确信号的决定因素。按可获得信息的范围，效率市场可细分为三类：弱型、半强型和强型有效，它们的共同特征是价格反映一定信息，区别在于不同市场反映的信息范围不同。

根据价格有效的数理模式可做出推论：在不同类型的市场中，φ 的含义不同。设 φ_{t1} 为弱型有效假设中的信息，φ_{t2} 为半强型有效假设中的信息，φ_{t3} 为强型有效假设中的信息，三类有效市场的价格预期如下：

$$E\left(\tilde{p}_{j,t+1} \mid \varphi_{t1}\right) \geqslant P_{j,t} \tag{1.3}$$

$$E\left(\tilde{p}_{j,t+1} \mid \varphi_{t2}\right) \geqslant P_{j,t} \qquad (1.4)$$

$$E\left(\tilde{p}_{j,t+1} \mid \varphi_{t3}\right) \geqslant P_{j,t} \qquad (1.5)$$

式（1.3）式（1.4）和式（1.5）分别表示弱型、半强型和强型有效假设中的期望价格。又由于 φ_{ti}（$i=1$，2，3）分别包含不同程度的信息，可引出以下函数关系式：

$$\varphi_{t1} = f\left[P_n \leqslant t,\ (n=1,\ 2,\ \cdots,\ n)\right] \qquad (1.6)$$

$$\varphi_{t2} = f\left[P_n \leqslant t,\ \text{PAI}\right] \qquad (1.7)$$

$$\varphi_{t3} = f\left[P_n \leqslant t,\ \text{PAI},\ \text{NPAI}\right] \qquad (1.8)$$

式（1.6）~式（1.8）中，$P_n \leqslant t$ 表示历史价格序列即股票的价格历史数据信息（这在市场上可以无成本取得），PAI 表示市场上可以公开获得的其他有关信息（除股票价格历史数据），NPAI 表示市场上非公开的有关信息。

对效率市场类型的划分，可得出一个重要结论：证券价格总是不同程度地反映各类经济信息。对三个市场信息来源的分析显示出：$\varphi_{t3} > \varphi_{t2} > \varphi_{t1}$。

这就是说，价格反映信息的范围越广、速度越快，价格将趋于证券的内在价值相对就越稳定，投资者就越难通过投机即证券易手来获取资本利得。

市场效率意味着"市场依赖信息资源配置，才具有完全的效率性"。效率市场理论充分体现了"理性预期"及其政策含义，因此有人认为效率市场理论不过是理性预期在金融市场的运用而已[1]。市场为投资者所能做的是提供充分有用的信息，从而为投资者预见将来提供的条件。

黄彬通过对上证综指的分析，得出上海股票市场的发展具有明显的阶段性[2]。他将 1991~2011 年的股市分为三个子时期。第 1 子时期由于存在显著的自相关，因而不满足弱势有效；第 2 子时期经方差比检验不满足鞅过程，也不具备弱势有效的特征；只有第 3 个子时期，即 2007~2011 年，中国的股票市场逐渐弱势有效。美国股票市场发展的时间较长，完善程度远高于中国。通过对标普 1986~2007 年的月度数据进行单位根检验，发现美国股市满足随

---

[1] "理性预期"假设所有的市场都为效率市场，任何可预见的政策，如过去的新闻及其他事件都已计算在相对价格和数量中，对经济不会产生影响，而只有未预见的政策才影响产量、就业和价格。

[2] 黄彬. 中国股市和美国股市弱势有效性研究 [J]. 时代金融，2011（21）：163.

机游走的假设，证明了其弱势有效性的特征。

三、资本资产定价模型（CAPM）、套利定价模型（APT）与 Black-Schole 期权定价模型[①]

夏普（Sharpe，1964）、利特纳（Litner，1965）和莫森（Mossin，1966）在有效市场假说与马利维茨（Markowitz）资产组合理论的基础上，建立了资本资产定价模型（CAPM）。该模型给出了资产的收益、风险以及二者关系的精确描述。CAPM 在一系列假设条件下就投资者行为得出如下结论：对于所有投资者，最优的资产组合都是市场资产组合和无风险资产的组合。这种组合的所有可能情况形成一条直线，被称为资本市场线（CML），即资本市场为投资者在该线上提供了最优的资源配置。

CAPM 的表达式为：

$$Ri = Rf + \beta i \times (Rm - Rf) \tag{1.9}$$

其中，Ri 为 i 证券的预期收益率，Rf 为无风险收益率，Rm 为市场组合的预期收益率，βi 是衡量 i 证券风险的系数。

1977 年罗尔（Roll）对该模型提出疑问，认为该模型的预测结果不可能真正从现实中得到证明。与此同时，罗斯（Ross，1976）突破性地发展了 CAPM，提出套利定价理论（APT）。该理论认为风险资产的收益与多个共同因素之间存在线性关系，从而将单因素 CAMP 发展为多因素模型。

APT 的表达式为：

$$R_J = A_J + \beta_{J1} \times F_1 + \beta_{J2} \times F_2 + \cdots + \beta_{JK} \times F_k + \varepsilon_J, \quad K = 1, 2, \cdots, N \tag{1.10}$$

其中，β_{JK} 为 J 证券对因素 K 的非预期变化敏感性；F_K 为因素 K 的非预期变化；ε_J 表示不可预测风险的公司自身风险部分；R_J 表示 J 证券的预期收益率。

在这些理论的基础上，布莱克和斯科尔斯（Black & Scholes）于 1973 年

---

① 冯玉梅. 现代资本市场理论：发展、演变及最新发展趋势［J］. 中国地质大学学报（社会科学版），2005（6）：26－30.

发表了一篇关于期权定价的开创性论文，运用随机微分方程理论推导出期权定价模型。此后，默顿、考克斯和鲁宾斯坦（Merton，Cox & Rubinstein）等相继对这一理论进行了重要的推广并使之得到广泛应用。

四、行为金融理论（behavioral finance）

投资者是有限理性的，套利是受限制的。有效市场理论关于投资者理性的假定经历了一个逐渐放松的过程，即有效市场假说的成立与否并不依赖于投资者的理性，而主要依赖于非理性投资者的交易策略有没有相关性。法玛进一步指出，即使这一关键假设也不成立，有效市场假说的结论仍然成立。如果可替代证券存在，套利者的逐利竞争会使证券价格很快与其基本价值相一致。然而关于有效市场假说如此强有力的理论论证并非无懈可击；首先投资者理性假定就很难令人信服。

正如布莱克（1986）所指出的，这些投资者在做买卖决策时所依据的通常是"噪音"而非信息，如他们易受金融分析家建议的影响，不会进行分散投资经常会自以为是地买和卖。其次，卡尼曼等（Kahneman et al.）指出，在很多方面人们的行为与标准决策模型所假设的通常不一致。比如，大部分模型都假设投资者是理性的，根据期望效用来评价投资者行为，然而实践表明，当人们在有风险的投资中进行选择时，会系统地违背期望效用理论。为此，卡尼曼与特韦尔斯基（Tversky，1979）提出期望理论（prospect theory），指出投资者是有限理性的。席勒（Shiller，1984）提出投资者情绪（invest or sentiment）理论，讨论了大量投资者同样判断错误且他们的错误又有有关性的现象。最后，有效市场假说认为，即使非理性投资者的交易策略没有相关性这一关键假设不成立，若有可替代证券存在，套利者的逐利竞争也会使价格很快恢复到基本价值。但该结论同样不堪一击：第一，既然套利活动是保证有效市场成立的必要条件，那么就要求每种股票必须有非常近似的替代品才能保证该结论成立。这一苛刻条件在现实中很难满足，由于没有完全的替代品，套利活动也就充满了风险。第二，即使能找到完全的替代品，套利者也会面临再次出售时价格偏差继续下去的风险。

可以说行为金融学一定程度上修正了效率市场理论的假设，成为技术分析的理论基础。

资本市场的功能静态地看，包括投资功能、融资功能、风险管理功能和资源配置功能，动态地看，包括价值发现功能、激励功能、提高微观主体运营效率功能和促进经济要素流动功能①。进而促进产业结构有效重组、促进有效经济信息和先进理念迅速传播，甚至推动社会全面变革。李茂生和苑德军认为，"决定证券市场功能的基本因素，是社会经济运行和发展过程本身的内在需要。……市场功能的发展是一个曲折复杂的历史过程。由于不确定性和信息与知识的不完全性，这一过程也是一个不断探索、不断创新、不断修正、不断试验和排除错误的过程。②"资本市场是否具有配置效率，必须全面、宏观地分析，不能只看微观的交易效率和标准的信息—定价效率。

第三节　科斯定理、交易费用与契约的安排

一、科斯定理与交易费用

契约的外延广泛，字面上是指几个人或几个方面（至少两个人或两个方面）之间达成的某种协议，意在完成一定的目标。具体而言，是参与人（至少两个人或两个方面）在地位平等、意志自由的前提下，在交易过程中通过理性预期，为改进自身状况而确立的一种权利流转关系。它体现着社会性、平等性、自由、理性、互利性和过程性的原则。早期的一般均衡理论假定委托人希望代理人完成的目标清楚地罗列在契约条款中，而且代理人的行为能无成本地观测到，从而促使代理人把自己的目标内在化。

1937 年，尤纳德·科斯（Ronald H. Coase）独具慧眼，发现了交易费用，

---

① 王亚玲，张庆升. 资本市场效率理论的体系 ［J］. 北京工商大学学报（社会科学版），2005（1）：33－36.

② 李茂生，苑德军. 中国证券市场问题报告 ［M］. 中国社会科学出版社，2003.

并第一次阐释了交易费用、制度和新古典之间的关系："交易费用为零时，可取得新古典效率市场的结果而无须考虑制度的安排；但有交易费用时，制度就有关系了①。"科斯把人们的目光引向生产的制度结构，是产权理论的创始人和领袖。

科斯定理是从一系列案例中提炼出来的，科斯自己没有明确讲什么是科斯定理。不同案例的含义不一样，不同的人会有不同的理解，因此出现了许多种对科斯定理的表述。目前有三种表述是比较公认的②。

第一种表述：只要允许自由交换，不管产权最初是怎样界定的，最终都能使社会总产值达到最大化，即达到帕累托最优状态。这种表述可概括为自由交换论。

第二种表述：如果交易费用③为零，不管产权最初怎样界定，自由交易都会使社会总产值达到最大化。这种表述可概括为变易费用论。

很显然，第二种表述的条件比第一种表述的条件要强得多，因为自由交换并不见得没有交易费用。这两种表述并不是等价的。自由交换论成立，交易费用论一定成立。但交易费用论成立，并不能保证自由交换论成立。因为交易费用为零的条件要比自由交换的条件强。由于交易费用论的条件比自由交换论的条件强，交易费用论的适用范围就比自由交换的范围要小。

后来人们发现，即使交易费用为零，也不能保证产权界定清晰后就可实现社会产值最大化。例如，在存在小数目问题的情况下，即谈判一方人数很少，而另一方人数很多的情况下，即使交易费用为零，由于谈判双方的地位并不对等，也会造成谈判的失败。人数少的一方会利用他们的垄断优势来争

---

① 这就是科斯定理，又称科斯第一定理。是由斯蒂格勒（Geoger. J. Stigler）命名和陈述的，由于影响甚广，科斯本人也不得不接受其作为对正交易费用经济系统进行分析的一块垫脚石。他认为，新古典将"看不见的手"市场作为协调人与人之间经济活动的万能钥匙，抽象掉了人们之间复杂的社会关系，其隐含假设市场中的交易者是相互独立、相互平等的陌生人；这并不现实，因为交易费用在经济总资源中占有很大份额。1986 年华立斯和诺斯等人的研究表明，当年美国国民生产总值的 45% 都在交易部门流转和消耗了，用于处理信息、行政、法律等契约设计的活动。可见，交易费用对经济的影响是重大的。

② 乔治·斯蒂格勒，伦敦：《新包格拉夫经济学辞典》麦克米伦出版社，1987：457 – 459.

③ 在科斯看来，交易费用是"通过价格机制组织生产的最明显的成本，就是所有发现相对价格的成本"。

取更多的利益。针对这种情况，他们做出了科斯定理的第三种表述，即科斯定理完全竞争论表述：在完全竞争条件下，产权的初始界定与资源配置效率无关。显然完全竞争论的假设比前两种表述的条件都要强。

科斯自己也承认零交易费用是"很不现实的假定"。为了进行市场交易，有必要发现谁希望进行交易，有必要告诉人们交易的愿望和方式，以及通过讨价还价的谈判缔结契约，督促契约条款的严格履行等，这些工作常常是要花费成本的，而任何一定比率的成本都足以使许多在无需成本的定价制度中可进行的交易化为泡影。

在引入交易费用以后，对外部侵害的权利调整只有在经过这种调整后的产值增长要多于它所带来的成本时方能进行。因此，合法权利的初始界定会对经济制度运行的效率产生影响，权利的这种调整会比其他安排带来更多的产值，亦可能有更高的费用。这就是所谓的"科斯第二定理"：当交易费用不为零时，财产权的初始分配将影响最终资源配置。

对于交易费用概念的提出并非无源之水，康芒斯（John R. Commons，1934）认为，"交易"概念与"生产"相对应，交易活动是人与人之间的关系，生产是人与自然的关系，生产活动和交易活动共同构成了人的社会经济活动的全部。交易是制度最基本的单位，制度只不过是无数次交易的结果①。将买卖活动、经理的功能和国家对个人的课税等交易纳入其中，不同的经济制度不过是这三种交易类型的不同排列组合，用诺斯（1981）的解释就是：制度是人类设计用来规范人与人相互关系的规则；它由正式的规则即成文的制度规章和非正式的规则即行为准则、风俗习惯和自我设置的行为规范，以及规则强制性实施的特征组成，形成了一个社会特别是经济的激励结构②。

那么，什么是交易费用呢？

张五常（1988年）对交易费用概念做了较为严格的定义，"交易费用可以看作是一系列制度成本，包括信息成本、监督管理成本和制度结构变化的成本。简言之，包括一切不直接发生在物质生产过程中的成本。"该定义强调

---

① 康芒斯. 制度经济学（上）［M］. 商务印书馆，1983.
② 诺斯. 经济史中的结构与变迁［M］. 上海三联书店，1991.

以下几方面：

（1）交易费用发生在人与人的交易关系中，没有交易，就不会发生交易费用；

（2）交易费用不直接发生于物质生产领域，它与生产成本相对应而存在，即一切经济活动除生产成本以外发生的资源耗费都是交易费用。

为了进行市场交易，有必要考察相关的法律制度和谁希望合作进行交易，有必要告诉对方交易的愿望和方式，必须通过谈判缔结契约，还必须监督契约的履行，这些活动必然产生费用；如果交易各方产生争议，法院解决一项具体争端或促成改变有关法律程序和条款也将产生费用，契约的执行和调整只有在为交易各方带来的收益大于各方承担的交易费用的情况下才能进行。

科斯认为：经济活动中好的信誉即商誉能降低交易费用，而风险即不确定性、欺诈等机会主义行为只会增加交易费用。

1961 年，科斯又在《社会成本问题》一文中提出了"产权"的概念①，成为新制度经济学的开创者。科斯认为，产权的核心是关于人的行为的约束条件，是对交易过程中人与人利益关系的界定。在他看来，利用价格机制是有费用的，仅通过价格机制发生作用的竞争并不能为经济系统提供一切必要的协调，在市场之外还需另有协调的方法即一些计划的手段，它们自身也有交易费用，但可能优于价格机制而避免更高的市场交易费用，这就解释了企业的性质②。在一个有效的经济体系中，不仅需要有市场，还需要适当规模的计划③。对科斯而言，市场和组织（如企业）是资源配置的两种可替代的手段，它们的不同表现在：市场上的资源配置是通过非人格化的价格进行的，

---

① 科斯是在以下文献的研究过程中不断发现和完善对现代产权概念界定的："联邦通信委员会"（1959 年）、社会成本问题（1961）、企业、市场和法律（1980）。

② 在一个竞争系统中有最优数量的计划手段，企业作为这一计划的手段和一个计划的小社会之所以能够存在，是因为它能保证其协调功能的费用小于人们通过市场交易实现协调的费用。

③ 这样科斯不仅成为"现代企业理论"的开创者，还继承了亚当·斯密的传统，揭示了企业与市场之间的关系。亚当·斯密曾将企业与市场划分为两种不同的分工协作方式，但他并没有进一步探讨两者之间的关系。

而企业则是通过权威来完成的[①]。

科斯明确指出，"交易活动的稀缺性是交易费用产生的根本原因。"[②] 他认为，在一个交易费用为正的世界里，市场交易的不是商品和生产要素，而是使用商品和生产要素的权利，这些权利由交易各方拥有并由契约和法律制度确定，它们是稀缺的，这种权利就是"产权"。所有者可以按照他认为合适的方式使用和处理财产的权利，这种权利包含在法律、契约条款和其他竞争规则之中。

在零交易费用的世界里，交易各方可通过重新签约或改变任何妨碍他们增加产值的法律程序和条款以达到各方效用最大化，而无需考虑产权的安排，即立法将不起作用；产权的界定完全可以通过价格机制来调整。

而在现实的正交易费用世界中，各方通过谈判改变法律的任何规定都极其困难而且费用高昂，即使允许这样做，也将使其他围绕已有法律的许多契约变得无利可图。这样，现代"产权"的概念同时验证了"租值消散"定律（the dissipation of rent）[③]：市场经济下竞争不可避免，有竞争必有胜负，而判断胜负一定要有竞争规则；如果竞争没有规则，商品的价值将会消散。

这些竞争规则就是产权制度的安排，产权制度的安排是市场交易的基本前提；法律系统将对经济系统的运转有深刻影响甚至在某些方面控制它。"如果市场交易费用过高而抑制交易，那么，权利应赋予那些最珍惜它们的人[④]。"也就是说，法律在界定产权时最好将这些权利指定给那些能最有效利用它们的人，并能激励那些人这样做；同时，为了能发现和保持这样的权利分布，还需使产权转移的费用较低，这就要求法律必须清晰且要求不能太烦琐。

用科斯的话说就是："产权界定良好时，生产将是有效的。市场失灵的外

---

① 对于市场与企业是否互为替代，科斯的解释并不全面。杨小凯和黄有光则认为，由于交易效率的差异，交易费用的增加将同时减少市场和企业的交易，这一观念更有力，因为市场演变过程中，市场和企业规模一直同步扩张。因此，张维迎认为，微观层次上市场和企业相互替代，宏观层次上两者互补。

② 科斯. 论生产的制度结构 [M]. 上海三联书店，1994.

③ 张五常. 中国的前途 [M]. 香港信报有限公司，1988；P.15.

④ 波斯纳. 法律的经济分析（上）[M]. 中国大百科全书出版社，1997；20.

部效应可通过重新分布产权得到解决①。"由于纳入了不同类型的交易费用和产权的概念,科斯为分析经济系统中的制度及其意义提供了重要工具,从而为契约理论的研究铺平了道路。

现实中每一次交易都可看作是缔约各方产权部分或全部的转让,这些转让可通过不同的契约安排来进行。由于产权内含一系列权利的分解、转让和创新,交易关系异常复杂。契约选择的目的在于对这些复杂的交易关系进行有效治理,以降低交易费用;如果其他条件不变,只考虑契约形式的选择,参与人只面临两种交易费用:一是事前事中的交易费用,如契约拟订等费用,称为契约费用(GC1);二是事后的交易费用,与机会主义行为有关,称为监督费用(GC2)。参与人所要做的就是实现契约安排预期总收益与契约和监督费用之差的最大化。如果交易对象价值确定,交易效率就表现为交易费用的节约。一旦交易和费用确定,契约条款也就决定了。

二、契约的安排

契约如何安排才能达到交易费用最低呢?关键在于契约自由。它包含这样一种思想:没有人能够处置别人享有的权利,如果让契约自由服从于某一"社会意志"(如集权主义),就等于消灭了契约自由本身;一个契约合法的前提是签约人有权转让交易对象所包括的一系列权利,转让权本身就是一种自主权。一个局限条件最小的制度环境就是契约自由的环境。所以,雅赛说,契约自由与产权的排他性相辅相成,缺了一个,另一个就没有意义②。张五常

---

① 相互定理,是科斯本人提出的科斯定理,又称科斯第二定理。此处隐含负债是清楚指定的假设,如,A对B的损害增加1元,当A有责任时,A就必须向B支付的款项将增加1元;但当B有责任时,即A有权损害B时,B为了限制损害而将支付A款项1元。因此,不论负债如何配置,A损害B的费用不变。其最大影响在于对福利经济学派的"皮古(A. C. Pigou)思想"的修正,它表明外部效应本身不应成为判断效率的标准。它要求分析问题要注意问题的相互性,在以上例证中,避免对B的损害必然使A遭受损害,是允许A损害B,还是允许B损害A的关键在于须避免较严重的损害,而不是纯粹从私人产品和公共产品的关系上来判断权利的转移。该定理还广泛适用于对垄断、政府行为和法律的经济分析等领域。科斯定理因此被许多经济学家放到了与"看不见的手"原理和萨伊定律同等重要的地位。这体现在证券市场上,就是要求证券法律制度要能清晰地界定产权,且具有开放性,涵盖力能相机解决现实问题,保证企业购并等资本运营(权利的流动)活动的效率,为证券的设计和管理、保护投资者提供一个完善的制度环境。

② 安东尼·德·雅赛. 重申自由主义[M]. 中国社会科学出版社,1997:122.

认为，竞争汇集了所有潜在所有者的知识，即关于可供选择的契约安排及其使用的知识，产权的可转让性则保证了可以利用的最有价值的知识；潜在的契约参与人之间的竞争以及资源所有者有能力转让其使用资源的权利降低了执行一个契约条款的费用[①]。在张五常看来，契约自由就是确保能够找到交易费用最小化的契约安排。

但是，契约不可能完全。契约的选择要求交易各方把契约条款制订得尽可能详尽，并且必须选择各方接受的仲裁程序；然而契约条款越完备，契约费用也就越大，并且以递增的速度增长。这样，参与人之间出现了一个"公共领域"[②] 以及相应的机会主义。为实现资本保全，契约参与人既要对"公共领域"进行讨价还价的谈判，又要对对方实施监督。监督越严密，对"公共领域"的争夺就越确定，机会主义行为也就越少。所以，给定制度环境，参与人之间对契约形式的选择实质上是对契约费用 GC1 与监督费用 GC2 之间的权衡（如图 1 – 1 所示）。

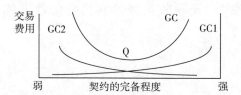

图 1 – 1　契约形式的选择——契约费用与监督费用的权衡

图 1 – 1 就是对上述思想的几何描述，纵轴表示交易费用，横轴表示契约的完备程度。GC 曲线代表总交易费用，为 GC1 与 GC2 的叠加。从图 1 – 1 可以看出，契约越完备，契约费用越高且以递增速率上升；监督费用则越低且以递增速率递减。总费用曲线先降后升，拐点 Q 达到最小并成为均衡的契约形式。

可见，由于交易活动和产权的稀缺，交易费用自然而然成为各种经济活

---

① 张五常. 财产权利与制度变迁［M］. 上海三联书店，1996.
② Barzel. Y. *Economic Analysis of Property Rights*，Cambridge University Press，1989.

动选择必须考虑的因素，契约的选择及其稳定性很大程度上取决于契约形式是否最大限度地降低了交易费用。市场体系、企业组织等制度安排都是一定契约安排下参与人交易费用节约的结果。

第四节　MM 定理及其命题

1958 年，莫迪格利安尼和米勒[①]发表了《资本成本、公司财务与投资理论》一文，文中第一次用统计分析检测模型的方法对公司价值与资本结构的关系进行了严密的分析，提出了著名的 MM 理论。MM 理论假定信息完全，无交易费用，证券可无限分割，投资者预期一致，企业收益为随机变量，经营风险相等。上述假定表明，MM 定理实际上是科斯第一定理的特例[②]。

一、MM 定理 1：无税收市场套利机会条件下的 MM 定理

（一）MM 定理 1 命题一

市场上存在着两个公司：它们的资产和风险评级一样，只是资本结构不同。无负债公司 U，价值 V_u，股权资本成本 R_u；有负债公司 L，价值 V_l，加权平均资本成本 R_w，债务 D，权益 S_l。

把握好该假设条件下，无负债公司 U 和有负债公司 L 的总价值的计算公式分别为：

$$V_u = S_u = (EBIT - I) \times (1 - T) / R_u$$

由于　　　　　　$I = 0$，$T = 0$，故 $V_u = EBIT / R_u$　　　　　　（1.11）

$$V_l = Sl + D = (EBIT - I) \times (1 - T) / R_w + I (1 - T) / R_w$$

①　F. Modiligliani, M. H. Miler. The Cost of Capital, Corporation Finance and the Theory of Investment [J]. *American Economic Review*, 1958 (48). Corporate Income Taxes and the Cost of Capital [J]. AmericanEconomicReview, 53. 663.

②　金融契约理论就是不断放松 MM 定理或者说是放松新古典理论某个方面的假设而形成的经济学分支。

由于 $T=0$，故 $V_l = (EBIT-I)/R_w + I/R_w = EBIT/R_w$ (1.12)

假设有负债公司 L 的价值实际上高于无负债公司 U 的价值，这种情况下，投资者将不会投资于公司 L，而更乐意用自己的账户借款并投资于无负债公司 U 的股票，用更便宜的成本获得相同的投资回报收益。这样将出现的结果是有负债公司 L 的价值下跌，无负债公司 U 的价值上涨，直到他们的价值相等，市场达到均衡。即 $V_l = V_u$；那么根据式 (1.11) 和式 (1.12)，可以得出 $R_w = R_u$。

这样，综合以上命题的假设条件，这样就得出 MM 定理 1 命题一：

（1）公司的价值与资本结构无关；

（2）有负债公司的加权平均资本成本与无负债公司的股权资本成本一致①，其绝对额的大小取决于其风险评级②。

所以，在无税情况下，企业的货币资本结构不会影响企业的价值和资本成本③。

该结论的证明非常简单，但意义重大：

第一，奠定了现代金融契约理论的基础。一定市场环境下企业经营者与投资者目标和行为存在冲突；企业价值最大化的努力将被投资者收益最大化行为所抵消。该角度克服了过去该领域单方面考察研究的片面性，为学术界广泛接受。

第二，提示了实物资产对企业价值的实质性影响和作用。从资产负债表上看，右方的结构变化不会影响到左方，那左方的内容即实物资产就是影响企业价值的决定性因素。这就从财务管理的角度，验证了马克思关于虚拟资本与实物资本的数量关系，从根本上否认了任何改变资本结构以提高企业价值的有效性。

（二）MM 定理 1 命题二

由于杠杆权益风险较大，作为补偿，它应具有较高的期望收益率，或者

① 对无负债公司，R_u 和 R_w 的数值是一致的。

② 其实就是信用评级，因为此时市场没有套利机会，两者资本的回报要求取决于公司经营者能力诚信等方面的风险补偿，这是信用风险的范畴。

③ 即企业的市场价值和净收益率在市场作用下将趋于一致，而与企业的资本结构无关；换言之，当两个只是资本结构不同而净收益等其他方面一致的企业价值不相等时，投资者就会进行证券的交易，从而引起证券价格的波动，来调整企业的市场价值，直到这种套利行为使企业价值达到一致。

说权益的收益率应该与财务杠杆正相关，因为权益持有者的风险随财务杠杆而增加。为阐述这一论点，可将公司的加权平均资本成本 R_{wacc} 写成：

$$R_w = S \times R_s / (B+S) + B \times R_B / (B+S) \tag{1.13}$$

式（1.13）中，R_B 是利息率，也称债务成本；R_s 是权益或股票的收益率，也称权益成本或权益的期望收益率；R_w 是企业的加权平均资本成本；B 是债务的价值；S 是股票的价值或权益的价值。

在命题一成立的情况下，$R_w = R_u$，重新调整式（1.13），得：

$$R_u = S \times R_s / (B+S) + B \times R_B / (B+S) \tag{1.14}$$

式（1.14）两边同乘以（$B+S$）/S，得到：

$$B \times R_u / S + R_u = R_s + B \times R_B / S \tag{1.15}$$

将 $B \times R_B / S$ 移到等式另一边，重新整理式（1.15）可推导出：

$$R_s = R_u + B \times (R_u - R_B) / S \tag{1.16}$$

式（1.16）表明，权益的期望收益率是企业的负债—权益比的线性函数，如果 R_u 超过负债率 R_B，权益的成本随负债—权益比的增加而提高。

其含义可描述为：

（1）无负债公司的股权资本成本的变化来自公司资本结构的变化，准确地说来自举债资本成本的高低，如果债务资本成本高于无负债的股权资本成本，举债会使得股东回报降低，举债越多，公司股权资本成本越低；反之，如果债务资本成本便宜，低于公司无负债的股权资本成本，公司举债越多越有利于公司股权资本成本的提高。

（2）由于以上的命题假设不考虑财务杠杆原因引发的破产风险成本，且市场没有套利机会，因此 $R_s = R_B = R_u$，即有负债公司的股权资本成本和债务资本成本与无负债公司股权资本成本是一样的。

（3）以上命题假设没有考虑税收，有负债公司的加权平均资本成本与无负债公司的股权资本成本也是一致的，$R_w = R_u = R_s = R_B$。

这就得出 MM 定理 1 命题二：负债企业发行普通股的预期收益率等于企

业自有资本的收益率加上债券风险贴水①。其含义是：企业可通过改变资本结构来改变股权收益率，股权收益率与企业负债率正相关；投资者可通过投资决策改变企业资本结构，从而改变自身财富的分布。

命题二的结论似乎与命题一矛盾。命题一，企业负债率提高不会改变企业价值和企业股价；命题二，负债率提高又会提高股票预期收益率，而预期收益率提高是股票升值的重要因素。关键因素是债务风险，负债率提高，股东收益面临的债务风险相应提高，要求有更高的投资收益率予以补偿，这种与风险相对应的反映投资者要求的收益率增量称为必要收益率（required rate of return）。必要收益率抵消了预期收益率对股价的推动作用。企业借债越多，债务风险越大，股权收益率 r_e 的增长会减缓，而债务收益率 r_b 的增长会加快。如图 1 - 2 所示：

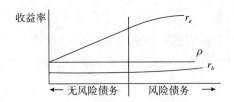

图 1 - 2　风险、债务与收益率

（三）MM 定理 1 命题三

MM 命题一和 MM 命题二告诉我们，"企业投资决策与企业融资决策相互独立"。这就是 MM 定理 1 命题三，又称"分离定理"（separation theorem）。

综上所述，MM 定理 1 的基本内容是：在有效资本市场中，企业的融资决策不会改变企业价值；如果投资决策保持不变，企业红利支付率也不会影响企业价值。企业资本结构与企业价值无关。理论上，MM 定理 1 完美无瑕，但与现实相去甚远。因为 MM 定理 1 忽略了税收、破产成本以及企业参与人之间的冲突等因素，一旦放松其假设，结论就必须修正。

---

① 企业发行债券将导致财务风险，致使股东在要求其正常的收益率 ρ 外，还须附加承担财务风险贴水。

二、MM 定理 2：有税收无市场套利机会条件下的 MM 定理

（一）MM 定理 2 命题一

$V_L = V_U + T_C B$，有负债公司的总价值等于无负债公司的价值加上节税现值。

证明如下：

无杠杆公司（即公司没有债务）的价值为：

$$V_U = \text{EBIT} \times (1 - T_C) / R_u \tag{1.17}$$

其中，V_U 为无杠杆公司的价值；T_C 为公司税率，$\text{EBIT} \times (1 - T_C)$ 是公司税后企业的现金流量；R_u 是完全权益公司的资本成本。

由于债务利息可免税，即无论公司在没有债务时每年要支付多少税收，有债务时所支付的税收都将减少，减少额为：

$$B \times R_B \times T_C \tag{1.18}$$

只要公司期望处于正的税收档中，我们可假设式（1.18）中的现金流量具有与债务利息相同的风险，因此，税盾的价值可通过将利息率 R_B 作为折现率来计算：

$$B \times R_B \times T_C / R_B = T_C B \tag{1.19}$$

因此，只要将税盾的价值加到无杠杆公司的价值上，就可得到杠杆公司的价值为：

$$V_L = \text{EBIT} \times (1 - T_C) / R_u + B \times R_B \times T_C / R_B = V_U + T_C B \tag{1.20}$$

式（1.20）即为有公司税时的 MM 定理 2 命题一。

（二）MM 定理 2 命题二

$$R_s = R_u + B \times (R_u - R_B) \times (1 - T_C) / S \tag{1.21}$$

证明如下：

由 MM 定理 2 命题一，在有税收的情形下，当企业的债务增加了 B 时，企业的价值增加 $T_C B$，根据资产负债表：

$$B + S = V_U + T_C B \tag{1.22}$$

式（1.22）的右半部分现金流量为：

$$V_u R_u + T_C B R_B \tag{1.23}$$

由于假设企业处在永续性模型中，企业所有的现金流量用于股利支付，流入企业的现金流量应等于流入股东的现金流量。因此：

$$BR_B + SRs = V_u R_u + T_C BR_B \qquad (1.24)$$

结合式（1.22）和式（1.24），即可证明 MM 定理 2 命题二。

命题二表明：在存在公司税的世界中，权益的风险随财务杠杆的增大而提高，权益的收益率与财务杠杆之间存在正相关关系的结论仍然成立。

三、MM 定理 3：放松财务杠杆的运用导致的破产风险成本假设的 MM 定理

无税收时：$Rs = R_u + B \times (R_u - R_B) / S$

有税收时：$Rs = R_u + B \times (R_u - R_B) \times (1 - T_C) / S$

放松破产成本假设的情况下，以上两个公式的含义将发生变化，由于公司资本结构发生变化，无负债公司的股权资本成本需要加上一定的风险溢价。该风险溢价来自公司资本结构的变化，如果债务资本成本高于股权资本成本，举债对提高公司股权资本成本就没有意义，公司股东往往就不会举债；如果债务资本成本便宜，低于公司股权资本成本，公司就会有举债的激励动机，但股东对股权资本成本的要求会提高，原因是资本结构变化导致公司资产负债率提高，财务杠杆的运用使得公司的破产风险成本增加，而公司股权投资作为偿还次序靠后的资本，其要求的资本回报率就会相应提高，即公司股权资本成本会提高，以补偿一定的公司破产风险成本。

放松了 MM 定理企业无破产成本的假定，债务风险使企业陷入财务危机甚至破产的可能性增加，从而增加企业的额外成本，降低其价值。因此，企业财务结构是免税优惠和企业额外成本间的权衡。这里的额外成本包括财务危机成本和破产成本，所谓财务危机，指债务人对债权人的许诺有困难或不能兑现，某些场合会导致债务人破产。投资者得知债务人财务危机和破产存在的可能性时就会产生担忧，反映到企业价值上为：

$$V_L = V_U + T_c B - C \qquad (1.25)$$

这里 C 表示财务危机成本和破产成本现值，它取决于危机或破产发生的概率和严重程度。当企业债务价值大于其市场价值时，企业面临破产。

　　企业破产成本分为直接成本和间接成本两种，直接成本包括支付律师、会计、资产评估人及拍卖商等人的费用，公司由于是有限责任，这些费用实际上是由债权人负担的，从而应从债权人支付的利息中扣除，债权人势必要求较高的投资收益率，因而降低了企业价值。间接成本包括破产后重组而增加的成本，或清理时由于资产拍卖价值以低于其经济价值所形成的损失，这些都降低了企业价值。

　　当企业出现危机但还不至于破产时，财务危机仍会影响到企业价值；这种影响是由于股东在投资决策时，为了自身利益，以投资收益最大化代替企业价值最大化的目标所致；当代表股东利益的经理决策层为实现股东利益而采取次优投资决策时①，尽管可以增加股票价值，却是以降低债券价值和企业价值为代价的。因此，企业的财务危机和破产成本抑制了企业追求无限免税优惠的欲望。

---

　　① 指所选择的投资项目的净现值（NPV）不是最大值。

第二章

证券契约的最优设计

融资决策一般指企业家在组建企业的过程中，根据企业目标函数和收益成本的约束，在不同金融契约形式股权和债权融资之间选择最优资本结构以最小化企业筹资成本。而信息的非对称性深刻影响着企业的融资决策，什么样的资本结构能使企业价值最大，这就是证券契约设计的出发点。那么，什么决定公司的资本结构？公司资本结构的选择方式和目标是什么？证券契约设计不同，公司的风险分担和经营效率也就不同。

第一节　最优设计的模型

一、考虑代理成本的最优证券契约设计模型

由于公司特性[①]，目前各种证券契约最优设计模型尽管视角不同，但基本都建立在代理费用的基础之上，着重现金流量的配置[②]。

第一个模型是由汤森（R. M. Townsend，1979）创立的，他假定只有当一种"核实成本"出现时，外部投资者的契约才能依照收益而确定。笔者认为，这里的核实成本就是审计成本，为便于分析，称之为"审计成本"。该模型其

---

① 投资者出资承担责任，好处是缓解了个人财富约束，同时带来代理问题。
② 证券最优设计模型包括汤森（Townsend，1979）、戴蒙德（Diaomand，1984，1991）、盖尔和赫尔维（Gale and Hellwig，1985）、张春（Chang，1987）、哈特和穆尔（Hart and Moore，1989）、威廉姆斯（Williams，1989）、博尔腾和斯卡夫斯坦（Bolton and Scarfstein，1990）的模型，这里介绍其中的三个。

实是具有成本状态检验借贷关系的最优随机审计模型。在此模型中，企业家在第二个时期所取得的现金流量 $\tilde{R}$ 只能有两个值；高值 R_H 和低值 R_L，概率分别为 p_H 和 p_L（$p_L = 1 - p_H$）。投资者是风险中性的，而企业家是风险厌恶的，即企业家会有一个凹性的冯诺依曼—摩根斯特恩效用函数[①]。在激励相容与企业家个人理性约束的条件下，通过求投资者审计成本的最大值，便可得到最优契约。

令 $u(C_0)$ 为企业家当前的效用水平（且 $C_0 > 0$），由于企业家具有有限责任，因此，一旦企业家发出虚假的现金流量 R_H，而实际发生的现金流量为 R_L 时，投资者给予企业家的惩罚便是没收全部的 R_H。将有以下几种情况：

（1）如果企业家经常被审计，那么信息不对称问题就会消失，且最优契约给定了企业家的固定消费水平为（因为企业家厌恶风险）：

$$C_H = C_L = C_O$$

这意味着当 $\tilde{R} = R_L$ 时，企业家就没有报告 R_H 的积极性。

可见，当投资者经常对企业家进行审计时，最优契约是：如果状态 R_H 无效，那么审计也是无效的，或一旦企业家所报告的现金流量为 R_L 时，投资者就始终对其进行审计，最优契约规定了企业家的不变消费水平 $C_H = C_L = C_O$。

（2）假定投资者可信地保证实行随机审计政策，最优审计的概率为 p，当投资者发现企业家有欺诈行为时，投资者没收企业家的全部现金流量便是最优的，因此，激励相容约束为：

$$u(C_H) \geq p\,u(0) + (1 - p)\,u(C_L + R_H - R_L)$$

或
$$p \geq p^* = \frac{u(C_L + R_H - R_L) - u(C_H)}{U(C_L + R_H - R_L) - u(0)} \tag{2.1}$$

根据式（2.1），如果最优的 p 等于 1，有：

$$C_H = C_L = C_O > 0$$

p^* 的临界水平可能严格小于 p（$p = 1$），激励相容约束将不起作用，因

---

① 冯诺依曼—摩根斯特恩效用函数 u，该函数的表达式是 $u(w) = -e^{-\rho w}$，此处 w 代表期终财富，$\rho > 0$ 是风险厌恶的绝对指数。其含义是：对于某一投资项目，如果其收益 R 是可观察的，该项目的企业家必将愿意将项目以市场价格卖出，因为企业家是风险厌恶的，其出售行为将使他获得完全的保险（但如果企业家的自筹成本过高且无益，企业家将不能得到完全的保险），企业家的最终财富为 $w + R$。

此，最优审计概率严格小于 1，$C_H > C_L$，这是因为 p^* 是 C_H 的减函数，通过增加契约中的 C_H，投资者便可减少其对企业家的频繁审计，最优的 p 值从不等于 1。

因此，对投资者来说，一份契约必须列明每次的支出，而不论收益是否可以核算，契约必须列明依实际收益而确定的总支出。

二、引入动态因素的最优证券契约设计模型

显然，企业家以债券进行举债是最优契约[①]。如果引入动态因素（两种状态，$t = 0$ 或 $t = 1$），企业家会不会首先选择直接发行债券[②]。

设企业家投资的项目资金需求可标准化为一个单位，无风险利率标准化为零，企业家可以选择"优"等技术，在概率 p_Y 下产出为 Y，企业家选择"劣"等技术，在概率 p_B 下产出为 B，其他情况为零，假定只有"优"等技术才有正的（预期）净现值 NPV，$p_Y Y > 1 > p_B B$，由于 $B > Y$，所以有 $p_Y > p_B$。

设投资项目的成功与否可由外人验证，并非取决于企业家的技术选择或收益选择，企业家仅在成功的前提下保证偿付固定金额 D（名义债务），企业家没有其他现金来源渠道，如果投资失败，偿付金额为零。本模型的关键要素是名义债务总额 D，取决于企业家对技术的选择。在缺乏监督的情况下，企业家当且仅当"优"等技术预期利润更高时才会选择它：

$$p_Y(Y - D) > p_B(D - Y) \tag{2.2}$$

由于 $\pi_G > \pi_B$，式（2.2）等同于：

$$D < D_C = \frac{p_Y Y - p_B B}{p_Y - p_B}$$

D_C 表示企业家选择"劣"等技术时的名义债务临界值，要注意 $D_C < Y < B$，从贷款人的角度看，偿付概率 γ 取决于 Y：

$$\gamma(D) = \begin{cases} p_Y & D_C \geqslant D \\ p_B & D_C < D \end{cases} \tag{2.3}$$

————————

① R. M. Townsend. Optimal contracts competitive Markets with Costly State Verification [J]. *Journal of Economic theory*, 1979 (21): 265 – 293.

② Freixas, X. And Rochet, J. C. Microeconomics of banking [J]. *Massachusetts Institute of Technology*, 1997.

在缺乏监督的情况下，当下式成立时，信贷市场达到竞争均衡：

$$\gamma(D)D = 1$$

由于存在上述假定，只有 $p_Y D_C > 1$ 时才有可能，道德风险并非很重要。

若 $p_Y D_C < 1$，劣等项目有正的 NPV，则均衡状态没有交易，信贷市场崩溃。

引入监督机制后，通过支付成本 F，投资者可防止借款人选择高风险，假设在完全竞争条件下，在均衡状态下投资者名义贷款价值为 D_m（m 代表监督者），有：

$$p_Y D_m = 1 + C$$

投资者要达到均衡状态，还需要下列两个条件：

（1）均衡状态的投资者名义贷款价值 D_m 必须小于成功企业家的收益 Y，结合 $p_Y D_m = 1 + C$，有：$p_Y Y - 1 > C$。[①]

（2）虽然成本较低，仍不可能存在直接融资，有：$p_Y D_C > 1$。[②]

可见，如果监督成本小到以至于 $1/D_C > (1 + C)/Y$，均衡信贷市场存在三种可能状态：

（1）若 $p_Y > 1/D_C$（高成功概率），企业家发行利率为 $1/p_Y$ 的直接债务；

（2）若 $p_Y \in [(1 + C)/Y, 1/D_C]$（中等成功概率），企业家按利率 $(1 + Y)/p_Y$ 向投资者融资；

（3）若 $p_Y < (1 + C)/Y$（低成功概率），信贷市场崩溃（无交易均衡）。

三、引入商誉的最优证券契约设计模型

戴蒙德（Diamond，1991）认为在选择最优契约上，成功企业家可以建立起直接发行债券所需的信誉，从而替代成本较高的贷款。

设企业家异质，只有 α 比例的企业家才能在两种技术间选择，其他企业家仅能得到给定技术（如劣等技术），参数取值不同，信贷市场均衡也不同：

（1）当 $t = 0$ 时，所有的企业家都向投资者借款；

---

① 换句话讲，监督成本必须小于优等项目的净现值 NPV。
② 若概率 p_Y 取中间值（$p_Y \in [(1 + C)/Y, 1/D_C]$ 非空），则投资者贷款达到均衡。

（2）当 $t=1$ 时，在 $t=0$ 时成功的企业家将直接发行债券，而其他企业家仍向投资者借款。

成功企业家在 $p_Y > 1/D_C$ 时，才能直接发行债务，设 p_s 是时点2的偿付概率，以时点0的成功为前提，所有企业家在时点0上被监督，根据贝叶斯法则，有：

$$p_s = \frac{\alpha p_Y{}^2 + (1-\alpha)p_B{}^2}{\alpha(p_Y) + (1-\alpha)p_B} \tag{2.4}$$

若 $p_s > 1/D_C$，成功的企业家可以按照利率 $1/p_s$ 发行直接债务。另外，企业家在 $t=0$ 失败但在 $t=1$ 时成功的概率如式（2.5）所示：

$$p_U = \frac{\alpha p_Y(1-p)_G + (1-\alpha)p_B(1-p_B)}{\alpha(1-p_G) + (1-\alpha)(1-p_B)} \tag{2.5}$$

式（2.5）暗含当 $(1+C)/Y < p_U < 1/D_C$ 时，这些失败的企业家将按照利率 $(1+C)/p_U$ 向投资者借款。但当 $t=0$ 时，足够多的不同参数值的企业家仍选择向投资者贷款。设 p_0 表示时点0时的无条件成功概率，战略企业家选择优等技术，有：

$$p_0 = \alpha p_Y + (1-\alpha)p_Y$$

信誉的建立来源于 $p_U < p_0 < p_s$，即企业家偿还投资者贷款的概率最初是 p_0，如果企业家成功了，概率上升为 p_s；失败了，则下降为 p_U。

因此，在 $t=0$ 时的债务为临界值，高过此值则出现道德风险，如果企业家确切知道如果在 $t=0$ 时将成功的话，则 $t=1$ 时的融资成本将会降低，从而由 D_S 代替 D_U。

令 $\sigma < 1$ 为折扣，在 $t=0$ 时点，企业家选择劣等项目的临界值 D_C^0 为：

$p_B(B-D) + \sigma p_Y[Y - p_B D_S - (1-p_B)D_U] = p_Y(Y-D) + \sigma p_Y[Y - p_Y D_S - (1-p_Y)D_U]$

得：$D_C^0 = D_C + p_Y \sigma(D_U - D_S)$

因此，基于假定" $p_0 \leqslant 1/D_C^0, p_s > 1/D_C, p_U > (1+C)/Y$ "，戴蒙德（Diamond）两时期的均衡模型可表述为：

（1）在 $t=0$ 时，所有企业家按照利率 $(1+C)/p_0$ 向投资者借款；

（2）在 $t=1$ 时，成功企业家按照利率 $1/p_s$ 直接发行债券，其他企业家则

按利率 $(1 + C)/p_U$ 向投资者借款。

可见，信贷市场上信誉好的企业家可以发行直接债务，失败的企业家融资成本比新企业家高（$D_U > D_0$），商誉可部分减轻道德风险（$D_C^0 > D_C$）。这与汤森模型的结论相同。

四、考虑担保转让的最优契约设计模型

威廉姆斯（J. Williams）则是从"项目可担保转让"的角度考察了经理与外部投资者间代理费用最小化的问题[①]。

假设经理是风险厌恶的，投资者是风险中性的，一期结束时项目的价值为 C，p 为零期项目的价值，可担保转让，p 不确定，但经理能观察到；e 为经理一期结束时可能的控制收益，为 p 的增函数，则：

$$C = p + e\ (p)$$

设 α 为资产的最大化部分，经理要实现控制，至少须持有附属担保品的 $(1 - \alpha)$ 部分且仍须控制项目资产的 α 部分，如果不能控制，收益就会消散，经理出于自身利益的需要，可能将 p 对外报告为 q，q 可能不真实，最优融资契约须列明附属担保品的 M 部分和现金的 N 部分可转移给投资者并作为 q 的函数，对投资者的支付为：

$$F\ (p,\ q)\ = M\ (q)\ + N\ (q)$$

由于经理是风险厌恶的而投资者是风险中性的，最优风险分担要求经理须完全把附属担保品配置给外部投资者，这将导致 $e\ (p)$ 的损失。

威廉斯认为，在现实中，最优融资契约的设计是：

（1）$e\ (p)\ < 0$ 时，经理应把项目的全部资产转让给投资者；

$$M\ (q)\ = p,\ N\ (q)\ = 0$$

此时，投资者会预先知道并要求完全的附属担保品。

$$F\ (p,\ q)\ = M\ (q)\ + N\ (q)\ = p$$

（2）$e\ (p)\ \geqslant 0$ 时，经理应转让资产的最大化部分给投资者。

---

① J. Williams. Monitoring and Optimal Financial contracts［R］. Working Paper. University of British columbia，1989.

$$M（q）=\alpha p，N（q）=N（C）=e（C）+（1-\alpha）C$$

这种情况下，可把经理对投资者的支付看作杠杆股票 $\alpha（p-C）$ 与债券 "$C+e（C）$" 之和。

$$F(p,q)=M(q)+N(q)=\alpha(p-C)+[C+e(C)] \tag{2.6}$$

这里的最优融资契约显然兼有了债券与股票的特征。

可见，证券最优设计模型探讨了外部投资者与经理冲突的一种极端形式，即都假定经营者可以占有不支付给投资者的所有收入；在这一假定下，公司举债就是最优的融资契约方式①，汤森和戴蒙德的模型就属于这一类型。而威廉姆斯的模型假设公司只有部分收益和资产被经理占有，这就解释了外部股东的存在。但所有这些模型都把资本信号看作审计成本、净惩罚或债券成本等收益信号，由此得出企业资本结构与企业价值的相关性。

五、资本结构之谜

迈尔斯（Myers）早在解释"资本结构之谜"时就指出，融资交易成本的存在导致实际资本结构不是理论上的理想目标值，以此为基础的资本结构动态权衡研究形成了目前相关研究的主流②。费希尔（Fischer）、亨克尔（Heinkel）和策希纳（Zechner）进一步指出，资本结构的目标值基本能平衡各种融资方式给公司带来的收益和成本。但是由于融资过程中交易成本的存在，公司实际资本结构会表现为一个围绕目标值的波动区间。当实际资本结构偏离这一区间的上下限时，公司将逐渐使其恢复到目标区间，这就是资本结构调整的（S，s）模式③。利里和罗伯茨（Leary and Roberts）④、斯特雷布

---

① 某些情况下，这个结论可能也包括外部股权。

② Myers S C. The Capital Structure Puzzle [J]. *Journal of Finance*，1984（39）：75 - 92.

③ Fischer E O，Heinkel R，Zecchner J.，Dynamic Capital Structure Choice：Theory and Tests [J]. *Journal of Finance*，1989（1）：19 - 40.

④ Leary M T，Roberts M R. Do Firms Rebalance Their Capital Structures? [J]. *Journal of Finance*，2005（6）：2575 - 2619.

雷耶夫（Strebulaev）[1]、莱蒙（Lemmon）[2] 等的研究也指出，若融资交易成本较高，上市公司偏离目标资本结构的程度较大，时间较长。上市公司向目标值优化和调整资本结构的速度，受融资交易成本的影响，法玛和弗兰茨（Fama and French）[3]、黄和里特（Huang and Ritter）[4]、弗兰纳里和兰根（Flannery and Rangan）[5] 等分别得出资本结构调整速度从10%到30%不等的结论。法玛和弗兰茨指出，现实中信息不对称导致的交易成本过高、融资方式受限和融资成本信息敏感度差异大，会迫使上市公司减缓资本结构调整的步伐和速度。我国学者肖作平[6]、连玉君[7]、张娟[8]也得出我国上市公司存在较明显的资本结构向目标值回归调整的现象，但尚未对资本结构调整速度的影响因素做进一步研究。

谭雪基于信号传递理论研究了行业竞争程度对企业社会责任信息披露的影响，分析了中国上市公司社会责任信息披露情况[9]。研究发现：（1）企业所处行业竞争程度越高，越可能将披露社会责任信息作为信号传递的一种方式；（2）面对相同的行业竞争，国有企业更可能利用社会责任信息传递公司信息；（3）社会责任信息披露之后企业有着更高的市场价值和收入增长率，社会责任信息披露的信号传递作用得到了市场的积极反应；（4）进一步分析

---

① Strebulaev I A. Do Tests of Capital Structure Theory Mean What They Say? [J]. *Journal of Finance*, 2007 (4): 1747 – 1787.

② Lemmon M L, Roberts M R, Zender J F. Back to The Beginning: Persistence and The Cross Section of Corporate Capital Structure [J]. *Journal of Finance*, 2008 (4): 1575 – 1608.

③ Fama E, French K. Testing Tradeoff and Pecking Order Predictions About Dividends and Debt [J]. *Review of Financial Studies*, 2002 (1): 1 – 37.

④ Huang Rongbing, Ritter J R. Testing Theories of Capital Structure and Estimating The Speed of Adjustment [J]. *Journal of Financial and Quantitative Analysis*, 2009 (2): 237 – 271.

⑤ Flannery M J, Rangan K P. Partial Adjustment Toward Target Capital Structures [J]. *Journal of Financial Economics*, 2006 (3): 469 – 506.

⑥ 肖作平. 资本结构影响因素的双向效应动态模型——来自中国上市公司面板数据的证据 [J]. 会计研究, 2004 (2): 26 – 41.

⑦ 连玉君, 钟经樊. 中国上市公司资本结构动态调整机制研究 [J]. 南方经济, 2007 (1): 23 – 27.

⑧ 张娟. 上市公司对资本结构优化调整的关注——基于我国制造业数据的实证研究 [J]. 山西财经大学学报, 2007 (11): 80 – 83.

⑨ 谭雪. 行业竞争、产权性质与企业社会责任信息披露——基于信号传递理论的分析 [J]. 产业经济研究, 2017 (3): 15 – 28.

发现，行业竞争对社会责任信息披露的影响在管理层权力低的组显著，在管理层权力高的组不显著。

事实上，经营者的能力非常重要，而经营者和股东在了解经营者的能力上具有信息优势，但对于公司内部委托权的最优安排，这样的解释已相当充分，这里作者认为收益信号可替代资本信号。

第二节　信贷配给与最优证券契约

一、信贷配给[①]

给定利率，市场能自动调整并保证资本市场均衡。但是现实中债务契约受各种附加条件的影响，利率往往偏离均衡状态，存在两种情况：

（1）得到贷款的申请人的要求往往只能部分满足；

（2）得不到贷款的申请人即使支付更高利率也同样得不到贷款。

这就是信贷配给（credit rationing）[②]。

传统上，经济学家将信贷配给解释为外部振动引起的一种暂时的非均衡现象或是政府干预的结果[③]。斯蒂格利兹（J. E. Stiglitz）和温斯（A. Weiss）在 1981 年对信贷配给进行了开创性的研究，分别从逆向选择和道德风险与信贷配给的关系两方面进行了深入研究[④]。他们认为：即使没有政府干预，信贷配给也将是一种长期均衡现象。

理论上，如果贷款风险独立于利率水平，就不会出现信贷配给，而现实

---

① 傅斌. 证券的经济分析［M］. 中国统计出版社，2001.

② 一般有两类：逆向选择下和道德风险下的信贷配给，假定有 $2n$ 个借款人，每个借款人的融资需求为 1，资金供给为 n，逆向选择下的信贷配给意味着 $2n$ 个借款人中只能挑出 n 个借款人，得到 1 个单位的贷款；道德风险下的信贷配给意味着 n 个借款人每人得到 $1/2$ 个单位的贷款。

③ 政府人为地规定利率上限而导致需求过剩，中国沿用至 20 世纪 90 年代的贷款限额管理就是一种信贷配给现象。这方面的论述可参见樊纲. 公有制宏观经济理论大纲［M］. 上海：三联书店，1990：245 – 265.

④ 丁丹. 信贷配给理论研究述评［J］. 吉林金融研究，2018（2）：18 – 23.

中贷款的收益取决于利率和借款人还款的概率两方面，借款人获得贷款后，往往偏好高收益高风险项目，债权人不仅要监督借款人的努力程度，还要限制投资的风险，以保证债权不受损害，由于信息不对称，债权人难以监督借款人的行为①，使得利率提高时，信贷市场出现低风险项目的借款人被挤出，以及诱使借款人选择高风险项目的现象，为控制风险，债权人不得不用非价格手段来配给信用。

二、考虑逆向选择和道德风险的信贷配给

（一）考虑逆向选择下的信贷配给问题

设多个经营者各自拥有一个项目，成功的收益和概率为 B 和 $c, B > 0$，失败的收益和概率为 0 和 $(1 - c)$，设每个项目所需贷款为 L，利率为 r，所有项目的收益均值均为 G，G 是已知的，有 $G = cB$，B 和 c 负相关，假定经营者是风险中性的，他的期望效用函数和期望收益函数就统一了，经营者对贷款的期望收益为：

$$Y = c(B - Lr) + (1 - c) \times 0 = c(B - Lr)$$

如果企业不投资，则收益为：

$$Y = c(B - Lr) = 0$$

因此，c 存在一个临界值：$c^* = G/Lr$

只有 $c \leqslant c^*$，经营者才会被迫申请贷款。

设 c 在区间 $[0, 1]$ 上的分布函数及密度函数分别为 $F(c)$ 和 $f(c)$，则所有申请贷款项目的平均成功率为：

$$\bar{c}(r) = \frac{\int_0^{c^*} cf(c)\,dc}{\int_0^{c^*} f(c)\,dc} = \frac{\int_0^{c^*} cf(c)\,dc}{F(c^*)}$$

---

① 对于前者，债权人不知道对方的情况面临超额资本需求，如果贸然提高利率，会迫使低风险借款者退出市场，留下高风险借款者，实际上就降低了贷款预期收益；对于后者，债权人贷款给借款人后，无法知道借款人从事的投资计划，因此，当超额资本需求发生时，贸然提高贷款利率，会使借款者选择高风险投资计划，借款人风险的增加也将减少债权人的预期收益，这样，债权人只好改用非利率贷款条件来配给贷款。

有：

$$\partial \bar{c} / \partial r = \frac{c^* f(c^*) F(c^*) \times \dfrac{\partial c^*}{\partial r} - \dfrac{\partial F(c^*)}{\partial r} \displaystyle\int_0^{p*} cf(c) dc}{F^2(c^*)}$$

债权人的期望收益则为借款人的收益与借款人成功的概率之积：

$$\bar{G} = Lr\,\bar{c}(r) \tag{2.7}$$

对式（2.7）求导得：

$$\partial \bar{G} / \partial r = L\bar{c}(r) - \mid Lr\,\partial \bar{c} / \partial r \mid \qquad [\,\bar{c}(r) > 0, \partial \bar{c} / \partial r < 0\,] \tag{2.8}$$

根据上式，利率每提高 1 个单位，期望收益增加 $L\bar{c}(r)$ 个单位，借款人的违约风险概率相应提高 $\mid \partial \bar{c} / \partial r \mid$ 个单位，期望收益下降 $\mid Lr\,\partial \bar{c} / \partial r \mid$ 个单位，如果收入效应大于风险效应，就有 $\partial \bar{G} / \partial r > 0$，反之，则 $\partial \bar{G} / \partial r < 0$，显然存在 r^*，当 $r = r^*$，$\partial \bar{G} / \partial r = 0$；当 $r < r^*$；$\partial \bar{G} / \partial r > 0$；当 $r > r^*$，$\partial \bar{G} / \partial r < 0$。当 $r^* \to 0$，$c^* \to 1$，$r\,\partial \bar{c} / \partial r \to 0$，$\partial \bar{G} / \partial r > 0$；当 $r \to \infty$，$c^* \to 0$，$r\,\partial \bar{c} / \partial r \to -\infty$，$\partial \bar{G} / \partial r \leqslant 0$。当然，$\bar{G}(r)$ 可能不是单峰的，r^* 可能不是一个，如果 c 在区间 $[0, 1]$ 上均匀分布，则有 $\bar{G}(r) = G/2$，独立于 r。这就是银行实行信贷配给而不愿提高利率的原因。

（二）考虑道德风险下的信贷配给问题[①]

由于债权人一般不能指定借款人的贷款用途，也很难观察到借款人所采取的旨在获取高收益的高风险行动，这样就出现了道德风险。设多个企业家各自拥有一个投资项目且须筹资，资金都来自于银行，所有项目都有相同的预期收益，但风险不同，风险的差异对银行是未知的，而企业家知道各自项目的所有信息，项目为有限责任，企业家的收益 R 是连续的，且分布不受企业家采取的无法被贷款人所观察到的行动（"努力"）θ 的影响，$f(R, \theta)$ 是在给定 θ 情况下 R 的密度函数，B 是凸性递增函数，代表企业家的劳动力（用等值的货币表示），借贷双方均为风险中性，双方的借款契约为 $Q(.)$，有：

$$G(Q, \theta) = \int [R - Q(R)] f(R, Q) dR - B(\theta) \tag{2.9}$$

① H. Wijkander. Financial Intermediation Equilibrium Credit Rationing, and Business Cycles. In L. Werin et al. Contract Economics. Blackwell，1992.

设企业家期望效用最大化的努力水平为 θ^*，有：

$$MAX[G(Q,\theta)] = G(Q,\theta^*)$$

给定银行个人理性水平为 P_L^0，在努力约束、有限责任以及个人理性约束的前提下，最优契约要求企业家效用最大化，被求解的方程就是拉格朗日算子 λ：

$$\lambda = \begin{cases} MAX[G(Q,\theta^*)] \\ \forall\theta, MAX[G(Q,\theta)] = G(Q,\theta^*); \forall R, 0 \leqslant G(Q) \leqslant Q \\ P_L^0 \leqslant E[G(Q)|\theta^*] \end{cases}$$

如果对于所有的 θ，$\theta_1 > \theta_2$，似然率 $f(R,\theta_1)/f(R,\theta_2)$ 都是 R 的增函数，是单调似然率（Holstrom，1979），这意味着该函数随 R 的增加而增加，即收益越高，高努力的似然率越大。其隐含对努力提供正确的激励的最佳方式是：当投资结果较好时，便给予代理人以最大的奖励，而当投资结果较差时，则给予代理人以最大的惩罚，但这种契约在实际中并不常见。

因尼思（Innes，1987）研究了如果契约规定对应于收益的偿付函数是非递减的，并以此对上述问题加以限制，那么究竟会发生什么情况？

事实上，如果 $Q(R)$ 不是递增的，那么收益 R 低于 R^* 的企业家就可能借入（$R^* - R$），并对外宣称其收益为 R^*，于是企业家除了偿还短期贷款（$R^* - R$），不能做其他任何偿付。用企业家问题（其决定了企业家的努力选择）的一阶条件替代激励相容约束，可得到一个较为简单的方程：

$$G(Q,\theta) = \int[R - Q(R)]f_\theta(R,\theta)dR - B(\theta) = 0$$

上式等价于 λ，当 θ 上 G 是凹函数，使用一阶方法合理（Rogerson，1985），并且通过将每一个 R 的拉格朗日算子 λ 最大化，ε、η 分别为代表与企业家问题的一阶条件相关和与银行个人理性约束相关的拉格朗日算子，最优契约 $Q(.)$ 为：

$$\lambda(Q(R),R) = [R - Q(R)][f(R,\theta) + \eta f_\theta(R,\theta)] + \varepsilon Q(R)f(R,\theta)(0 \leqslant Q(R) \leqslant R)$$

三、最优契约的获得

为了获得最优契约，仅需使 $Q(R)$ 对一个给定的 R 的拉格朗日算子 λ 最大化，由于 λ 是线形的，因此，影响 $Q(R)$ 的系数为正[1]，有 MAX $[Q(R)]$ = R，如果影响 $Q(R)$ 的系数为负，有 $Q(R) = 0$。因此，最优函数的特征是：

(1) 对于 $f_\theta(R,\theta)/f(R,\theta) < (\varepsilon - 1)/\eta$,有

$$Q(R) = R$$

(2) 对于 $f_\theta(R,\theta)/f_\theta(R,\theta) > f(R,\theta)/(\varepsilon - 1)/\eta$,有

$$Q(R) = 0$$

由于似然率 $f(R,\theta_1)/f(R,\theta_2)$ 是 R 的增函数,函数 $Z = [1/(\theta_1 - \theta_2)][f(R, \theta_1)/f(R,\theta_2) - 1]$ 递增,有：

$$\lim_{\theta \to \theta_2} Z = f_\theta(R,\theta_2)/f(R,\theta_2)$$

由于 $f_\theta(R,\theta)/f(R,\theta)$ 在 R 上也是递增的,有

$$(\varepsilon - 1)/\eta \equiv f_\theta(R,\theta)/f(R,\theta)$$

由上式得唯一解 R^*,因此,最优偿付函数的表现形式为：

$$\begin{cases} Q(R) = 0 & R \geqslant R^* \\ Q(R) = R & R < R^* \end{cases} \tag{2.10}$$

可见，最优债务契约是标准的债务契约。这得出了与戴蒙德一样的结论。但由于道德风险问题，预期收益和利率报价之间产生了非单调函数关系，从而导致均衡信贷配给。

四、两种不同的道德风险

(一) 基于汉斯特和黑尔维希 (Bester and Hellwig, 1987) 的研究，假定厂商可以自由选择技术 (现金流量分析)。

设企业家面临"优劣"两种技术选择："优"等技术可以按照概率使每单位投资产出 Y，"劣"等技术则是按照概率产出 B。假定采用"优"等技术的预期收益率更高，有 $p_Y Y > p_B B$，而"劣"等技术如果成功后的现金流量更高，有 $B > Y$，$p_Y > p_B$，因此"劣"等技术的风险更高。

贷款契约规定企业家成功后归还总额 D，贷款规模标准化为一个单位，D 看作贷款利率，这样，企业家对技术的选择会简单化。

---

[1] 即 $(\lambda - 1)f(R,\theta) - \eta f_\theta(R,\theta) > 0$。

只有当 $p_Y(Y-D) \geqslant p_B(B-D)$ 时，厂商才会选择"优"等技术。

令 $D* = (p_Y Y - p_B B)/(p_Y - p_Y)$，有：$D* \geqslant D$

令银行贷款预期回报为 W，W 即为要求偿付的函数：

$$W = \begin{cases} p_Y D & D < D^* \\ p_B D & D^* \leqslant D < B \\ p_B B & D \geqslant B \end{cases} \quad (2.11)$$

引入信贷供给变量作为 W 的函数，最简单的说明是弹性无穷大的资金供给变量，即当 W 等同于常量 W^*。

当 $p_B D^* < W^* < p_B B$ 时有两种均衡：

D_1 和 D_2（$D_1 < D_2$）都是市场出清时的利率，这和银行作为价格接受者（price-taking）的假定密切相关：

（1）如果银行是价格的制定者，D_2 不会是均衡利率。银行可以通过索取稍高的利率（小的正数）来吸引企业家并获得利润。在任何情况下，如果资金供给弹性无穷大，市场是出清的，那么就不会出现信贷配给。银行预期收益将是：

$W = p_Y D$ （$D \geqslant 0$）。

（2）但现实中，银行并非完全是价格的制定者，银行预期收益函数的弹性并非无穷大，函数也不是一直递增，在 $D'(D_1 < D' < D_2)$ 或 B 点，该函数取得全程最大值，有：$\text{MAX}[W(D_1 < D \leqslant B)] = p_Y D'$（或 $p_B B$）。

但此时，企业家有可能被迫选择"劣"等技术，从而选择高风险的项目，银行预期收益可能为：$W = p_B D'$。由于，在 $D > B$ 时，银行的预期收益为 $p_B B$，也就是说，企业家对银行的偿付金额不可能超过 B 点，在 D_1、B 之间，令 μ 为企业家有可能被迫选择"劣"等技术的概率，银行的预期收益为：

$$W = \mu p_B D + (1-\mu)p_Y D \quad B > D \geqslant D_1$$

如果市场出清的银行期望收益为 W^*，有：

$$W^* = p_Y D_1 = p_B D_2 \quad (2.12)$$

上述简单模型直观显示了道德风险是如何导致信贷配给的，该模型可以扩展到包括抵押要求的贷款契约，结果是修正对两项投资项目进行抉择的动机。如果用 $D+C$ 代替 R，C 代表抵押品价值，则更容易证明上述结论仍然成立。

（二）根据扎菲和拉塞尔（Jaffee and Russell，1976）的研究，假定厂商可以操纵偿债能力

扎菲和拉塞尔（Jaffee and Russell，1976）构建了一个简单模型以描述借贷人选择违约还是偿还；假定银行并非强制要求偿还贷款，那么企业家将选择是偿还 D ，还是支付违约利息成本 F ，根据企业家的现金流量 Y ，存在以下几种情况：

（1）若 $D > Y$ ，厂商被迫选择违约；

（2）若 $Y > D > F$ ，厂商主动选择违约（策略性违约）；

（3）若 $Y > D$ 且 $F > D$ ，厂商将选择偿还贷款。

如果可以观察 F ，F 不取决于贷款数量，银行可以加息，同时在 $F > D$ 时，可以限制贷款，导致信贷配给。如果不能观察 F ，加息增加银行收益的同时影响部分借款的偿还意愿，问题在于哪种影响占优势，如果银行的预期收益不是贷款利率的单调函数，尽管原因是道德风险，但也会出现逆向选择下的信贷配给。那么，如何消除信贷配给的影响呢？可根据借款人的不同特征提供不同类型的金融契约使借款人选择他所属类型的契约，这首先关系到债权人获取信息的技术[1]，现实中银行通过考虑贷款的附加手段对付风险，如授信、担保等。

设借款人最初提供了某些抵押担保品，贷款偿付额 D^K 将部分取决于借款人提供的抵押担保品 C^K ，贷款人就可提供贷款合同菜单 （C^K，D^K）（ $K = L, H$ ），如果项目失败（即 $\tilde{R} = 0$ ），贷款人可对抵押担保品进行清算，借款人失去 C^K ，设清算成本[2]与抵押担保的比例为 q（ $0 < q < 1$ ），清算成本为 qC^K ，贷款人将得到 $(1 - q)C^K$ ，如果项目成功了（即 $\tilde{R} = R$ ），就不存在清算问题，贷款人获得 D^K ，而借款人得到了 $(R - D^K)$ 。因此，贷款人为借款人提供什么样的合同菜单，取决于借款人的保留效用 P^K（ $k = L, H$ ）以及借贷双方讨价还价的能力，这里假定讨价还价能力都集中在贷款人手中，例如，在

---

[1] E. Baltensperger. Credit Rationing. Issues and Question ［J］. *Journal of Money*. Credit and Banking，1978（10）：PP. 170 – 183.

[2] 清算成本对于解释为什么贷款并不总是要求有百分之百的抵押担保十分重要。

对称信息的标准情况下，令 θ 为借款人失败的概率，贷款人将提供使每一位借款人的个人理性约束均起作用的合同，有：

$$(1 - \theta^k)(R - D^k) - \vartheta^k C^k = P^k \ (K = L, H) \qquad (2.13)$$

令 $\theta^H > \theta^L$，Δ^H、Δ^L 表示高风险和低风险借款人的无差异曲线，有：

$$\frac{P^L}{1 - \theta^L} \geq \frac{P^H}{1 - \theta^H}$$

由于清算成本很高，设高风险和低风险人偏好的合同分别是 A 和 B，两类合同都没有抵押担保（$C = 0$），如果贷款人无法观察借款人的行为，借款人都会选择合同 B，设 $\bar{\theta}$ 为借款人的平均失败率，贷款人的平均期望收益为 $(1 - \bar{\theta})D^L$。

在此，D^L 是 L 型借款人所能够接受的最大偿付额，这里隐含地假定贷款人对这一收益感到满意。如果他们对此并不满意并提高贷款利率，那么他们就可能获得 $(1 - \theta^H)D^H$，但这样做并无好处，且可能使贷款人根本贷不出款。有：

$$D^L = R - \frac{P^L}{1 - \theta^L}$$

在上述情形中，高风险借款人获得了"信息租"，如果不存在偏好低风险的借款人，高风险借款人的期望效用就高于他能得到的效用，其贷款偿付额为：

$$D^H = R - \frac{P^H}{1 - \theta^H}$$

该偿付额相对低风险借款人较高，一个偏好高风险并要求偿还 D^H 的贷款人必须同时提供另一种合同，即专门为低风险设计的并要求抵押品为 C 以及贷款偿付为 D 的合同 Q，可表示如下：

$$(1 - \theta^H)(R - D^H) \geq (1 - \theta^H)(R - D) - \theta^H C \qquad (2.14)$$

低风险者接受这种新合同，而风险偏好者选择合同 A，而不愿选择新合同 $Q = [C, R]$ 以及合同 B。在合同 $(D^H, 0)$ 中，效用为 P^L，所以，合同 $(D^L, 0)$ 并不体现个人理性，自我约束 $(1 - \theta^L)(R - D) - \theta^L C \geq (1 - \theta^L)(R - D^H)$ 并不重要，由于抵押担保成本高昂，要求高风险和低风险都提供抵押担保的合同可能无效。事实上，抵押担保的作用就是允许借款人和贷款人在两类风险之间进行自我选择。①

五、考虑抵押担保的最优贷款合同

设 X 为 Δ^H、Δ^L 两条无差异曲线的交点，当高风险借款人的比例较高，最优合同集为 (A, X)，反之，最优合同集为 (B, B)。可见，将偿付与抵押担保联结在一起的最优贷款合同是：

（1）高风险的借款人须支付高利率，可不提供任何抵押担保；

（2）低风险的借款人可享受较低的利率，但必须提供抵押担保。

因此，设计旨在改善信贷配置的自我选择机制非常重要。韦伯（Webb，1992）设想贷款人顺序投资于两个项目，借款人需要在每个时期真实报告现金流量，同时贷款人也需在每个时期进行审计，成本则取决于借款人所报告的现金流量，第二个时期的借款条件依赖于所报告的第一个时期的现金流量，如果报告真实，可减少对借款人的审计，预期审计成本较低，长期贷款可能优于短期贷款。

这方面的典型应用就是贷款证券化，贷款证券化的特点与贷款的增加紧密联系，银行是选择存款方式筹资，还是以证券化方式筹资，一方面取决于甄别成本的大小，另一方面取决于投资者对风险的态度②，贷款证券化的主要特点就是投资者通常从一笔风险可控的贷款和追加贷款中获益，这说明应利用追加贷款来促使借款人真实地显示信贷风险，一般而言，好项目将得到更多的追加贷款。

设有企业家风险中性，有一个投资项目，成功可得收益 R，失败收益为 0，成功与失败的概率分别为 q 和 $1 - q$，企业家知道概率 q，而投资者不知道。银行向借款人提供具有不同贷款追加额 π 贷款合同，π 是借款人最初承诺

---

① 从直观上讲，对两类合同的选择取决于贷款人为了防备利率的下降以抵押担保 C 作为项目成功的赌注，而只有低风险的借款人才会下这个赌注，如果不同类型的借款人都选择了各自所偏好的合同，那么，一个包括两类合同的合同菜单就将允许贷款人对上述不同类型的借款人加以区别对待。低风险的借款人必须提供更多的（成本高昂的）抵押担保，高风险的借款人因接受高风险而获得了信息租，这意味着贷款人可能遭受损失，也意味着抵押担保的减少，同时还意味着贷款人可能获利。

② 采用证券化的方式可节省甄别成本，因为贷款失败，投资者将承担银行的全部资本，而以存款方式筹集资金便意味着有较高的甄别成本和较低的风险水平。

的偿付 $D(\pi)$ 的一部分，项目失败，投资者就能得到 π，贷款合同将载明由企业家支付的费用 $F(\pi)$，该费用与企业家通过银行向投资者偿付的金额 $D(\pi) - F(\pi)$ 相对应。设企业家宣布项目成功的概率为 p，合同将明确 $\{D[\pi(p)], F[\pi(p)]\}$ 分配机制，该机制与 p、贷款的追加额、相应的保险费以及对最终投资者的偿付等因素相关。较好的项目将容易得到更多的贷款追加，利息偿付额也将随抵押担保的减少而减少，令企业家的目标函数为 Z，在点 $p = p*$ 上求 p 的最大值，有：

$$Z = p[R - D(\pi(p))] - F[\pi(p)]$$

$$MAX(Z) = p\{R - D[\pi(p*)]\} - F[\pi(p*)]$$

求一阶条件，得企业家与投资者的激励相容条件：

$$\{-pD'[\pi(p)] - F'[\pi(p)]\} d\pi/dp = 0 \qquad (2.15)$$

由于对于任意 p，一阶条件都成立，所以可继续对 p 求微分，以二阶条件替代一阶条件，有：

$$-D'[\pi(p)] d\pi/dp > 0 \qquad (2.16)$$

个人理性约束条件为费用必定等于失败情况下对投资者所做的偿付期望值，有：

$$F[\pi(p)] = (1 - p)\pi(p)D[\pi(p)]$$

替代激励相容约束条件：

$$-\pi(p)D(\pi(p)) = \{F'[\pi(p)] - (1-p)D[\pi(p)] + \pi(p)D'[\pi(p)]\} d\pi/dp$$

由于二阶条件的成立，等式左端也是正值，有 $d\pi/dp > 0$，可见，好的项目将更容易得到更多的追加贷款，代入式（2.16），有：

$$D'[\pi(p)] < 0$$

这表明贷款证券所支付的利息随着抵押担保的减少而减少。

可见，信贷配给的最优解应是一定制度安排下的标准债务契约，这同时验证了上文所分析的监督费用和契约费用的互换问题，如果信息对称，可不考虑监督，交易费用的节约是通过契约费用的降低来实现的，标准债务契约是最优选择，而现实中信息的非对称导致监督必不可少，拥有私人信息的一方必须寻求办法将信息向无信息的一方传递，或后者寻求一定的办法诱使前者公开私人信息。

股份公司和投资者须认识到两点：一是强制信息披露的安排是必须的，要求股份公司的经理必须将企业的有关信息特别是财务信息予以适当披露，使企业利害关系集团和潜在的投资者获得决策所需的充分信息；二是利用社会的监督，通过投资者对效益和诚信较高的企业股票的青睐和信贷条件的放宽，促使真正高质量的企业积极向投资者披露信息。

中国人民银行吐鲁番中心支行课题组从信贷配给的视角，运用动态模型和计量模型研究表明，国有企业资产负债率有门槛效应，当贷款利率小于保留收益率时，企业资产负债率将会跳升；贷款利率下降也不会必然导致国有企业资产负债率上升；而非国有企业资产负债率与贷款利率正相关，与项目回报率负相关，且贷款利率对资产负债率的影响程度大于项目回报率[①]。他们提出要加快国企改革，对国有企业实施破产，采取市场化的方式解决国企的债务问题，打破国企刚性兑付，从根本上解决预算软约束问题，改善国企内部的杠杆结构，真正提高国有企业的活力和竞争力。

第三节　企业所有权与经营权的安排

关于"所有权与经营权分离"的命题是伯利和米恩斯在 1932 年提出来的，他们在考察了 200 家美国最大的非金融公司之后认为，股份公司的发展和壮大越来越依赖于资本市场，公司的兼并行为以及 1929 年经济危机之后美国的法律和政治制度的变化，都使得股份公司股权趋于分散化。在公司股权极度分散的条件下，职业经理们不仅拥有公司的管理决策权，而且还从股东手中夺取了公司资产的经营控制权（更确切地说应该是剩余控制权），从而成为公司的实际控制者；而股东则变成了仅仅是提供资金并被动取得剩余收益的所有者。因此，伯利和米恩斯得出了股份公司的"所有权与经营权分离"

---

① 中国人民银行吐鲁番中心支行课题组，李卫林，宋长江. 利率政策、信贷配给与企业去杠杆 [J]. 金融发展评论，2017（8）：113–124.

的命题。随着现代企业理论的发展，以及股份公司实际运作的经验表明，该命题在经受实践检验的过程中越来越暴露出其理论上的缺陷。下面就相关问题进行深入探讨。

一、企业的概念

根据契约理论的观点，企业可以被理解成为是一系列生产要素之间的一个契约。这个契约是在人力资本的所有者和非人力资本（包括资金、实物、土地，以及非实物形态的技术、商誉等）的所有者之间共同缔结起来的。从某种意义上讲，人力资本的提供者（包括职业经理和生产者）同非人力资本的提供者一样，作为生产要素的投入方，同时也作为企业契约的平等缔约主体，都应该是企业产权的所有者，当我们把企业所有权的定义解释清楚之后，对企业所有者的这种界定也就更加明确了。

二、企业所有权

张维迎认为，企业的所有权指的是对企业的剩余索取权和剩余控制权，经济学家将企业剩余索取权和剩余控制权的分配称为企业所有权的安排。那什么是"剩余"呢？"剩余"的概念是跟企业契约的不完全性密切相关的。"一个完备的契约意味着所有的'索取权'和'控制权'都合同化了，没有'剩余'存在"[1]。很显然，这种索取权是特定的，即在契约中事前明确规定了缔约各方应获得收益的权力；这种控制权也是特定的，即在契约中事前明确规定了缔约各方应享有的控制权权力。但可惜的是，由于企业契约的约定各方在事前不能够将事后的一切可能性都清楚地在契约中规定，因此这份契约就不是完全的了。在契约中事前不能明确规定的那部分索取收益的权力，叫做剩余索取权；同样，在契约中事前不能明确规定的那部分控制权的权力，叫做剩余控制权。剩余控制权是决定企业资源在契约所限定的具体用途之外如何被使用的权力[2]（哈特和摩尔，1990；转引自黄群慧，2000）。

---

① 张维迎. 所有制、治理结构及委托——代理关系 [J]. 经济研究，1996（9）.
② 黄群慧. 控制权作为企业家的激励约束因素：理论分析及现实解释意义 [J]. 经济研究，2000（1）.

　　既然企业的所有权可以被理解为企业的剩余索取权和剩余控制权，那么明确谁该拥有企业的所有权便显得十分必要了。传统的企业理论都认为，谁为企业提供资本，谁就是企业的老板，那么企业的所有权也就理所应当地归属于资本的拥有者。这就和上文所阐述的企业所有权（剩余索取权和剩余控制权）的概念产生了矛盾。既然企业的缔约各方并不能在契约中事前明确规定事后的一切事件发生的可能性，以及由这些不确定的事件引起的索取权与控制权的分配问题，因此也就不能明确地说：剩余索取权和剩余控制权一定就应该完全归属于契约的缔约方之一——资本所有者。如果说，企业的契约真的具有所有权的话，那么这种所有权则属于契约的缔约各方共同拥有。正如上文在解释企业的概念时提出的，企业中的非人力资本与人力资本是平等的缔约主体，都是企业的所有者，只不过他们对企业提供的要素形式不同而已。因此，"企业所有权的安排是所有参与人之间讨价还价的结果，企业所有权的安排只决定每个企业参与人事后讨价还价的既得利益状态，而并不消除事后讨价还价本身。"（格罗斯曼和哈特，1986；转引自张维迎，1996）。

　　通过以上分析，我们已经得到了这样一个结果，企业的剩余索取权和剩余控制权是相对应的，在某种意义上是不可分的。这种权力应该是企业的非人力资本的提供者（股东）和人力资本的提供者所共有的。那么，在古典的资本主义企业和现代企业中，企业的所有权是如何在非人力资本的提供者和人力资本的提供者之间进行分配的呢？

　　在古典的资本主义企业里，企业业主既是货币资本（包括事物资本）的提供者，又是企业的经营管理者，由于业主在提供了非人力资本的同时，也提供了人力资本，他也就顺理成章地成为企业的所有者——企业家。所谓企业家，"就是承担经营风险，从事经营管理并取得经营收入的人格代表"，"是作为一个责权利的统一体而存在的"（张维迎，1987）。因此，古典的资本主义企业所有者自主从事经营管理，拥有监督和控制权，并且自己承担企业经营风险，取得经营收益。他们不仅拥有特定的索取权和控制权，而且还占有了企业全部的剩余索取权和剩余控制权。很显然，在古典的资本主义企业里，所有权与经营权是合一的。

　　那么企业契约的另一个缔约方——生产者，为企业提供了人力资本，为什么只能得到固定的工资，受业主的监督和控制，而不能拥有企业的所有权呢？首先，古典企业的最大特点之一就是负有无限责任。由于资本具有可担保性，当企业的资产不足以清偿企业的债务时，法律强制业主以个人财产来清偿企业的债务。因此，相对于仅靠出卖劳动力为生的生产者，资本所有者自然也就拥有了对企业的所有权和控制权。其次，在资本主义初期，企业的扩大再生产主要是依靠企业利润的积累，个人的资金和信用极为有限，因此，那时候资本这种生产要素对企业规模的扩张起着至关重要的作用。由生产者提供的人力资本要素的贡献仅仅体现在了固定的工资中，而生产者则不能分享企业的剩余收益。

在新古典的企业性质定义中，企业是一个投入产出的生产函数，而不管企业的内部结构如何。现代企业理论的一个重要观点是认为企业是不同的资产所有者通过契约形式合作组成资产组合，并把组合资产的索取权与控制权在所有者之间进行分配的组织。剩余索取权就是指对企业收入在扣除所有固定的合同支付的余额或利润的要求权，它是相对于合同的收益权而言的。剩余控制权是对在企业合同没有特别规定的活动的决策权。由于企业要素合约的不完备性，所以企业的总收入不可能是一个固定的量，企业的收入也不可能通过每一个人的固定收入分配完毕，必定留有一定的剩余，则也就必定有人会成为这一剩余的索取者，享有企业的剩余索取权。企业的资产包括资本、企业家才能和劳动，分别归资本所有者、经营者和工人所有。剩余索取权的配置直接关系到资本所有者、经营者和工人的权益，合理配置剩余索取权是调动这些利益相关者积极性以及提高内部资源配置效率的关键。

企业控制权安排作为一种制度，本身虽然具有合理性，但这并不意味着企业控制权的行使是有效的。因此，企业控制权的结构是否合理，在于其安排是否有利于公司绩效水平的提升，良好的公司绩效取决于是否存在符合实际需要的企业控制权安排。

笔者认为，企业所有权应该有三种表现形式：即经营者企业所有权、股东企业所有权和生产者企业所有权。在内涵上，这三种企业所有权既有联系，又有区别：三者的联系是都含有剩余索取权要素；三者的区别是"控制权"的性质不同。经营者企业所有权中含有剩余控制权，股东企业所有权中含有明晰控制权，生产者企业所有权中含有参与控制权。其中的控制权包含三个方面：一是指由股东拥有的明晰控制权；二是指由经营者拥有的剩余控制权；三是指由生产者拥有的参与控制权。剩余索取权与明晰控制权构成股东企业所有权；剩余索取权与剩余控制权构成经营者企业所有权；剩余索取权与参与控制权构成生产者企业所有权。

由于股东、经营者和生产者在企业中所处的地位和所执行的职能不同，所以他们各自的企业所有权中的"控制权"的权利也不同。股东企业所有权中的明晰控制权，是指契约中已经明确规定的、有关企业"大政方针"和选择监督经营者等方面的权力；经营者企业所有权中的剩余控制权，是指契约中没有特别规定的、有关企业经营决策和对生产者选择监督的权利；生产者企业所有权中的参与控制权，是指契约中已经明确规定的生产者参与企业经营管理的权利。

以上证券契约的最优设计重点放在现金流量的配置上，如果把企业控制权纳入其中，结果又如何呢？这方面的内容应该是一般意义上证券契约设计的内容。证券契约设计理论一般划归企业契约理论[1]，用于说明委托人用以控制代理人的契约安排，它的思想主要来自于资本专用性理论[2]。

三、资本专用性理论

资本专用性理论由威廉姆森（Williamson . O. E，1975，1980）开创，他

---

[1] 一个完整的企业理论要处理三个相关问题：（1）企业的起源；（2）企业剩余的分配；（3）企业内部控制的最优契约设计。自科斯提出交易费用之后，企业理论发展成为三支：企业契约理论、经营者理论和企业管理者理论，企业契约理论目前是企业理论的主流，可进一步划分为代理理论、间接定价理论和资本专用性理论。

[2] 张五常认为，"企业并非为取代市场的手段，两者只是契约形式的不同，市场交易的对象是商品，企业交易的是生产要素，企业与市场的互换只是生产要素市场取代商品市场，这就是企业的性质。"这表明企业不能消除机会主义行为。基于张五常的研究，杨小凯和黄有光（1994）将企业的内部结构、定价成本、组织形式与交易效率相联系，重点放在企业、市场与自给经济之间，认为"如果市场中经营者劳动的交易效率低于自给自足经济条件下劳动的交易效率，作为企业，它的所有权结构就变得非常重要，不同的结构会导致不同的交易效率，经营者索取剩余就是因为市场对经营者的劳动进行直接定价的成本过高。可见，由于交易效率的差异，企业产生了。"但他们仅仅是从外部市场交易的效率来考察企业内部的治理，结论正确但缺乏透彻性。资本专用性理论对不完全契约与纵向一体化的研究从某种程度上弥补了间接定价理论的这些缺陷。

认为，如果交易包含专用性投资，事先的竞争将被事后的垄断取代，并产生企业的机会主义，使契约的谈判和执行变得更加困难，用市场去处理这些问题的费用就会上升，因此，纵向一体化可替换市场，而节省交易费用，因为在纵向一体化组织内部，机会主义要受到监督，资本专用性是企业产生的主要原因①。

设有两个企业 A 和 B，分别由企业家 A 和 B 经营，企业家取得企业所有报酬，在时点 0，两个企业签订了一份契约，企业家 A 和 B 进行了关系专用性投资，分别记作 W_A 和 W_B；在时点 1，又进一步采取了行动 q_A 和 q_B，并从中获益，令第 i 个企业的企业家在时点 1 获得的净收益为：

$$R_i[W_i, f_i(q_A, q_B)]$$

设企业 B 处于生产上游，其产出为下游企业 A 的投入，$R_B < 0$，表示为成本，也可把这种关系看作横向的（如时点 0 的同行业企业），设 q_i 为对企业 i 的控制权，这不能在事前写入契约，R_i 由 W_A 和 W_B 的函数 f_i 决定，并且是 f_i 的增函数，某些情况下，企业家的行为存在利益冲突，R_i 可能是 q_i 的增函数，也有可能是 q_i 的减函数，生产如何配置事前依赖于自然状态，但一旦自然状态明朗化，事后的生产决策相对来说就比较容易，q_i 事前具有非契约性，为一种剩余控制权，同时，企业 i 的所有者在时点 1 有权选择，同时假定 q_i 在事后具有契约性，那么企业 i 的所有者可能会放弃这种权利，以换取一项附加报酬，以在时点 1 重新讨价还价。假定事前投资 W_i 具有非契约性，W_i 难以描述，假定投资决策是在时点 0 由两个经营者单独做出，投资决策信息在经营者之间对称分布，通过 q_A 和 q_B，事后确定 f_i，经营者获得收益 R_i。R_i 是私人收益，直接分配给企业经营者，但由于 R_A 和 R_B 无从核实，不能列在时点 0 的契约中，也就是说，企业 A 不可能将其收益 R_A 转给企业 B。同时假定，任何一种所有权结构都允许经营者自由选择 W_i，在时点 0。确定潜在贸易伙伴时存在竞争的市场，它决定事前剩余在经营者间的分配，函数 R_i 和变量 W_i、q_i 的定义域在时点 0。众所周知，在其他经营者获得其保留效用的前提下，最优契约可使经营者收益最大化，因为现实中企业绩效将部分反映在股东利润上，这

---

① Y·巴泽尔. 产权的经济分析［M］. 上海三联书店，1997：72.

部分能够核实，但其他部分如经营者福利就无从核实了。相类似的，在一个纵向关系中，缔约双方可能难以事先确定产品的质量，但他们至少可以就产品数量签订契约，即使 W_i、q_i 和 R_i 可部分写入契约，某些结论依然成立。这里首先研究时点 0 无法确定而在时点 1 可确定的变量写入契约的情况。

设在其他经营者获得保留效用的前提条件下，一项最优契约使经营者的收益最大化，假定不存在不确定性以及货币转移是可行的，一项最优的契约必定会使两个经营者事前净收益或总剩余最大化：

$$R_A\left[\,W_A\,,f_A\left(\,q_A\,,q_B\,\right)\,\right]\,+R_B\left[\,W_B\,,f_B\left(\,q_A\,,q_B\,\right)\,\right] \qquad (2.17)$$

这里必须提及的是，作为最优的一个基准点，我们做了与我们上面不同的假定，W_A 和 W_B 可核实，q_A 和 q_B 在事前具有契约性。

令 $W_i\in A_i$，$q_i\in Q_i$ 成立时，α_A^*、α_B^*、q_A^*、q_B^* 是 MAX（R_A+R_B）的唯一解。也就是说，某一经营者在他不必付给其他经营者一笔大额罚款的情况下，必定在时点 0 选择 W_i^* 和在时点 1 选择 q_i^*，事实上，只要 q_i 在事前具有契约性，即使 a_i 不如此，实现最优也是可能的。如果在时点 0，$q_i=q_i^*$，当事人就有激励因素去选择 W_i，以使 $R_i\left[\,W_i\,,f_i\left(\,q_A^*\,,q_B^*\,\right)\,\right]$ 最大化。但是，如果 q_i 和 W_i 在事前均不具有契约性，即使 $W_i=W_i^*$，最优也不能实现。

非一体化条件下，在时点 1 经营者 A 有权选择 q_1，经营者 B 有权选择 q_2，从时点 1 开始，W_1 和 W_2 事先给定，仅有的问题是 q_1 和 q_2 的选择，如果不讨价还价，经营者 A 和 B 将同时独立选择 q_1 和 q_2，从而分别使 $f_1(q_1,q_2)$ 和 $f_2(q_1,q_2)$ 最大化（R_i 是 f_i 的增函数），假定存在唯一的一对数值（$\hat{q}_1,\hat{q}_2$）能满足：

（1）当 $q_1\in Q_1$，$q_1=\hat{q}_1$ 将使 $f_1(q_1,\hat{q}_2)$ 最大化；

（2）当 $q_2\in Q_2$，$q_2=\hat{q}_2$ 使 $f_2(\hat{q}_1,q_2)$ 最大化。

换言之，每一个经营者 i 使 f_i 最大化，有唯一纳什均衡点[①]。当然，给定 W_1 和 W_2，非合作均衡点（$\hat{q}_1,\hat{q}_2$）的总剩余为：

$$R_1\left[\,W_1\,,f_1(q_1,q_2)\,\right]\,+R_2\left[\,W_2\,,f_2(q_1,q_2)\,\right] \qquad (2.18)$$

式（2.18）最大化不一定具有事后效率，当事人会在时点 1 签订一份新

---

① 这里 R_i 可分离性的假定能保证 $\hat{q}_1$ 和 $\hat{q}_2$ 独立于 W_1 和 W_2。

契约，这份契约使 $q_1 = q_1(W_1, W_2)$，$q_2 = q_2(W_1, W_2)$，式（2.18）最大化，如果存在若干个最大值，可以选择任何一对，有：

$$\hat{q}_1 \equiv (\hat{q}_1, \hat{q}_2), q_w \equiv [q_1(W), q_2(W)], W = (W_1, W_2)$$

该契约可行，q_1 和 q_2 将确定转移价格 p，满足[①]：

$$R_1\{W_1, f_1[q(W)]\} - p = R_1[W_1, f_1(\hat{q})] + 1/2(R_1\{W_1, f_1[q_1(W)]\} + R_2\{W_2, f_2[q_1(W)]\} - R_1[W_1, f_1(\hat{q})] - R_2[W_2, f_2(\hat{q})] \equiv \xi_1(W, \hat{q}) \quad (2.19)$$

$$R_2\{W_2, f_2[q(W)]\} = R_2[W_2, f_2(\hat{q})] + 1/2(R_1\{W_1, f_1[q_1(W)]\} + R_2\{W_2, f_2[q(W)]\} - R_1[W_1, f_1(\hat{q})] - R_2[W, f_2(\hat{q})]) \equiv \xi_2(W, \hat{q}) \quad (2.20)$$

这实际上是一个纳什谈判解[②]，也适用于其他重新分配谈判收益的情况。

假定当事人在时点 0 不合作，而选定 W_1 和 W_2，同时在时点 1 重新谈判，该谈判总支付 ξ_1 和 ξ_2，在时点 0 进行投资的纳什均衡点是 $(\tilde{W}_1, \tilde{W}_2)$ $[(\tilde{W}_1, \tilde{W}_2) \in A_1 \times A_2]$，有：

（1）当 $W_1 \in A_1$，$\xi_1(\tilde{W}_1, \tilde{W}_2, \hat{q}) \geq \xi_1(W_1, \tilde{W}_2, \hat{q})$ \quad (2.21)

（2）当 $W_2 \in A_2$，$\xi_2(\tilde{W}_1, \tilde{W}_2, \hat{q}) \geq \xi_2(\tilde{W}_1, W_2, \hat{q})$ \quad (2.22)

源于此均衡的契约事前总剩余为：

$$R_1\{\tilde{W}_1, f_1[q_1(\tilde{W})]\} + R_2\{\tilde{W}_2, f_2[q(\tilde{W})]\} \quad (2.23)$$

在时点 0 存在纳什均衡的充分条件是：在 W_i（$i = 1, 2$）中，A_i 是凸性的，ξ_i 是凹性的，这就是非一体化情形中总剩余的计算过程。

一般而言，非一体化的总剩余要低于剩余的最优水平，因为事前投资无效率，可以看到纳什均衡的一阶条件为[③]：

$$(\partial \xi_i / \partial W_i) = 1/2(\partial R_i / \partial W_i)[W_i, f_i(\hat{q})] + 1/2(\partial R_i / \partial W_i)\{W_i, f_i[q(W)]\} = 0, (i = 1, 2) \quad (2.24)$$

相比之下，式（2.17）的一阶条件是：

$$(\partial \xi_i / \partial W_i)\{W_i, f_i[q(W)]\} = 0, i = 1, 2 \quad (2.25)$$

因此，无效率是因为经营者 i 将部分投资押在事后一般无效率的非合作性

---

① 即双方当事人平均分割总剩余的增量。

② 这里隐含地假定当事人有着同样的信息，谈判无成本，能产生一个事后帕累托最优的结果。

③ 这里用包络原理（the envelope theorem）来剔除事后效率函数 $q(a)$ 的残项。

生产决策 $\dot{q}$ 上，而不是将所有的投资押在有效率的合作性生产决策上①。

假定重新谈判无成本，这就确保不存在事后的无效率，事前投资（很明显是种非契约性的投资）不重要，最优总能实现，后两种情况为：

一是企业 A 控制企业 B，经营者 A 有权在时点 1 选择 q_1 和 q_2，如果不进行讨价还价，经营者 A 会选择（q_1，q_2）使 f_1 最大化，当（q_1，q_2）$\in Q_1 \times Q_2$，存在唯一的（$\bar{q}_1$，$\bar{q}_2$）使得 f_1（q_1，q_2）最大化，（$\bar{q}_1$，$\bar{q}_2$）并不是事后帕累托最优，时点 1 重新谈判将趋向于 q_1（W）和 q_2（W），当当事人平均分配谈判收益，给定 W_1 和 W_2，拥有一个追加企业将增加经营者的谈判力。

设经营者的最终收益等于式（2.19）－式（2.20），只不过用（$\bar{q}_1$，$\bar{q}_2$）替代了（$\hat{q}_1$，$\hat{q}_2$）。时点 0 投资的纳什均衡和最终剩余水平也可像在非一体化情形中那样界定，只不过再一次用（$\bar{q}_1$，$\bar{q}_2$）替代（$\hat{q}_1$，$\hat{q}_2$）。一般而言，企业 A 控制将导致事前无效率的投资，因为根据式（2.24）－式（2.25），有：

$$（\bar{q}_1，\bar{q}_2）\neq [q_1（W），q_2（\tilde{W}_1）]$$

二是企业 B 控制企业 A，经营者 B 有权在时点 1 选择 q_1 和 q_2，如果不进行讨价还价，经营者 B 会选择（q_1，q_2）使 f_2 最大化，当（q_1，q_2）$\in Q \times Q$，存在唯一的（$\underline{q}_1$，$\underline{q}_2$）使 f_2（q_1，q_2）最大②，事前投资一般无效。

根据式（2.24），W 无效源于经营者分配剩余依赖于非合作性解（$\tilde{q}_1$，$\tilde{q}_2$），非一体化下等同于（$\hat{q}_1$，$\hat{q}_2$），企业 A 控制下等于（$\bar{q}_1$，$\bar{q}_2$），企业 B 控制下等于（$\underline{q}_1$，$\underline{q}_2$），如果将投资全部投入非合作性解 [q_1（W），q_2（W）] 上，（$\hat{q}_1$，$\hat{q}_2$）、（$\bar{q}_1$，$\bar{q}_2$）、（$\underline{q}_1$，$\underline{q}_2$）中就有一个接近 [q_1（W），q_2（W）]，W 就不存在无效，所有权结构都会达到最优，这包括以下情形：

（1）当 f_i 依赖于 q_i，有：

$$f_1（q_1，q_2）= W_1（q_1）+ \xi_1 \beta_1（q_2）$$
$$f_2（q_1，q_2）= W_2（q_2）+ \xi_2 \beta_2（q_1）$$

---

① 尽管非合作性的生产决策从不存在，但某种程度上 W_i 的边际收益和总收益朝同一方向运动，W 的选择会不断被扭曲，所有的无效率被归因于对事前投资水平的错误选择。

② 这与企业 A 控制企业 B 一样，只是用（q_1，q_2）替代了（$\bar{q}_1$，$\bar{q}_2$）。

其中，ξ_1，$\xi_2 > 0$，非一体化最优。

（2）当 f_2 依赖于 q_1 和 q_2，有：

$$f_2(q_1, q_2) = W_2 + \xi_2\beta_2(q_1, q_2)$$

其中，$\xi_2 > 0$，企业 A 控制最优。

（3）当 f_1 依赖于 q_1 和 q_2，有：

$$f_1(q_1, q_2) = W_1 + \xi_1\beta_1(q_1, q_2)$$

其中，$\xi_1 > 0$，企业 B 控制最优。

考虑情形 1，经营者 A 选择 $q_1 = \dot{q}_1$，使 $W_1(q_1)$ 最大化，经营者 B 选择 $q_2 = \dot{q}_2$，使 $W_2(q_2)$ 最大化，条件是 $\xi_1 = \xi_2 = 0$，$\dot{q}_i$ 事后有效，对所有 W_1 和 W_2，有：

$$[q_1(W), q_2(W)] = (\dot{q}_1, \dot{q}_2)$$

因此，式（2.19）－式（2.20）意味 $W_i = \tilde{W}_i$ 使 $R_i[A_i, W_i(\dot{q}_i)]$ 最大化，$W_1 = \tilde{W}_1$ 和 $W_2 = \tilde{W}_2$ 事前有效，依次类推，当 ξ_1 和 ξ_2 很小时，非一体化最优。相比之下，企业 A 控制或企业 B 控制可能会导致情形（1）无效，企业 A 控制不存在新的讨价还价，经营者 A 选择 $q_1 = \dot{q}_1$ 使 $W_1(q_1)$ 最大化，这在事后有效，经营者 A 选择 $q_2 = \dot{q}_2$ 使 $\beta_1(q_2)$ 最大化，这在事后无效。这意味着，在限制条件 $\xi_1 = \xi_2 = 0$ 时，W_1 有效，但选择 W_2 将使 $1/2 \{ R_2[W_2, W_2(\bar{q}_2)] + R_2[W_2, W_2(\dot{q}_2)] \}$ 最大化，$\bar{q}_2$ 远离 $\dot{q}_2$，企业 B 控制与之类似，W_2 有效，但 W_1 不是。

情形（2）中企业 B 几乎不关心 q_1 和 q_2，而如果企业 A 对它们有控制权，它很可能是事后有效的选择，这将反过来导致对 W_1 和 W_2 的选择事前有效，如果非契约性对企业 j 的收益 R_j 影响很小，企业 A 控制就有效，因为 W_i 的边际产品对于 q_1 非常灵敏，$R_i[W_i, f_i(q)] = f_i(W_i) + f_i(q_1)$，则根本不存在任何扭曲[①]。

情形（3）中企业 B 控制 q_1 和 q_2，会导致有效的事前和事后结果。

当事人一般对非契约性非常关注，作为一个结果，每种所有权结构将导

---

① 现实中实际成本则无法定量，但可适当选择 $(\partial/\partial q_1)(\partial R_i/\partial W_i)$。

致事前投资扭曲，由此，一个重要的问题是：哪一种所有权结构导致的扭曲最少？

上文指出 $R_i [W_i, f_i(q_1, q_2)]$ 是 f_i 的增函数，如果投资决策是标量而不是向量，且 A_1、A_2 是实线区间，当 $(\partial^2 R_i / \partial f_i \partial W_i)[W_i, f_i(q_1, q_2)] > 0$，平均收益大，边际收益也大；当 $(\partial^2 R_i / \partial W_i^2)[W_i, f_i(q_1, q_2)] < 0$，式（2.18）中 $q_1(W)$、$q_2(W)$ 的最大值是 (W_1, W_2) 的独立值，记做 q_1^* 和 q_2^*，非契约性的事后效率选择不依赖于事前行动，如果 q 取离散值，它就成立，但如果 R_1 和 R_2 是 q 的可微函数，它就不成立，任何情况下增加活动有成本，式（2.18）中 $q_1(W)$、$q_2(W)$ 的最大值是 (W_1, W_2) 的独立值的结论就不成立，式（2.24）给出经营者事前投资的一阶条件，用 $\tilde{f}_i$ 替代 $f_i(\hat{q})$，$\tilde{f}_i = f_i(\hat{q}_1, \tilde{q}_2)$ 是重新谈判前的结果，根据式（2.18），式（2.24）变为：

$1/2 [(\partial B_i / \partial a_i)(\tilde{a}_i, \tilde{f}_i) + (\partial B_i / \partial a_i)(\bar{a}_i, f_i^*)] = 0$，$f_i^* = f_i(q_1^*, q_2^*)$

最优决策为 $(\partial R_i / \partial W_i)(\tilde{W}_i^*, f_i^*) = 0$，如果 $\tilde{f}_i > f_i^* (< f_i^*)$，$W_i = W_i^*$，上式左边为正，有：$\tilde{f}_i < > f_i^*$，$\tilde{W}_i < > W_i^*$。

可见，所有权结构使得 $(\tilde{q}_1, \tilde{q}_2)$ 非常接近 (q_1^*, q_2^*)。如果 $(\hat{q}_1, \hat{q}_2)$、$(\bar{q}_1, \bar{q}_2)$ 和 $(\underline{q}_1, \underline{q}_2)$ 都"远离" (q_1^*, q_2^*)，且企业 A 和企业 B 都有控制权，不合作将有效，因为一方当事人控制了 q_1 和 q_2。

相比之下，非一体化情形下的非合作性无效，因为对 (q_1, q_2) 的选择是非合作性的，相对不同的所有权结构的投资扭曲为：

（1）当 $\bar{f}_1 > f_1^*$ 和 $\bar{f}_2 > f_2^*$，意味着企业 A 控制，企业 A 的投资相对于最优水平是过度的，而企业 B 的投资则不足。

（2）当 $f_1 < f_1^*$ 和 $f_2 > f_2^*$，意味着企业 B 控制，企业 B 的投资相对于最优水平是过度的，而企业 A 的投资则显不足。

既然扭曲的性质取决于 (f_1, f_2) 与 (f_1^*, f_2^*) 的关系，那么非一体化非常复杂，如果 (f_1, f_2) 无效，很可能有 $f_1 < f_1^*$ 和 $f_2 < f_2^*$。因而有 $\hat{a}_1 < a_1^*$ 和 $\hat{a}_2 < a_2^*$，非一体化导致两个企业的投资均不足，所有企业都有一定谈判力，

从而导致每个企业都进行适度投资，如果 $\bar{f}_2 > f_2^*$ 和 $\bar{f}_1 > f_1^*$，那么 $\hat{W}_2 > \bar{W}_2$ 和 $\hat{W}_1 > \bar{W}_1$，替代显而易见，当企业 A 的事前投资比企业 B 重要，以至于企业 B 在企业 A 控制下的投资过度相对企业 A 非一体化下的投资不足不重要，则企业 A 控制；当企业 B 投资决策比企业 A 重要，且企业 B 的投资过度相对投资不足不重要，则企业 B 控制；如果 W_1 和 W_2 均重要，应将它们保持在中间水平，非一体化可取。

由于投资过度，$\partial R_2 / \partial W_2 \equiv 0$，对于企业 j 的经营者来说，会产生收益 R_j，而且这种收益与它不可分，R_2 在某种意义上完全可分，经营者 A 获取 R_2 的途径是他控制企业 B 的资产，过度投资效应将消失。令 $R_2 = f_2 [W_2, f_2(q_1, q_2)] - C_2(W_2)$，其中 f_2 是时点 1 的收益变量，C_2 是沉入资本成本，如果企业 A 控制企业 B，经营者 A 有权在时点 1 用另一位具有同样技能的经营者来替代经营者 B，新的经营者以合同形式获得薪水 f_2，[1] 这意味着，如果经营者控制，他的收益就是 $R_1 + f_2$，被控制方将得不到 f_2，这在时点 0 将对他产生消极激励，但经营者 B 在时点 0 投资不重要的情况下，企业 A 将会正视社会目标函数，企业 A 控制将实现最优。

可见，B_j 的不可分性和 W_j 的独立性一起构成企业 i 控制最优的充分条件，企业 i 拥有企业 j 时就能控制所有剩余[2]。

在资本主义企业内部，特异性比不可分性更重要，有特殊技能的工人可能拒绝与雇主重新签约，使得企业在技能培训上的投资无利可图，通过将工资与工作岗位相联系，以长期表现为依据的内部提拔等手段也许能弱化这一

---

① 假定原先的经营者和新来的经营者的机会成本均为零。

② 实际上，q_j 的子向量 q_j' 可能总在经营者 j 的控制下，因为经营者 j 是唯一能控制企业的人，即使在一体化情况下，重新谈判前对（q_i，q_j）的选择也将包括在企业 A 与企业 B 间缺乏合作的条件之下，当 q_i 的许多组合部分在经营者 j 的控制之下时，所有权似乎是不重要的。例如，假定企业 j 是一个法人企业，它有一个单独的律师，且企业 i 是企业 j 的一个委托人，那么，如果这个委托人购买下这个法人企业，他并不能获得那个律师所提供的专门服务，因为该律师是给私人提供这样的服务的。这就是说，控制企业资产的活动的价值在此情形下或许是非常低的。

问题①，对市场和企业的选择实际上是对市场机会主义和企业机会主义的选择②，但以上理论没有进一步分析这两种机会主义的替代关系。格罗斯曼、哈特和莫尔认为："当明晰所有特殊权力的成本过高而使契约不完全时，所有权就具有重要意义。"③ 有意义的比较不应存在于一体化交易和非一体化交易之间④，而应存在于一种一体化交易与另一种一体化交易之间，问题不仅仅是一体化是否应该出现，更重要的是谁将是一体化的出击方谁是被一体化方。资本专用性的实质是一种"套住效应"。

据此，费茨罗和穆勒（Fitzroy Felix R and Dennis Mueller，1984）建立了一个与威廉姆森资本专用性理论略有不同的模型以论述企业的内部结构问题⑤。在此模型中，"非流动性"成为企业内部结构的主要决定因素。企业是一种合作契约，即使企业所有参与人在加入企业时是可流动的，也可能会因为进入和退出企业的交易费用或不可转换的人力资本的积累而变得难以流动，一种要素的流动一般取决于两种因素：现有职业与新职业之间收入的差异；交换职业的净交易费用。他们认为：非流动性在成员间的分布决定企业内部权力的安排；当所有成员具有同等的非流动性，权力将被平等地分享，而合作契约也具有高度忠实和自愿决策的特征；但当成员间存在不对称的流动性时，权力就将集中在非流动性成员手中，因为偷懒的动机因非流动性而减少的同时监督的动机因非流动性而增加；只要能够连续地取得与机会成本相对等的收入，易流动性成员就不会在乎其他成员的行为，非流动性成员则不得不承担流动性成员的机会主义行为所带来的全部成本，因而非流动性成员希

① 威廉姆森1980年按效率原则比较了6种模型，得出资本主义雇佣关系最有效率。威廉姆森几乎从未涉及甚至从未想去解决资本雇佣劳动或劳动雇佣资本的问题，他更关心的是为什么雇佣关系会以等级组织为特征，而不是为什么一开始资本家能扮演雇主的角色，但等级组织并不一定就与劳动雇佣资本相矛盾。

② Alchian, Armen and Demsetz, Harold. Production, Information Costs, and Economic Organization [J]. *American Economic Review*, 1972, 62 (50)：77 – 95.

③ 这里所有权重要是因为控制权会影响讨价还价的结果，该结果又会影响企业参与人投资的积极性，他们将所有权与剩余权利等同并对剩余索取与剩余控制进行了区分，认为控制权就是契约中未能明晰的部分。

④ 这里隐含一个假定：一体化能产生完全契约下的交易效率。

⑤ FitzRoy, Felix R. and Dennis Mueller. Cooperation and conflict in Contractual Organization [J]. *Quarterly Review of Economics and Business*, 1984：24 (4).

望对流动性成员的职责有明确的说明，以便于监督，因此，流动性成员通过退出对企业其他成员施加影响或进行一定程度的控制，而非流动性成员只能依靠契约的呼声，企业经营和监督的权利归资本家所有就是资本的非流动性所致。尽管他们采用的是威廉姆森的交易费用的方法，但他们更关心的是企业内权力的横向不对称分布而不是纵向等级组织，流动性与监督权之间也确实存在可替代性。但是一旦考虑到股份公司和资本的金融契约形式，就没有理由认为资本比劳动更不易流动，股份公司中委托权与资本家相配是因为资本是一种信号，而监督权与经营者相配是因为他们的行为更难以监督。

瑞奥登（Riordan, Michael. H, 1990）也建立了一个带有信息问题的市场交易与带有激励问题的纵向一体化替代关系的模型①，他认为，为了生产，委托人需选择是在市场上从上游企业购买一个非标准部件或一个标准部件，还是在企业内部制造出来；当委托人决定制造而非购买时，就必须雇用负责该项生产的管理者，这种纵向一体化就将前述的"所有者—管理者"的关系转化为"雇佣者–管理者"的关系；在市场购买情况下，委托人不掌握有关生产成本的信息，但管理者有积极性降低成本，在自己制造的情况下，委托人掌握有关生产成本的信息，管理者却没有积极性降低成本；结果纵向一体化能传递更好的成本信息并产生更好的生产决策，却不自觉地破坏了经营者的积极性。非一体化与一体化之间的转换实质上就是扭曲的生产决策与扭曲的经营者激励之间的转换；一种满意的组织方式取决于委托人对某一资产价值的评价和成本函数对经营者激励的敏感度；纵向一体化更多地出现在企业专用资产更有价值而且成本函数不太敏感的场合。

道（Dow. Gregory K, 1994）在资本专用性和契约不完全理论的基础之上发展出一个关于资本雇佣劳动的讨价还价模型②，他认为竞争性市场中各种可替代的企业组织也许不是依赖企业收益，而是依赖于专用性资本的提供者占

---

① Riordan, Michael H. What Is Vertical Integration?", in M. Aoki, Bo Gustafsson and O. Williamson, eds., *The Firm as a Nexus of Treaties*, London: Sage Publications Ltd, 1990.

② Dow, Gregory K. Why Capital Hires Labour: A Bargaining Perspective, *American Economic Review*, 1933, Vol. 83 (1), 118 –134.

有组织租金的可能，当企业参与人的专用性投资不能完全契约化①，企业权威就能通过影响企业组织租金的分配影响企业契约的形式②。因此，一种组织形式如果能满足专用性资本所有者的参与约束，哪怕它的总剩余少于别的替代形式，如果资本比劳动更专业化，资本主义企业形式就应是均衡的选择；反之，如果劳动比资本更专门化，劳动管理型企业则应是均衡的企业组织形式③。

可见，一体化虽然能改变机会主义行为，但不能消除它，因为剩余权利对购买方是一种收益，对另一方却是一种损失，这就不可避免地造成激励机制的扭曲，最优一体化应该能将控制权让渡给决策相对其他各方更为重要的一方，有效率的剩余权利配置必须是购买方在激励上的收益能弥补出售方在激励上的损失。

四、公司剩余索取与公司控制

在企业内部控制问题的研究上，资本专用性理论最重要的意义之一是提出了控制权的概念④，在此基础上，格罗斯曼、哈特和穆尔（S. Grossman, O. Hart and J. Moore，1986）开创了公司控制权理论，将公司收益分解为控制权收益和货币收益两部分，控制权收益指企业收益中与公司控制权相联系的非货币形态的收益⑤，而可度量的货币形态的收益就是货币收益；控制权收益

---

① 这往往是因为要将资产的所有技术特征记录下来，所费成本过多。

② 这里隐含的假设是权威的掌握者不能将他的决策完全内部化，除非企业其他成员的参与约束发挥作用。

③ 该模型探讨了什么条件下资本家应享有控制权，但如果以金融资本代替物质资本，它的根基将受到侵蚀，金融资本形态下，资本管理型企业必须能生产更多剩余才能维持，而劳动管理型企业能生产出更多收益的情况下，工人所有者不能做一份债务契约去贿赂资本家的事实就无法解释，而道的解释是工人所有者能剥削资本家是因为能回避机器折旧的补偿责任，显然有些牵强。

④ 这里隐含的前提是企业参与人必须对自己投入企业的财产（实物和人力资本）拥有明确的产权，但混淆了企业所有权和财产所有权，企业内不同成员的财产所有权与他们拥有的剩余索取权实际上是统一的，因此，这里引入财产约束同样使他们的分析框架极其有力。

⑤ 控制权收益包括指挥别人的满足感、经理有形或无形的在职消费以及通过资源转移而得到的个人好处等。

由拥有公司控制权的人直接占有①，货币收益一般由企业所有者占有。哈里斯与拉维夫（1989）也在上述成果之上建立了现金流量与投票权的模型②，华立斯和雷维夫（M. Harris and A. Raviv，1989）也建立了一个有关投票权与剩余索取权的模型，哈特（1995）建立了有关投票规则的模型，他们认为：证券是一种手段，用于保证优秀的经营者获得公司控制权。张维迎（1998）又提出了公有制下公司控制权损失不可有偿转让性问题③，进一步丰富了证券契约设计理论。

借助公司控制权理论的框架，阿根亚和博尔腾（（P. Aghion and P. Bolton，1992）将经营者与投资者间的不完全契约模拟成"纵向一体化"，投资者对项目的货币收益感兴趣，而经营者对货币收益和控制权收益都感兴趣，双方目标存在冲突，要解决的问题是：一些重要的未来变量因难以进行初始描述而在契约中遗漏时，控制权的配置会带来什么样的公司总利益和私人利益。

设有一个投资项目，K 为项目投资的一部分，项目经理为 E，向投资者 C 筹资，设项目投资的未来行为 $\alpha \in A$，这种行为太复杂了，以致在初始契约中不能详细列明，因此，α 由项目所有者（经营者或投资者）选择，因此，这里不存在任何专有资产的投资，项目可产生两类收益：

（1）可核算并可用契约列明的货币收益 $M(\alpha)$；

（2）不可核算和不可转让的经营者收益 $B(\alpha)$。

尽管 B 实际上不是货币形式，但可用货币度量，由于对 α 的选择存在利益冲突，企业所有权很重要；而且，经营者受个人财富的约束，重新谈判并不能解决这些冲突，因而不能通过投资者行为的选择实现剩余最大化，设企业契约对 C 分配的货币收益为 $M(\alpha)$，来自项目红利，设对参与人的支付：

$$F_E = B(\alpha), \quad F_C = M(\alpha)$$

显然，要求设计一份契约，能使 E 自由追求他的个人目标，而 C 能得到最大补偿。设信息非对称且利息率为零，最优意味着：经营者不受个人财富

---

① 在不考虑公司其他成员契约收益情况下这是合理的，因为其他成员的收益通过契约设定而具有稳定性。

② M. Harris and A. Raviv. The Design of Securitie [J]. *Journal of Financial Economics* 24，255－287.

③ 张维迎. 控制权损失的不可补偿性与国有企业并购中的产权障碍 [J]. 经济研究，1998（7）.

的约束，补偿可在事后进行，这样，无论谁控制剩余索取权，参与人将在总剩余（$M+B$）最大化上的基础上讨价还价，同时运用补偿方式来分配这些剩余。

设 α^* 是唯一可供选择的最优行为，有：

$$\alpha^* = \arg\max\{B(\alpha) + M(\alpha)\} \quad (\alpha \in A)$$

现转向经营者没有任何财产的次优情况。首先考虑 E 拥有和控制这个项目时将发生什么？E 有控制权是与 E 拥有投票权的股票及 C 拥有没有投票权的股票和所有的红利是相一致的。在没有重新谈判的情况下，需要解决 Max $B(a)(a \in A)$ 的问题。用 a_E 表示唯一解，在没有重新谈判情况下 C 的支付是 $F_C^E = M(\alpha_E)$，如果重新谈判，签订契约时，E 拥有事前与事后的全部谈判力，提出通过 C 获得收益 "$M(\alpha^*) - M(\alpha_E)$"，选择最优行为，有：

$$B(\alpha^*) + M(\alpha^*) \geqslant B(\alpha_E) + M(\alpha_E)[B(\alpha_E) \geqslant B(\alpha^*)]$$

该支付非负，有：$F_C^E = M(\alpha_E), F_E^E = B(\alpha^*) + M(\alpha^*) - M(\alpha_E) \geqslant B(\alpha_E)$

如果 $M(\alpha_E) \geqslant K, C$ 不亏不盈，并进行有效的行为选择，给定 E 有全部的谈判力，E 控制最优，C 将给予 E 一次性支付 "$M(a_E) - K$"。当 $M(\alpha_E) < K$，必须给予 C 一定的控制权。设 C 控制，控制权与 C 拥有全部投票权一致，如果不重新谈判，C 面临 $M(\alpha)(\alpha \in A)$ 的最大化，用 α_C 表示唯一解，有：

$$F_C^C = M\alpha_C, F_E^C = B(\alpha_E)$$

事实上也不会发生任何谈判，因为任何行为都会造成比 α_C 少的 M，由于 E 没有任何财富，E 也不能补偿 C。

可见，α 要求最大化 M 而不是（$B+M$），C 控制下的参与人支付总额要小于 E，但 C 的支付将会较大。如果 $M(\alpha_C) \leqslant K$，项目不会进行；如果 $M(\alpha_C) > K$，对 E 和 C 带有正概率的每一种控制都可能最优。设 E 和 C 风险中性，E 拥有项目的概率为 σ，C 为 $1-\sigma$，有：

$$\sigma M(a_E) + (1-\sigma)M(a_C) = K \quad (2.26)$$

这里的随机控制权很难描述，设项目收入 M 取决于可核算的情况 θ，θ 在签约后才能观测到，α 在签约前进行选择，$\beta(\theta)$ 为随机参数，B 与 θ 无关，有：

$$M(\alpha,\theta) = \alpha(\theta)z(a) + \beta(\theta)(\alpha > 0, \alpha' < 0, z > 0)$$

因此，存在一个截止点 θ^*，给定 $\alpha' < 0$，最优契约具有以下特征：

（1）当 $\theta > \theta^*$，高 θ 状况就是 α 的选择对 M 没有影响，E 有控制权；

（2）当 $\theta = \theta^*$，C 按均值计算不亏不盈；

（3）当 $\theta < \theta^*$，低 θ 状况是 α 的选择对 M 影响相对较大，C 有控制权。

对所有的 $\alpha \in A$，$\alpha'(\theta)z(a) + \beta'(\theta) > 0$，高 θ 状况就是高利润的状况，E 接受控制权；对所有 $\alpha \in A$，$\alpha'(\theta)z(a) + \beta'(\theta) \leq 0$ 的情况也是真实的，利润低时，E 也须接受控制权。可见：

（1）如果私人利益与公司总利益一同增长，经营者或投资者单方面的控制就是有效的，最优计划能借助控制者的自我激励实现。

（2）如果私人利益不随总利益一同增长，随机状态的控制就是有效率的，须通过事后的重新谈判，当经营者的私人利益与总利益同步增长时，经营者控制，而投资者的私人利益与总利益同步增长时，投资者控制，最优随机出现。

阿—博模型是一个将随机控制解释为举债筹资下控制权的配置模型，只要履行偿债义务，经营者就获得控制权，只有在经营者拖欠债务的情况下，投资者才能获得控制权，得出了债券融资契约的关键特征：控制权的转移。对于股份公司，阿—博模型的结论是："在不完全契约的情况下，如果融资是采取发行带有投票权的股票方式，公司的剩余控制权就配置给股东；如果融资是采取发行不带有投票权的股票方式或债券方式，公司剩余控制权就配置给经理。"但是公司必须按期偿还债券，否则公司所有权将转移到信贷者手中。但这里控制权转移依赖于对可核实状况 θ 的随机认识，而不是根据债务人的支付状况。阿—博模型对债券契约特征的解释并不完全令人信服。

后来，哈特与莫尔针对阿—博模型的不足指出：如果企业需要对收益发生在多期的项目进行外部融资，外部投资者可以强迫企业破产清算或通过破产清算来控制企业的运作。由于破产清算是次优的，最优契约的要求是：必须使易于引起外部资金破产清算的可能性最小化。即有效契约将由外部投资者提供初始投资并给投资者一系列的固定支付，如果实际支付低于投资者所要求的，重新谈判就会发生，其可能的结果将导致破产清算或重新安排支付①。

第四节　企业的兼并收购

一、资本结构与企业并购

第三节分析表明：对公司控制权的争夺是资本市场竞争的实质。

公司控制权争夺不仅表现为公司资本结构量上的调整，而且有公司资本结构质上的变化：公司并购，即兼并收购等（merger & acquisition），它通常是指一家占优势的公司吸收一家或更多家的公司。可以说，公司控制和并购从现代企业制度出现的时候开始，就成为企业调整结构、融资的一种方式，20 世纪 80 年代以前该现象没有引起经济学界的足够重视②，但此后至今的各种公司并购风起云涌，公司并购成为企业融资的主要方式之一，不仅冲击原有企业的所有制结构，而且造成企业资本结构、公司控制权的显著变化③。经济学界特别是一些金融契约理论文献开始关注竞争激烈的资本市场上公司控制权与资本结构的关系。这些探讨包括两个方面：

（1）把并购看作防止经理损害股东利益的工具，利用并购来改进股东与经理之间在非对称信息下契约的无效率；

（2）如何保护股东的利益，寻求达到其目的的有效方式，如一股一票或简单多数的投票规则是证券选票结构的最优选择，因为这种方式既可以通过市场增强对经理的约束，又可以保护股东利益不受损失④。

---

① O. Hart and J. Moore. Default and Renegetiation：A Dynamic Model of Debt. MIT Working Paper, 1989，No. 520.

② 钱德勒. 看得见的手［M］. 商务印书馆中译本，1987。

③ M. M. Blair. Ownership and Control. The Brooking Institution，1995：98 - 110.

④ M. Harris and A. Raviv. Corporate governance：Voting Rights and Majority Rules ［J］. *Journal of Financial Economics* 1988（20）：203 - 235.

如果代理问题发生在上市公司，且监督是公共品，由于搭便车问题（fre-eriderproblem），代理问题会更加严重，从而影响公司的投票程序。因为小股东认为自己的投票在公司决策中起不了作用，就不会理性地参与投票，对公司的监督也就没有激励。哈特认为这种"搭便车"问题可以由对手获得公司较大股份以并购方式来克服①。可以说，公司并购存在各种原因，除制度、法律、政治因素，影响最大的是公司的投票结构，尤其是由证券配给的公司投票权。因此，就证券投票权的分配而言，企业内部资本结构的变化与公司并购有很大的关联。

最先对该问题评论的是华立斯和雷维夫（Harris & Raviv，1988）、斯塔尔兹（R. M. Stulz，1988）和伊斯雷尔（R. Israel，1991）。他们的模型指出，企业资本结构通过对投票权分配尤其是对经理所拥有股份的影响而影响公司并购的结果，而且企业资本结构还影响有投票权（股票）与没有投票权（债券）的证券或请求权之间的现金流量配置。他们认为，经理拥有的股份与外部股东的股份有关联性，而这种关联性极大地影响着公司是否被并购，如公司并购成功，出价者应该支付的价格为多少，经理股份价值的多少将主要由企业的资本结构决定，因此，企业资本结构影响着企业的市场价值、企业并购的概率和实际并购的价格。华-雷模型详细解释了这些现象和问题并比较和研究了它们的内在机制②，该模型认为："证券是一种控制手段，用以保证一个优秀的经营者而不是一个蹩脚的经营者获得对公司法人的控制，投票权应该与剩余索取权正相关，而无风险的廉价选票不该发行，也就是说，通过投票来选择经营者的权力必须由那些承受商业风险的人来掌握。"这些理论对理解目前我国国有企业的问题具有极大的意义。通过这些理论的视角可以发现：假如经营者发现他们比资本家更容易躲避风险③，则劳动雇用资本的方式就不会是最优的，因为这是一种廉价的表决方式，在这种制度中，一个对控制有强烈偏好的蹩脚经营者也有可能获得企业的控制权。确切地说，华-雷

---

① O. Hart. Firms, *Contracts and Financial Structure* ［M］. Oxford University Press, 1995：186－187.

② M. Harris and A. Raviv. Corporate control Contests and Capital Structure ［J］. *Journal of Financial Economics*, 1988（20）：55－86.

③ 这一点可用非负的消费约束及对资本财务成本的可观察性来说明。

模型关心的主要是：哪些资本家即证券投资者将拥有更多选择经营者的表决权，而不是为什么资本应雇佣劳动。在这个模型中，无论是在职经理决策层还是竞争对手，都有控制权的私人利益，当在职经理决策层管理公司资源的能力不敌竞争对手时，他们每个人都会有获得或保留公司控制权的动机；而在职经理决策层控制权的获得是通过证券交换所有者的投票权而实现的。因此，对获得控制权能力较差的候选人而言，在控制权争夺中的成本正是他承担管理通过证券所筹集的资本损失，即他经营管理能力较差的结果。这种损失的程度取决于现金流量与投票权交易方式。

证券契约设计模型的这些结论在一定程度上解释了股票的起源，尽管证券特别是债券是出于融资目的的产物，但证券特别是股票还是出于信息非对称条件下公司内部委托权最优契约安排和公司效率提高的要求，股票融资契约的意义不仅在于将公司剩余索取权分配给公司所有者即股东，更重要的在于把公司资产的控制权配置给真正有能力的经理决策层。

二、考虑企业剩余索取权的并购

华立斯和雷维夫（1989）建立了一个有关投票与剩余索取权相匹配的模型，他们把重点放在经理通过改变他的股票份额而进行并购的方法与成功概率上。由于经理决策层与竞争对手（rival）有不同的管理公司的能力，企业的市场价值取决于并购竞争的结果。经理所有权分享决定了三种可能的结果：（1）对手接管；（2）在职者仍然保留控制权；（3）被动的投资者投票决定的，以便选择更好的候选人。

设公司控制权的拥有者 I，简称"经理决策层"；拥有一个完全以股票融资的公司的股份为 α，初始股份为 a_0，其他股份由不积极竞争的被动投资者持有，他们与经理决策层在控制权上不存在竞争[①]。设两种能力水平 θ_1 和 θ_2，相应的现金流量为 Y_1 和 Y_2（$Y_1 > Y_2$）；除了经理与被动投资者，还有并购对手 R，如果接管公司，他能从中获益，经理决策层与并购对手的能力是不能

---

① 经理决策层只要能控制公司，就能获得预期控制权收益 B，这些收益是个人的控制收益或看作是他由于控制公司而所获得的现金流量价值；而公司所能产出的现金流量的价值 Y 取决于经理决策层的能力。

被所有参与人观测到的，但一个人比另一个人有高的能力是可观测到的；也就是说，经理决策层有能力 θ_1 的概率为 p，竞争对手有能力 θ_1 的概率就为 $(1-p)$，对 θ_2 也是如此，设经理决策层和对手的控制权分别为 Y_I、Y_R，则公司的现金流量价值为：

$$Y_I = p Y_1 + (1-p) Y_2$$
$$Y_R = (1-p) Y_1 + p Y_2$$

当对手出现时，经理决策层首先是增加选择企业股票部分 α，并购对手则从被动投资者那里购进股票，并购竞争是由简单多数投票规则决定的，竞争双方也将参加投票；设被动投资者投给在职者的选票为 π，剩下的投给竞争对手。通过经理决策层与并购对手选票所有权的竞争争夺，接管竞争可能有三种结果：

（1）经理决策层的股本较小，即使对手经营能力差，对手仍能成功并购。这种情况为成功的"公开收购"（tender offer）；现金流量的价值是 Y_R。

（2）经理决策层的股本较大，即使其经营能力差，也仍能把企业控制权留在自己手中。这种情况称为不成功的公开收购；现金流量的价值是 Y_I。

（3）经理决策层持有股份"处于中间状态"，经理决策层与对手由经营能力较强的一方获胜。由于投票完成前，胜负不能确定，这种情况就称为"代理人竞争"（proxy fight）；但结果能确定，最好的候选人会获胜，现金流量价值为 Y_1。

他们认为：证券是一种控制手段，用以保证一个优秀的经营者而不是蹩脚的经营者获得对公司的控制；也就是说，投票权与剩余索取权正相关，而无风险的廉价选票不该发行，通过投票来选择经营者的权力必须由那些承受商业风险的人来掌握。也就是说，公司现金流量的价值 $Y(\alpha)$ 是由经理决策层的股份 α 决定的，这种决定是通过上述三种不同情况的影响来完成的。由于 Y_1 比 Y_I 或比 Y_R 大，如果对外部投资者来说现金流量价值能够最大化，那么在代理人竞争范围内的 α 是最优的，即此时的公司现金流量价值为 $\max \{ Y_1, Y_I, Y_R \}$。

这就引出了斯塔尔兹（R. M. Stulz, 1988）的模型[1]：经理决策层选择其份额 α 的目的是为了使他的支付预期值最大化。如果经理决策层保留公司控制权，其支付就是其股份加上控制权收益。由于经理改变其股份的任何交易都只有零现值，所以其股份价值为 $a_0 Y(\alpha)$，就有以下几种可能的情况：

（1）如果为成功的公开收购，即对经理决策层而言控制权收益损失，经理决策层的支付 $F(\alpha) = a_0 Y_R$；

（2）如果不成功，控制权收益仍然保留，他的支付 $F(\alpha) = a_0 Y_I + B$；

（3）如果出现代理人竞争，收益通过概率 p 保留，$F(\alpha) = a_0 Y_1 + pB$。

因此，对经理决策层而言，最优所有权分享就是使 $F(\alpha)$ 最大化。具体而言，α 增加时，经理决策层保留控制权收益的概率增加；但 α 增加过快，企业价值与经理决策层的股份将减少。与华 – 雷模型比较，斯塔尔兹模型的 α 间接由企业资本结构决定，当经理决策层通过 a_0 来表明他所拥有的财富的情况下尤为如此；经理决策层可从被动投资者回购股票而增加他的股份，同时需要时通过发行债券融集资金；债券发行降低了股票价值；经理决策层的支付最大化实际上是通过选择决定最优份额的债券水平来完成的；由于华立斯和雷维夫假设控制权预期收益 B 随债券水平的提高而减少，在上文所述的三种情况中，选择与债券最低水平相一致的那种情况最优。将这一思路引入斯塔尔兹的分析，如果成功公开收购最优，那么企业将没有任何债券。这表明：代理竞争需要发行一些债券，而不成功的公开收购肯定会发行更多债券。因此，公司并购将增加目标公司的债券水平，不成功的公开收购目标比代理竞争或成功的公开收购目标发行更多债券；即增加杠杆比的公司或是不成功的公开收购，或是代理竞争，在前一种情况下，企业价值按均值仍然保留在 Y_I 上，后者则增加到 Y_1；因此，按均值计算，债券发行随着股价变化（往往是增加）来完成。另外，投票给经理决策层的被动投资者部分是根据他们所掌握的关于公司并购竞争双方相对能力的信息而决定的；如果被动投资者获得更多信息的概率 p 增加，他们大部分会投票给经理决策层；结果是，如果经

---

① R. M. Stulz. Managerial control of Voting Rights: Financial Policies and the Market for Corporate Control [J]. *Journal of Financial Economics*, 1988 (20): 25 – 54.

理决策层是经营能力强的人，就不需要更多债券来影响代理竞争。

可见，获得代理竞争的胜利与竞争双方的经营管理能力正相关，与债券发行量负相关。即在代理竞争模型中，人们期望经理决策层保留企业控制权信息为更低的杠杆水平。斯塔尔兹还从股东通过经理决策层所有权份额的改变而影响公司并购上提出了另一个思路。具体地说，当经理决策层股份份额 α 增加时，在公开收购中提出的额外费用也将增加，但是同时并购发生的概率和股东实际获得的收益也将减少。斯塔尔兹讨论了经理决策层的所有权份额是怎样通过资本结构来影响的问题。斯塔尔兹模型假设公司中有一个经理决策层，一个潜在的竞争对手和许多不积极竞争的被动投资者，经理决策层拥有股份部分为 α，获得控制权个人收益且在任何并购中都没有公开收购他的个人收益；竞争对手能够从接管中获得控制权的随机收益为 B，B 对所有参与人来说都是未知的，但在决定提供给股东多少分享之前，竞争对手对收益的价值是清楚的；设为了获得控制权，对手必须购买 50% 的股份，这些股份购自被动投资者，说明在公司并购竞争中被动投资者会投票给在职经理决策层，这些被动投资者对出售股份具有不均一的保留价格，尤其当竞争对手支付总贴水为 G，A（G）是被动投资者公开收购的部分，A 是 G 的增函数，竞争对手购买 50% 投票权的最低价格 G^*（α）就须满足以下条件：

$$A[G*(\alpha)](1 - \alpha) = 1/2$$

由于 A 是 G 的增函数，说明贴水 G^* 在经理决策层的股份 α 中是增加的。

可见，经理决策层的股份越大，须由竞争对手获得被动投资者股份的部分越大，他必须支付得更多，只有 B 超过 G^* 时，竞争对手才会出价 G^*，因此，被动投资者实际获得的贴水 G^* 的概率只有：

$$p[B \geqslant G^*(\alpha)] \equiv \pi[G^*(\alpha)]$$

由于 G^* 随着 α 的增加而增加，π 是一个减函数，因此并购的概率随 α 的减少而减少，被动投资者的预期收益是：

$$Y(\alpha) = G^*(\alpha)\pi[G^*(\alpha)]$$

经理决策层股份 α 的控制和选择决定了 Y 的最大化。如前所述，α 的增加也增加了并购成功条件下的额外支付，同时减少了并购成功的概率。就像华-雷模型所述，α 能随着企业杠杆水平的增加而增加。因此，斯塔尔兹的结论是：并购中的目标公司有一种使外部投资者的股份价值最大化的最优债券水平。由于敌意并购中的目标公司将有更多的债券，成为并购目标也就成为股市行情的好消息，人们预期将出现债券换股票的交易，这与现实中股价上升相关的事件是相一致的。因此，并购的概率与目标公司的债券与股票比负相关，而并购的额外费用与目标公司的债券与股票比正相关。

后来，伊斯雷尔（R. Israel，1991）采用了同样的方法深化了对这个问题的研究，但得出了不同的结论：

（1）如果并购发生，并购竞争的成本增加将造成杠杆水平的减少，并在股价的上涨中增加；

（2）如果潜在的并购收益的分配转移到权利的分配上，债券水平增加；这种转移在于经理决策层经营管理能力的下降。

（3）最优债券水平增加，在公司并购事件中并购的概率和目标公司股票的收益随着对手谈判力的弱化而减少[1]。

可见，证券契约设计就是要使获得企业控制权的能力较差竞争者成本最大化。显然，这种证券也要考虑：使获得控制权的竞争者与其他权利的请求者间的冲突最小化以及使企业价值最大化。

上述模型的隐含假设是一股一票的控制权分配规则是最优的。哈特（Hart，1995）证明得出：当经理决策层与对手的个人利益都不重要时，一股一票的控制权分配规则是最优的；但如果经理决策层与对手都有重要的个人利益时，一股一票就不是最优了[2]。下面看哈特是怎样分析以及得出其结论的：

设一个公司初始所有者要设计他的即将上市的股份公司的证券与投票结构，公司初始所有者的目标是使所发行的证券价值最大化，他认识到公司的管理团队对经营好公司没有信心，而外部的管理团队能够经营好公司，但在职的经理决策层存有私人利益，不愿意放弃控制权；设公司初始所有者对上市公司设计一种证券选票，并允许在某种情况下接受敌意并购；在某个具体

---

① R. Israel. Capital Structure and the Market for Corporate Control：the Defensive Role of Debt Financing [J]. *Journal of Finance*，1991（46）：1391 – 1409.

② 阿罗不可能定理对这种多数投票规则的特征做了一定分析和评价。

的管理团队即在职经理决策层或其竞争对手控制下，公司价值分为由股东分享的公开价值和由管理团队分享的私人价值；经理决策层与对手控制的公司总价值与私人价值分别用 Y^I、Y^R 与 b^I、b^R 表示；这里管理团体的私人利益可通过不同方式实现，如管理者可支付自己更多的工资和大量的额外津贴，而此举必将减少股东的利润分享。

设公司证券在零期挂牌上市，此时证券投票结构已选定，在职的管理团队已建立，在 1 期，一个竞争对手出现，零期的经理决策层与对手的 Y、b 是不确定的，设两者的不确定性特征在 1 期就可以解决，但存在完全不对称信息，对每一个在职管理团体来说，采用 Y 与 b 是外在的，即它们不取决于在职经理决策层的经营管理行为；在 1 期的对手或是进行并购活动，或是不这样做，如果对手开始进行并购，在职经理决策层必须选择是否采取反并购的遏制活动；只有当对手报价收购成功时，经理决策层才会被代替；在 2 期结束时，红利支付给股东；设所有的投资者都是风险中性者和利率为零，且把重点放在只有两类分享红利 A 和投票权利 B，分别用 S_A、V_A 和 S_B、V_B 表示，而且这里有：

$$S_A + S_B = 1，V_A + V_B = 1。$$

也就是说，A 类分享给予了接受红利 S_A 和有投票权 V_A 的权利；B 类分享给予了接受红利 S_B 和有投票权 V_B 的权利；换言之，B 是占优投票股，即 $V_B > 1/2$，一股一票只是两类投票结构的特殊情况，有：$S_B = V_B = 1$。

设对手须通过公开收购获得控制权，如果对手给出报价，经理决策层做出决策接受或拒绝；面对一种或两种报价，被动股东要决定投票给对手还是给经理决策层，还是投票给两者，因为给出报价时，两个投标者的特性是已知的。

设有大量的小股东，而没有任何一个股东能影响控制权竞争的结果，当股东做出投标决策时，对手是否掌握了控制权竞争获胜必需的 50% 公司选票已是确定的，即控制权竞争的结果已确定，设股东是理性的，这意味着股东能够预期到胜利者是谁，股东的微不足道性与理性预期的两种假设表明：

给出损失的报价是不能支付给投标者的，因为一个投标者对任何所购买的股份都不能获得资本收益，如果他的报价对 i（$i = A$ 或 B）低于 $S_i Y^W$。

这里 Y^W 表示竞争胜利的管理团队（$w = R$ 或 I），那么 i 类中个人股东通过持有股份在并购接管后的公司中更好地获得价值 $S_i Y^W$ 所摊的份额，因此投标者能够获得的唯一收益是他竞争胜利后控制权的私人利益。

然后，哈特分析了 Y^I、Y^R、b^I、b^R 关系中的不同情况，认为：公司证券投票权结构对公司并购的影响在于投标者之间是否存在重要的私人利益。

（1）投标者间不存在重要的私人利益，最优选择是一股一票；

（2）投标者间存在重要的私人利益，一股一票就不是最优选择。

这也细化了哈里斯与拉维夫模型中的证券契约设计的结论：

（1）最优证券是一种简单的投票证券（一股一票）；

（2）无风险的债券应无投票权①。

可见，哈特的模型不失一般性且更具可操作性。

三、考虑企业控制权的并购

上述不同理论和模型给出了不同局限条件下的最优解，这些最优解的假设条件可能较为严格，但理论上的见解十分有意义，说明证券契约设计不仅在于规定公司剩余索取权的控制，还包括制度的设计，如证券投票权的配置，证券所有者允许参与公司决策的程度等问题，如果考虑公司所有者的性质，不同的制度安排下公司控制、公司并购的证券契约设计问题就更为复杂②。张维迎（1998）指出："公有制经济中的重复建设和兼并障碍来自控制权的不可有偿转让性（控制权损失的不可补偿性），而这种不可有偿转让性与公有制经济的本质密切相关。"

张维迎（1998）分两个步骤进行了研究：

（1）被并购方经理控制权损失得不到补偿，有效率的并购难以出现，并购方经理只关心控制权收益而无增大货币收益的激励，损害效率的并购可能发生。

（2）政府参与的公司并购无效，在于代理人关心的只是自己的控制权收益而不是公司总利益，并说明该模型的政策含义和适用范围。

---

① M. Harris and A. Raviv. Corporate Governance：Voting Rights and Majority Rules ［J］. *Journal of Financial Economics*，1998（20）：203 – 235.

② 这里隐含的假定是不考虑收入分配，最优公司并购决策等价于企业收益的最大化，公司并购后的利润增长来自公司效率的改进。

设市场上有两个企业 A 和 B, 市场规模只能使一个企业生存①, 如果企业 A 和企业 B 都进入, 各亏损 100 元; 如果一个进入另一个退出, 进入的盈利 100 元, 退出的利润为 0; 如果两个企业都退出, 企业利润都为 0。该博弈的结果如表 2 – 1 所示:

表 2 – 1　　　　规模只能容纳一个该类型企业的市场经济下的进入博弈

A B	进入	退出
进入	– 100, – 100	100, 0
退出	0, 100	0, 0

显然, 这个博弈有两个纯战略纳什均衡: (进入, 退出)、(退出, 进入)。在均衡条件下, 只有一个企业进入, 如果两个企业都进入, 一个企业必然并购另一个企业。现实中两个企业同时进入和退出的情况往往是预测决策错误造成的, 不会达到均衡, 一个企业并购另一个企业是本书讨论的均衡结果②, 而公有制下, 帕累托改进的公司并购很难发生, 而没有效率的公司并购却不少, 原因何在?

表 2 – 2　　　　总收益拆分为控制权收益和货币收益

A B	进入	退出
进入	(10, –110), (10, –110)	(20, 80), (0, 0)
退出	(0, 0), (20, 80)	(0, 0), (0, 0)

① 如果两个企业继续独立存在即都进入, 战略组合就是 (进入, 进入), 都退出战略组合为 (退出, 退出), (进入, 退出)、(退出, 进入) 的战略组合解释分别为企业 A 并购企业 B 和企业 B 并购企业 A。

② 这个博弈过程还包括一混合战略纳什均衡, 即每个企业以 1/2 的概率选择进入或退出; 这里为了问题的简单化, 不考虑这一情况。给定两个企业都进入的重复建设不是纳什均衡, 在市场经济条件下这两个企业往往不可能继续存在, 这方面的基本概念和例子参阅张维迎《博弈论与信息经济学》一书。

设企业的所有收益都属于经理决策层。表 2-2 是经修改的进入博弈，表 2-1收益矩阵中的总收益被拆分为两部分，括号内的第一个数字代表控制权收益，第二个数字代表货币收益。如果企业控制权收益和货币收益属于同一个人或经理占有的股份足够大，回到表 2-1，当企业所有权与企业经营权分离时，均衡的结果就取决于经理和股东之间的治理结构。存在以下三种可能：

（1）公司并购的决策由股东（包括政府）拥有，实际的博弈过程如表 2-3所示括号内的数字是经理决策层的收益即控制权收益，两个纯战略纳什均衡仍是（进入，退出）、（退出，进入），与表 2-1 相同；不过此时公司并购成功，经理决策层将损失 10 个单位的控制权收益。

表 2-3　　　　　　　　股东决策—股东收益矩阵

A B	进入	退出
进入	-110（10），-110（10）	20（80），0（0）
退出	0（0），20（80）	0（0），0（0）

（2）公司并购的决策由经理决策层或政府代理官员拥有，但股东可用赎买的方式促使经理决策层选择对股东最好的决策，实际的博弈如表 2-3 所示：括号内的数字是股东的净货币收益，均衡结果与表 2-1 相同。这里隐含一个假定：股东对经理赎买的补偿正好等于控制权损失；在经理决策层利益不受损害的情况下，同时假定经理将按股东的要求做最优决策。如果经理的谈判力可使得经理得到一定剩余收益报酬，均衡的结果将更加稳定；但这里假定并购方与被并购方之间没有谈判发生，故对均衡的结果谈判不是这里考虑的因素。

表 2-4　　　　　　股东可赎买情况下的经理决策—经理收益矩阵

A B	进入	退出
进入	10（-110），10（-110）	20（80），10（-10）
退出	10（-10），20（80）	10（-10），10（-10）

（3）与第 2 种情况不同，公司并购由经理或政府官员拥有，但股东不能通过赎买弥补经理决策层的控制权损失以促使其选择对股东最好的决策，实际的情况如表 2－5 所示。表 2－5 中括号内是所有者货币收益，纳什均衡将是两个企业都进入且拒绝企业并购，潜在的帕累托改进无法实现，这就是公有制经济下的重复建设。

表 2－5　股东不可赎买情况下（公有制下）的经理决策—经理收益矩阵

A B	进入	退出
进入	10（－110），10（－110）	20（80），0（0）
退出	0（0），20（80）	0（0），0（0）

这里主要研究公司并购即上述第 1 和第 2 两种情况。设市场上有两个企业，控制权收益和货币收益都分别为 b 和 π，b、π >0；两者并购形成新企业的控制权收益和货币收益分别为 B 和 Π，B >0、Π >0，新企业和并购方的控制权收益由并购方经理决策层占有，被并购方经理决策层在并购发生后失去控制权，货币收益归企业所有者拥有，且并购双方股东公平地享有并购带来的净货币剩余或净货币损失。该假设意味着：即使 $\Pi \leqslant 2\pi$[①]，只要 $B \geqslant b$，不享有货币收益权的并购方经理决策层就有积极性发动并购；另一方面，即使 $\Pi > 2\pi$，控制权收益和货币收益遭损失甚至失去的被并购方经理决策层在这种损失得不到补偿的情况下也将抵制并购活动。类似的，还有下列冲突：只要 $\Pi > 2\pi$，即使 $B < 2b$ 甚至 $B < b$，享有货币收益而无控制权收益的股东将乐于并购；只要 $\Pi \leqslant 2\pi$，即使 $B \geqslant 2b$，货币收益遭损失的股东在这种损失得不到补偿的情况下将抵制并购。并购成功与否要看拥有决策权的双方是否支持，不仅取决于并购带来的控制权收益和货币收益的变化，还取决于控制权和剩余索取权的制度设计，并购中受益方能否对受损方主要是被并购方经

---

① 这种并购带来的货币收益大于两者并购前的货币收益之和即带来货币净损失。

理决策层给予适当或足够的补偿。下面讨论不同制度安排下的并购区间。

首先给出帕累托最优并购区间作为比较不同所有制度情况的基础：假定债权人和工人或生产者的报酬等契约是给定且稳定的，与并购无关，同时也不考虑收入分配问题，帕累托最优就意味着：如果 $(B+\Pi) \geqslant 2(b+\pi)$，并购应该发生；反之并购不应该发生。令 $\triangle$ 为并购带来的净货币剩余，$\triangle = \Pi - 2\pi \geqslant 2b - B$；换言之，只有并购带来的净货币剩余大于净控制权收益损失时，并购才会发生。

图 2-1 通过 $(b, \triangle)$ 空间描述了帕累托最优并购集，该集为 $\triangle \geqslant 2b - B$ 和 $b \geqslant 0$ 围成的区间 "$G+Z+E+N$"。图中的 N 区间，帕累托最优意味着如果控制权收益足够大，即使带来的货币净剩余为负，并购也会发生；图中的 M 区间，如果控制权收益减少太多，即使带来的货币净剩余为正，并购也不会发生。并购后形成的新企业的控制权收益一般大于单个企业的控制权收益，帕累托最优并购集就是由 $\triangle \geqslant 2b - B$ 和 $b > B/2$ 围成的区间 "$Z+E$"，但如果小于两个单个企业的控制权收益之和，$b < B < 2b$，帕累托最优并购集是由 $\triangle \geqslant 2b - B$ 区间与 $b > B/2$ 和 $b < B$ 围成的区间的交叉区间 Z，现实中并购区间一般发生在区间 Z。

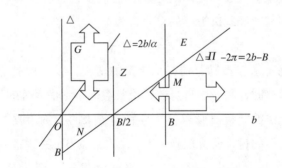

图 2-1 市场经济条件下企业并购集的空间描述

如果企业剩余索取权和控制权统一，如古典资本主义企业，令 T 为并购方的收购价格；根据前文的假定，两个企业的谈判力相同或忽略不考虑，并购后的纳什均衡是每个企业从并购中获得的货币剩余和控制权收益净剩余之和相等，有：

$$T - (\pi + b) = (\varPi + B) - (\pi + b) - T \qquad (2.27)$$

式（2.27）左边为被并购方的净剩余，右边是并购方的净剩余，解式（2.27）得：

$$T = (\varPi + B)/2 \qquad (2.28)$$

只要并购的净剩余大于0，即：

$$T - (\pi + b) = (\varPi + B) - (\pi + b) - T > 0$$

得：$T = (\varPi + B)/2 > (\pi + b)$ \qquad (2.29)

被并购方将接受并购。而且，如果没有信息非对称和交易费用问题，不论双方讨价还价的谈判力如何，并购发生的条件都与帕累托最优并购集的条件相同，也就是说，在谈判力相等或没有信息非对称和交易费用的情况下，效率增强的并购一定会发生，而无效率的并购一定不会发生。现实中，由于并购双方信息的非对称和交易费用的存在，增强效率的并购可能不会发生，但只要信息的非对称程度和交易费用不是很大，这个问题就不太严重。

对于股份公司，实际的并购在何种程度上偏离帕累托最优，不仅依赖于并购决策权在经理决策层和股东之间的分配，而且还依赖于经理决策层持有的股份及经理决策层与股东之间转移支付的制度设计。令 α 为经理决策层的股份份额，则并购前经理决策层的总收益为：

$$M = b + \alpha\pi \qquad (2.30)$$

（1）首先考虑股东控制公司并购决策的情况，设经理股份较少，控股股东在确定并购策略时，只考虑自身的货币收益而不考虑经理的控制权收益。

如果经理无法贿赂控股股东，并且并购带来的净货币收益在两个公司股东之间按纳什均衡的讨价还价规则分享，如果△<0，并购带来的净货币剩余小于0，并购就不会发生；反之，并购就会发生，因为△>0，得 $\varPi > 2\pi$，有：

$$(1 - \alpha)\varPi/2 \geq (1 - \alpha)\pi \qquad (2.31)$$

股东决策的并购集为图2-1中的区间"$G + Z + E + M$"。由于股东没有把并购对经理的控制权损失考虑在内，一些无效率的并购集就产生了，如 M 区间的并购。

但经理可以通过贿赂股东避免上述非帕累托并购的发生。

设 $0 < \triangle < (2b - B)$，就是说，尽管并购后货币净收益增加，但经理的控制权收益遭受损失，而且前者不足以补偿后者，此时，经理为了保留控制权，同意补偿：

$$T = (1 - \alpha)(\Pi - 2\pi) \tag{2.32}$$

就可诱使股东不做并购决策，参照式（2.30），经理这样做是值得的，因为：

$$2M - (1 - \alpha)(\Pi - 2\pi) = 2b - (1 - \alpha)\Pi + 2\pi > B + \alpha\pi \tag{2.33}$$

式（2.33）左边是并购未发生的经理的净收益，右边是并购发生后经理的收益。

（2）如果 $(2b - B) < \triangle \leqslant 0$，并购使得股东受损，但经理得到好处，并且经理控制权收益大于股东货币收益损失，此时，经理同意支付股东：

$$T = (1 - \alpha)(2\pi - \Pi) \tag{2.34}$$

可诱使股东选择并购，参照式（2.30），经理这样做是值得的，因为：

$$B + \alpha\pi - (1 - \alpha)(2\pi - \Pi) = B + \Pi - 2(1 - \alpha)\pi \geqslant 2M = 2b + 2\alpha\pi$$
$$\tag{2.35}$$

式（2.35）右边是并购未发生时经理的净收益，左边是并购发生后经理的收益。

上述分析表明：只要经理可以贿赂股东，股东决策也不会出现非帕累托效率的并购。现实中，帕累托非效率并购的出现有以下几种可能：

一是经理可能没有足够货币贿赂股东。

二是并购方和被并购方的经理在并购中的目标或损益程度不一致甚至相反；一般而言，并购方经理的控制权收益会因并购而增加，即 $B > b$，而被并购方经理的控制权收益会因并购而消失，如果 $\triangle > B - 2b > 0$，即需要诱使并购，那么，就只有并购方的经理有兴趣贿赂股东；如果 $B - 2b > \triangle > 0$，即需要诱使不并购，只有被并购方有兴趣贿赂股东，两个经理同时贿赂也值得，但现实中有可能不出现，而一个经理进行贿赂的成本又太高，帕累托非效率可能会出现。

（2）下面考虑经理决策层控制公司并购决策权的情况。在股权分散情况下，大多数公司并购是由经理决策层所控制。设 $B > b$，只要 $\triangle > 0$，并购方的经理就有积极性发动并购。公司并购主要还在于被并购方的反应，这里忽略敌意收购，在敌意收购情况下即使被并购方反对，收购也可以发生；也就是说，下文将集中讨论被并购方经理的决策：设并购带来的净货币剩余在并购双方股东之间平分，如果股东或并购方经理不贿赂被并购方的经理，那么，被并购方经理在并购前的总收益将为 $(\alpha\pi + b)$，并购后的总收益为 $\alpha\Pi/2$，有：

$$\triangle = \Pi - 2\pi \geqslant 2b/\alpha \qquad (2.36)$$

将这个条件与 $\triangle \geqslant (2b - B)$ 比较可发现，在没有赎买手段的情况下，经理决策的并购区间严格小于帕累托并购区间，如图 2-1 所示，具有帕累托效率的只有 G' 区间（这里无须考虑 $b < 0$ 的情况），一些可增强效率的并购没有发生，原因在于：被并购方经理没有将其他股东的利益 $(1 - \alpha)$ $(\Pi - 2\pi)$ 和并购方经理的控制权收益 $(B - b)$ 内在化，经理持有的股份越少，他越会对增强效率的并购进行抵制，如果经理决策层的股份 α 为 0，无论并购带来的净货币剩余多么大，他都将拒绝被并购，而且经理的控制权收益越大，其对被并购的抵制程度也将越大。

但是，如果被并购方股东或并购方经理能赎买被并购方经理，上述效率损失就可避免；特别是当三方能签订一份完全的契约，对被并购方经理的控制权损失予以充分的补偿，所有的帕累托并购都可实现，需要补偿的最低数额为：

$$T = (\alpha\pi + b) - \alpha\Pi/2 \qquad (2.37)$$

显然，只要 $\triangle > 2b - B$，这样的赎买就值得，反之，就不应进行。由于实现经济生活中的补偿往往是由一方做出，未必是由所有受益人共同分散承担，一般有以下几种可能的情况：①被并购方股东做出补偿。设被并购方股东不分享被并购方经理决策层控制权收益，净货币剩余有双方股东平分；则被并购方股东要诱使被并购方经理接受并购需补偿该方经理 T 如式（2.37），股东净收益为：

$$(1 - \alpha)\Pi/2 - \alpha\pi - b + \alpha\Pi/2 = \Pi/2 - \alpha\pi - b \qquad (2.38)$$

如果不补偿，并购也不会发生，股东的收益就是：$(1 - \alpha)\pi$；只有当：

$$\Pi/2 - \alpha\pi - b \geqslant (1-\alpha)\pi \qquad (2.39)$$

即 $\triangle \geqslant 2b$ 时，补偿才值得进行，并购才会发生。可见，补偿机制消除了因经理不占有全部剩余索取权即全部货币收益的损失效率，因为这里假定被并购方股东没有能够参与分享并购方经理因并购而增加的控制权收益；类似地，如果并购方股东给予适当的补偿，并购也将成功，条件同式（2.37）。

（2）并购方经理决策层做出补偿。如果补偿发生、并购成功，并购方经理的净收益为：

$$B + \alpha\Pi/2 - (b + \alpha\pi - \alpha\Pi/2) = B + \alpha\Pi - (b + \alpha\pi) \quad (2.40)$$

如果不补偿，并购也不会发生，并购方经理的收益为：$(b + \alpha\pi)$，只有当：

$$B + \alpha\Pi/2 - (b + \alpha\pi - \alpha\Pi/2) \geqslant (b + \alpha\pi) \qquad (2.41)$$

即 $\triangle \geqslant (2b - B)/\alpha$ 时，并购方经理才会赎买被并购方经理。将这个条件与没有补偿时相比可以看到：一些不补偿时难以发生的帕累托并购在补偿条件下往往能够发生，但仍不能充分达到帕累托并购区间的范畴，原因在于并购方经理决策层没有将股东的全部货币收益内在化。也就是说，现实情况下的非效率并购可能发生，在并购方经理决策层并不是唯一的剩余索取者即货币收益的唯一索取者的情况下，只要并购增加了其控制权收益且足够大，即大于其股份 α 部分的可能损失，他对控制权收益的偏好将给他足够的激励赎买被并购方的经理决策层，即使这种并购有损股东的利益，特别是 $\alpha = 0$ 时，只要并购增加了其控制权收益，并购方经理决策层就可能不惜代价进行收购。

第三章

证券契约与充分信息的形成

第一节　委托—代理理论

委托代理理论产生于 20 世纪 60 年代末 70 年代初，当时的经济学家们不满于企业 "黑箱" 理论①，开始深入研究关于企业内部信息不对称和激励问题，最终形成了 "现代企业理论"，它包括交易成本理论和委托代理理论。委托—代理问题的激励研究是现代经济学中最重要、最基本，也是最困难的问题之一。随着信息经济学、制度经济学的飞速发展，现代激励理论出现了一系列突破性的进展，成为令人振奋的现代经济理论研究和实践的前沿领域②。

一、委托—代理理论（principal-agent theory）的发展概述

委托代理关系起源于 "专业化"（*specialization*）的存在。当存在 "专业化" 时，就可能出现一种关系，在这种关系中，代理人由于相对优势而代表委托人的行动。现代意义的委托代理的概念最早是由罗斯（*Ross. S*，1973）

---

① 即企业是一个与消费者处于同等地位的，在市场和技术的约束下追求利润最大化的基本分析单位。黑箱理论把企业的一切组成要素都看作企业资本的一部分，着眼于资本在内部流动中增值的功能。企业从市场上吸收、获得财务资源、物质资源、人力资源和信息资源，经过内部配置和加工，使那些资源转化为新的物品，我们称之为产品。企业的产品在市场上以商品的名义出现，通过出售实现货币回笼和增值，并通过在市场上购买新的财务、物质、人力和信息资源，组织新的配置与加工。如此循环，企业有可能保持生存状态，或实现成长发展。

② 张跃平，刘荆敏. 委托—代理激励理论实证研究综述 [J]. 经济学动态，2003（6）：74－78.

提出的:"如果当事人双方,其中代理人一方代表委托人一方的利益行驶某些决策权,则代理关系就随之产生了。"

委托—代理问题的产生是由于委托人和代理人的效用函数经常不一致,代理人和委托人之间存在着对工作的详细信息、代理人的能力、品德和偏好的信息不对称,度量代理人业绩的成本昂贵。所以,除非委托人能有效地约束代理人,否则代理人做出的决策通常不是最优的,这就有可能产生机会主义行为。委托—代理问题的解决原则是如何建立一种激励机制,使代理人的行为有利于委托人的利益。

美国经济学家伯利和米恩斯(Adolf A. Berle & Gardiner C. Means)在 20 世纪 30 年代提出了"委托代理理论",开始了对所有者和经营者的两权分离问题的探讨,倡导所有者将经营权利进行让渡,仅保留剩余索取权[①]。

进入 20 世纪 70 年代以后,由于科斯(Coase)的产权理论和威廉姆森(Williamson)等人的交易费用理论的发展,信息经济学和契约理论在微观经济学领域取得了突破。他们提出,在委托人与代理人之间按一定的契约对财产剩余索取权进行分配,将剩余分配与经营绩效挂钩。这是目前绝大多数两权分离的公司实行激励经理努力的方法,不同的只是剩余索取权的分配比例。

1972 年,阿尔钦和德姆塞茨(Armen Albert Alchian & Harold Demsetz)提出了团队理论,认为企业采取团队模式进行生产使得每一个成员的努力程度不可能精确度量,这会导致人们"搭便车"式的机会主义行为产生。为此,需要设立监督者,并以剩余索取权对监督者进行激励。这是一个理论突破,将企业的交易费用从企业外部的市场交易领域扩展到企业内部的代理成本领域。

1976 年,詹森和麦克林(Jensen & Meekling)在《公司理论:管理行为、代理成本和资本结构》一书中,用"代理成本"概念,提出了与上述交易费用理论相类似的观点,认为"代理成本"是企业所有权结构的决定因素,让经营者成为完全剩余权益的拥有者,可以降低甚至消除代理成本。因此,越来越多的学者,包括夏皮罗和斯蒂格利茨(Carl Shapiro & Stiglitz,1984)以

---

① 伯利,米恩斯. 现代股份公司与私有财产 [M]. 台湾:台湾银行出版社,1982:97.

及布卢等（Blue，1985），仍强调监督的重要性。霍姆斯特姆和蒂罗尔（Holmstrom & Tirole）在《企业理论》（1982）一文的综述中进一步强调了剩余所有权在解决企业激励问题上的重要性。

20世纪80年代以来，经济学将动态博弈理论引入委托—代理关系的研究之中，论证了在多次重复代理关系情况下，竞争、声誉等隐性激励机制能够发挥激励代理人的作用，充实了长期委托—代理关系中激励理论的内容，法玛（Fama，1980）的研究是其代表。他的基本观点是，在竞争性经理市场上，经理的市场价值决定于其过去的经营业绩，从长期来看，经理必须对自己的行为负完全的责任。因此，在隐性的激励下，经理会积极地努力工作，因为这样做可以改进自己在经理市场上的声誉，从而提高未来的收入。

霍姆斯特姆（Holmstrom，1982）将上述思想模型化，形成代理人—声誉模型。这一机制的作用在于，经理工作的质量是其努力和能力的一种信号，表现差的经理难以得到人们对他的良好预期，不仅内部提升的可能性下降，而且被其他企业重用的机率也会变低。因此，由于外部压力的存在，该经理意识到偷懒可能有害于他未来事业的发展。由克瑞普斯等人（David M. Kreps，1982）提出的声誉模型，解释了当参与人之间重复多次交易时，为了获取长期利益，参与人通常需要建立自己的声誉，使一定时期内的合作均衡能够实现。伦德纳（1981）和鲁宾斯坦（Rubinstein，1982）使用重复博弈模型证明，如果委托人和代理人之间保持长久的关系，双方都有足够的耐心（贴现因子足够大），那么帕累托一级最优风险分担和激励就可以实现。

在竞争、声誉激励机制理论中，证券市场中公司控制权接管的激励作用极为重要。曼尼（Henry G. Manne，1965）对公司控制权市场理论做出了开拓性贡献，曼勒指出，公司接管的可能会使管理阶层小心谨慎。华立斯和雷维夫（Harris & Raviv，1988）发展的证券契约设计理论，建立了有关投票与剩余索取权相匹配的模型，认为证券是一种有效的公司控制手段。其主要观点是，通过投票来选择管理者的权力必须由那些承受经营风险的人掌握。这一选择机制会激励经理为获取企业控制权而努力经营，提高经营业绩。

传统的委托代理理论在特征是股权分散的公司中适用性强，是单委托代理理论，然而并不能对特征是股权相对集中或者是高度集中的治理问题进行准确地分析。由此在单委托代理理论基础上，冯根福①（2004）提出建立双重委托代理理论——一种新的上市公司治理问题分析框架，引导了国内双重委托代理理论的研究方向。双重委托代理理论相对于单委托代理理论来说优势在于更能解释在股权相对集中或高度集中的上市的公司治理问题。至今，委托代理分析方法不再仅基于传统的单个委托人和单个代理人这种一对一模式，而是发展到了多个委托人和多个代理人的多对多模式，继而从传统的代理人单任务扩充发展到了如今的代理人多任务。

二、委托—代理理论的内容

信息经济学的所有模型都可在委托人—代理人的关系框架下予以分析。罗斯提出的委托—代理模型，后经米尔利斯（*James Mirrless*）和斯蒂格利兹（*J. E. Stiglitz*）等人发展形成了委托—代理理论②。

所有理论阐述的第一步是建立基本的假设，都构建了自己的研究范式。新古典经济学研究范式的假设以"经济人"为核心，委托代理理论即采用了这种研究范式，张维迎认为委托代理理论的两个前提假设是③：

（1）委托人对随机的产出没有（直接）的贡献；

（2）代理人的行为不容易直接被委托人观察到。

这两个基本假设，笔者理解为委托人和代理人之间存在一定程度的信息不对称，以及他们之间利益的相互冲突。与此相照应的是萨平顿（*Sappington*，1991）认为，在公司治理环境中出现利益相冲突和信息不对称两种情况下，研究怎样设计最优契约激励代理人就是委托代理理论所要攻克的难题了。

假定 A 是一组代理人所有可选择的行为集合，$a(a \in A)$ 表示代理人的某一个特定行为，$c(a)$ 为代理人的行动成本，θ 为自然状态。a 和 θ 共同决定可核实的产出 x (a, θ) 和货币报酬 $\pi(a, \theta)$，$\pi(a, \theta)$ 的直接所有权属于委托

---

① 冯根福. 双重委托代理理论：上市公司治理的另一种分析框架——兼论进一步完善中国上市公司治理的新思路 [J]. 经济研究，2004（12）：16 – 25.

② 该理论的模型可根据参与人签约前后分为：事前博弈叫做逆向选择模型，事后博弈为道德风险模型。

③ 张维迎. 博弈论与信息经济学 [M]. 上海：上海人民出版社，2004：256 – 262.

人。x 作为一种激励动力可能包括 π，甚至 a 和 θ[①]；委托人的任务就是设计一份契约 $s(x)$，根据 x 对代理人进行奖惩。

委托人和代理人的期望效用函数为：$v[\pi - s(x)]$ 和 $u[s(x)] - c(a)$ (vn, un, $cn > 0$，v'', $u'' < 0$，$c'' > 0$，$\partial\pi/\partial a > 0$)[②]。设 θ 的分布函数和密度函数为 $G(\theta)$ 和 $g(\theta)$，生产技术为 $x(a, \theta)$ 和 $\pi(a, \theta)$ 且参与人在有关技术关系上看法一致。

该处隐含委托人如能观测 θ，也就知道 a，反之亦然；即代理人选择 a 后，外生变量 θ 就实现了，这里所有技术关系 $G(\theta)$、$x(a, \theta)$、$\pi(a, \theta)$ 和效用函数都是共同知识，参与人对它们的认识一致。所谓共同知识，是指所有参与人知道的知识；这是一个很强的假定。

另外，委托人期望效用还有来自代理人方面的两个约束：一是参与约束即个人理性约束（individual rationality constraint，IR），二是激励相容约束（incentive compatibility constraint，IC）。

参与约束指代理人从接受契约的行为的期望效用不能小于采取其他行为所能得到的期望效用。代理人不接受契约的期望效用由其他市场机会决定，又称保留效用，用 $\bar{u}$ 表示。这里隐含一个假定：代理人市场是完全竞争的，保留效用可理解为与市场工资相对应的效用水平，它排除了委托人与代理人之间的讨价还价；一些模型假定委托人的市场如保险业是竞争性的，此时委托人的净利润为 0。

---

① 尽管在许多模型中 a 被简单地假定为工作努力程度的一维变量，但在理论上 a 可表示任何维度的决策向量；如 $a = (a_1, a_2)$，一种可能的解释是 a_1、a_2 分别代表代理人花在数量和质量上的工作时间或努力水平，本书为了分析方便，假定 a 仅是代表代理人工作努力程度的一维变量。自然选择状态指随机事件，它的实现反映的是"自然"的外生选择而不是经济参与人的内生选择；自然状态不能直接或间接观测到，以致实际的契约不得不依赖于不完全的代理人，这是参与人的外部环境，不受代理人和委托人控制或说是虚拟参与人"自然"的随机变量。x 如果包括 a 和 θ，隐含的假定就是 a 可观测。

② v', u', $c' > 0$，v'', $u'' < 0$，$c'' > 0$，$\partial\pi/\partial a > 0$，这些约束条件表明委托人与代理人都是风险中性或厌恶型的，努力的边际成本是递增的，委托人希望代理人努力工作，但代理人工作越多收益越少；也就是说，给定了 π，代理人工作越努力即 a 越高，产出的确增加，但边际产出率是递减的，即 π 是 a 的严格递增凹函数（然而较高的 vn, un, $cn > 0$ 代表有利的自然状态，即 v'', $u'' < 0$ 是 $c'' > 0$ 的严格增函数）。因此，委托人只能提供足够的激励，否则代理人不会按委托人的要求和希望去做。而且，在经济学上，从长期看对风险的态度应该只有风险中性和风险厌恶两种。所谓的风险偏好行为并不是理性行为。下文的讨论将沿用这一结论。

激励相容约束指委托人不能观测到代理人的行动 a 和自然状态 θ，在激励契约下，代理人将选择自身效用最大化的行动 an（$an \in A$），这样委托人的期望效用只能通过代理人效用的最大化来实现。即如果 a 是委托人希望的行动，an 是代理人可选择的任何行动，那么只有当代理人对 a 的期望效用大于对 an 的期望效用时，代理人才会选择行动 a。

这样委托人的问题就是在上述约束条件下选择 a 和 s（x），使其期望效用函数最大化：

$$Max \int \{[v(\pi(a,\theta) - s(x(a,\theta)))]g(\theta)\}d\theta(a \in A, s(\cdot) \in S) \tag{3.1}$$

$$s.t. \quad (IR) \int u\{s[x(a,\theta)]\}g(\theta)d\theta - c(a) \geqslant \bar{u} \tag{3.2}$$

$$(IC) \int u\{s[x(a,\theta)]\}g(\theta)d\theta - c(a) \geqslant \int u\{s(x[an,\theta])\}g(\theta)d\theta - c(an)(\forall an \in A) \tag{3.3}$$

这就是最早由罗斯（*Ross*，1973）和威尔斯（*R. Wilson*，1969）、斯宾塞与泽克豪森（*M. Spence and R. Zechhauser*，1971）用"状态空间模型化法"创构的委托－代理问题模型，其优点是在大多数自然状态下引入技术条件[1]，并对此进行了直观的表述，但该方法没有导出一个较好的信息解[2]。

米尔利斯（1974，1976）和霍姆斯特姆（*B. Holmstrom*，1979）则用另一种等价但简便的"分布函数的参数化法"构建了委托—代理问题模型[3]，该法将 θ 的分布函数转换为 x 和 π 的分布函数，效用函数对 x 取期望值。其内容是：假定通过对 a 的选择，代理人可在 x 和 π 上选择某一分布，该分布的函数通过技术关系 x（a,θ）、$\pi(a,\theta)$ 从原分布函数 G（θ）中导出；如果我们用 F（π，x；a）、f（π，x；a）表示导出的分布函数及其概率密度函数：

---

① S. Ross. The Economic The ory of Agent：The Principal's Problem ［J］. *American Economic Review*，1973，63，134 – 139.

② s（x）在无限的区域时，信息解甚至就不能存在。

③ James Mirrlees. The Optimal Structure of Incentive and Authority within an organization ［J］. *Bell Journal of Economics*，1976，7.1，105 – 131.

$$Max \int v[\pi - s(\pi)]f(\pi, \pi; a)d\pi(a \in A, s(\cdot) \in S) \tag{3.4}$$

$$s.t. \quad (IR): \int u[s(\pi)]f(\pi, \pi; a)d\pi - c(a) \geq \bar{u} \tag{3.5}$$

$$(IC) \int u[s(\pi)]f(\pi, \pi; a)d\pi - c(a) \geq \int u[s(\pi)]f(\pi, a')dx - c(a')(\forall a'$$
$$\in A) \tag{3.6}$$

这种参数化的方法可以说是目前的标准方法，以后的分析将经常假定产出和货币报酬都是可观测的，因而 x 就等同于 π，即委托人对代理人的奖惩可根据观测到的 π 做出，这样委托人的问题又可简化为：

$$Max \int v[\pi - s(\pi)]f(\pi, a)d\pi \quad (a \in A) \tag{3.7}$$

$$s.t. \quad (IR): \int u[s(\pi)]f(\pi, a)d\pi - c(a) \geq \bar{u} \tag{3.8}$$

$$(IC) \int u[s(\pi)]f(\pi, a')d\pi - c(a') \geq \int u[s(\pi)]f(\pi, a')d\pi - c(a')(\forall a'$$
$$\in A) \tag{3.9}$$

因此，在委托—代理契约的设计中，委托人的问题就是如何根据代理人的行为来决定他应该给予代理人什么样的报酬，并选择与行为相一致的最低成本的激励方案。如果委托人知道代理人的行为或偏好，并且能根据他所获得的信息推知代理人会采取什么样的行为，那么委托人即使不能观测到代理人的行为，仍将能找到最优契约解，这样做要面临来自代理人方面的两个约束，但式（3.5）已经保证了代理人的最小期望效用水平 $\bar{u}$，而且假定这些约束条件取决于市场机会；这同时表明委托人所选择契约的解并非能自动得到保证，事实上某些简单的例子就能够表明不存在最优解，但由于代理人在不同行动之间的选择等价于在不同分布函数之间的选择，因而仍可把分布函数本身作为选择的变量，将 a 消掉。为此，令 p 为 x 和 π 的密度函数，这里的 (x, π) 具有有限值的特征，$c(p)$ 为 p 的成本函数，P 为所有可选择的密度函数 p 的集合，代理人在行为选择上具有自主性 P 可假定为凸型的，委托人的问题就可表述为：

$$Max \int v[\pi - s(x)]p(x, \pi)dx(p \in P, s(\cdot) \in S) \tag{3.10}$$

s.t. (IR): $\int u[s(x)]p(x,\pi)dx - c(p) \geqslant \bar{u}$ (3.11)

(IC) $\int u[s(x)]p(x,\pi)dx - c(p) \geqslant \int u[s(x)]\tilde{p}(x,\pi)dx - c(\tilde{p})(\forall \tilde{p} \in P)$

(3.12)

这就是所谓的"一般化分布法",该方法很普遍,它所阐述是:在代理人决策之前就可观测到与他的行为成本或他所期望的回报有关的某些信息,这样就可根据他所观测到的信息对不可预测的事件进行有利于他的决策;这些决策在 (x, π) 上表现为一种分布选择,也就是说,事前的决策策略选择相当于在某些 P 上的分布选择。这样,关于行动和成本的经济学就消失了,得到了非常简练的一般化模型,这个一般化模型甚至可以包括隐藏信息模型。在这样的情况下,委托人所选择的方案就可能获得一个次优解。

第二节　对称信息下的最优契约设计①

在完全信息条件下,融资结构的选择对公司治理有何影响呢?根据 MM 理论,在完全信息条件下,公司的价值和公司管理层的行为不受负债—权益比率的影响。换言之,在无税的条件下,公司的资本结构无关紧要,对公司的治理没有显著性影响。这是因为无论是高的负债—权益比率,还是低的负债—权益比率,都可以通过自制杠杆来抵消。当然,其假设在于个人和公司能以相同的利率融资,我们认为在信息完全的条件下,这个假设是合理的。如果我们考虑公司税,但是没有破产成本的情况下,公司价值是此案无杠杆的增函数,公司的价值与财务杠杆成正相关。那么在这种情况下,公司的治理结构有显著的影响。因为在这时公司的管理层,如果是通过高的财务杠杆能够获得较高的个人收益和福利,同时也实现了股东权益最大化。

对称信息下最优契约的研究对于理解委托—代理问题的实质极为重要。

---

① 傅斌. 证券的信息披露:兼谈我国上市公司信息公开的规范化 [J]. 经济科学出版社, 2017.

因为委托—代理的中心被认为是"保险"和"激励约束"的交替（trade-off）[①]。

假定代理人的行动 a 是可观测的，委托人可根据 a 对代理人进行奖惩[②]，委托人可设计"强制契约"达到目的，此时激励相容约束就是多余的，这是因为如果代理人选择 a^*，委托人就支付 $s(a^*)=s^*$，如果代理人选择 $a < a^*$，则委托人就支付 $s(a) < s^*$ 或更少[③]，使得下列条件成立：

$$\int u[s(a^*)]f(x,\pi;a^*)dx - c(a^*) \geq \int u[s(a)]f(x,\pi;a)$$
$$dx - c(a) \quad (\forall a \in A) \tag{3.13}$$

下文首先假定 a 是给定的，探讨 π 的最优分配方式；在最优风险分担的基础之上讨论最优行动 a^*；以证明对称信息下帕累托最优契约[④]是可以得到的。

（一）最优风险分担契约

给定 a，就只有产出这一随机变量，问题简化为 $s(\pi)$ 的最优选择问题：

$$\text{Max} \int v[\pi - s(\pi)]f(\pi,a)d\pi \quad [s(\cdot) \in S] \tag{3.14}$$

$$s.t. \ (\text{IR}): \int u[s(\pi)]f(\pi,a)d\pi - c(a) \geq \bar{u} \tag{3.15}$$

这里，隐含假设是完全竞争的代理人市场，参与约束条件已满足，可对式（3.15）取等号以构造拉格朗日函数如下：

$$L[s(\pi)] = \int v[\pi - s(\pi)]f(\pi,a)d\pi - \lambda[\int u[s(\pi)]$$
$$f(\pi,a)d\pi - c(a) - \bar{u}]$$

最优化的一阶条件是：$\lambda u'[s^*(\pi)] - v'[\pi - s^*(\pi)] = 0$

得：$\lambda = v'[\pi - s^*(\pi)] / u'[s^*(\pi)] \tag{3.16}$

---

① 严格来讲，对称信息下不存在委托人与代理人之分，这里仅是出于研究的需要。

② 上文已说明代理人的行动 a 和自然状态 $\partial\pi/\partial a > 0$ 可以观测到是一致的；即激励契约可建立在行动的观测上。

③ 只要 s 足够少，代理人就会选择 $a = a^*$，这在下文将予以证明。

④ 即帕累托最优风险分担和帕累托最优努力水平契约。

这里拉格朗日乘数 λ 是正常数，意味着委托人和代理人收入的边际效用之比是常数，而与 π 和 θ 无关，设 π_1 和 π_2 为任意两个收入水平，有：

$$v'[\pi_1 - s(\pi_1)]/u'[s(\pi_1)] = v'[\pi_2 - s(\pi_2)]/u'[s(\pi_2)]$$

得：

$$v'[\pi_1 - s(\pi_1)]/v'[\pi_2 - s(\pi_2)] = u'[s(\pi_1)]/u'[s(\pi_2)] \quad (3.17)$$

即不同收入状态下委托人和代理人边际效用替代率相等，这就是帕累托最优。

设 θ 相对 π_1 和 π_2 只有两个值 θ_1 和 θ_2，最优化条件就可用埃奇沃思方箱（Edgeworth box）来表示。图 3-1 中纵、横坐标分别表示收入 $\pi_1 = \pi(a, \theta_1)$、$\pi_2 = \pi(a, \theta_2)$，委托人和代理人的无差异曲线 v^0 和 $\bar{u}$ 分别以 O_P、O_A 为原点，45°线为确定性收入线[1]，每条无差异曲线在确定性收入线上的斜率等于不同收入分布的概率比率 $g(\theta_2)/g(\theta_1) = f(\pi_2,a)/f(\pi_1,a)$[2]。

（1）如果委托人和代理人都是风险厌恶型（v''、$u''<0$），最优点是切点 E，该情况下，最优风险分担要求各方共担，E 不在任何一条确定性收入线上。

（2）如果委托人是风险中性（$v''=0$），代理人是风险厌恶型（$u''<0$），那么委托人的无差异曲线就是一条直线，如 L_0，最优点是切点 n，所有风险都由委托人承担，代理人不承担任何风险；此时委托人的边际效用恒定，$v' \equiv 1$［代入式（3.16）］，最优化条件变为：$\lambda = (1/u')s(\pi)$，由于 λ 是常数，u' 随 s 而递减，最优化的唯一条件是 $s(\pi) = s^0$，即代理人的收入与产出 π 无关。

（3）如果委托人是风险厌恶的（$v''<0$），而代理人是风险中性的（$u''=0$），那代理人的无差异曲线就是一条直线，如 L_0，m 点是最优风险分担点，代理人将承担全部风险 $s(\pi)$，委托人就得到一个固定收入 $\pi - s(\pi)$。

（4）如果两者都是风险中性的（v''、$u''=0$），直线 L_0 上都是最优点。

---

① 该曲线为确定性收入线的推导是：$E\pi = \pi_1(a,\theta_1)g(\theta_1) + \pi_2(a,\theta_2)g(\theta_2) = \pi_1(a,\theta_1) = \pi_2(a,\theta_2) = \pi_0$（为一常数）。

② 由于委托人和代理人对分布函数的期望是一致的，故无差异曲线在对应的确定性收入线上的斜率相等。

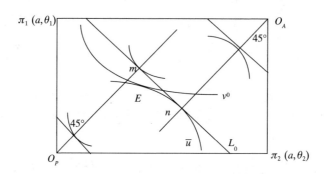

图 3 - 1　埃奇沃思方箱（帕累托最优风险分担契约）

一般而言，最优化条件式（3.16）隐含地定义最优支付契约 $s^*（\pi）$，根据隐函数可得出最优支付契约与各方风险规避度的关系，就式（3.16）对 π 求导得：

$$\lambda u'' \mathrm{d}s^*（\pi）/\mathrm{d}\pi - v''[1 - \mathrm{d}s^*（\pi）/\mathrm{d}\pi] = 0$$

代入 $\lambda = v'/u'$ 得：

$$\mathrm{d}s^*（\pi）/\mathrm{d}\pi = \rho_P/(\rho_A + \rho_P)(\rho_P = -v''/v', \rho_A = -u''/u') \text{①} \qquad (3.18)$$

该式意味着代理人的支付 s^* 与产出 π 的关系，完全由绝对风险规避度的比率来衡量。一般来说，ρ_A、ρ_P 是收入的减函数，即收入越高，参与人越愿意冒风险，这样，最优契约就是非线性的，其具体形式依赖于风险规避度的相对变化；而且，当 ρ_A、$\rho_P > 0$，即双方都是风险厌恶型，代理人的支付 $s^*（\pi）$ 是 π 的增函数，但上升的幅度小于 π 上升的幅度。以下特殊情况除外：

（1）当 $\rho_P = 0$，式（3.18）$= 0$，$s^*（\pi）$ 与 π 无关；

（2）当 $\rho_A = 0$，式（3.18）$= 1$，$s^*（\pi）$ 与 π 增幅相同；

（3）如果 ρ_A、ρ_P 都为常数②，最优契约分布就是线性的，对式（3.18）式积分得：

---

① ρ_P、ρ_A 代表委托人和代理人的阿罗帕累托绝对风险规避度（Arrow-Pratt measure of absolute risk-aversion）。

② 绝对风险规避度为常数的情况非常特殊，即委托人和代理人都具有恒定的风险规避度，这样 ρ_A、ρ_P 与各自的收入水平无关。

$$s^*(\pi) = \alpha + \beta\pi \ [\ \alpha \text{为积分常数（可正可负）},\beta = \rho_P/(\rho_A + \rho_P)\ ]$$

$$(3.19)$$

（二）激励下的最优努力水平

以上研究假定代理人的努力水平 a 是给定的，如果这一因素是随机的，那么如何选择代理人的最优努力水平呢？

当 a 可观测时，委托人可强制代理人选择 a，这样可达到最优风险分担，激励相容约束条件是多余的。运用"状态空间模型化方法"，委托人的问题就是选择 a 和 $s(\pi)$：

$$\text{Max} \int v\{\pi(a,\theta) - s[\pi(a,\theta)]\}g(\theta)\mathrm{d}\theta[a \in A, s(\cdot) \in S]$$

$$\text{s. t.} \quad (IR) \int u\{s[\pi(a,\theta)]\}g(\theta)\mathrm{d}\theta - c(a) \geqslant \bar{u}$$

构造拉格朗日函数如下：

$$L[s(\pi)] = \int v\{\pi(a,\theta) - s[\pi(a,\theta)]\}g(\theta)\mathrm{d}\theta$$

$$+ \lambda\{\int u\{s[\pi(a,\theta)]g(\theta)\mathrm{d}\theta - c(a) - \bar{u}\} \quad (3.20)$$

最优化除需满足式（3.16）外还需满足式（3.20）对 a 的一阶条件：

$$\int v'(\partial\pi/\partial a - \partial s/\partial\pi \cdot \partial\pi/\partial a)g(\theta)\mathrm{d}\theta$$

$$+ \lambda[\int u'\partial s/\partial\pi \cdot \partial\pi/\partial a\, g(\theta)\mathrm{d}\theta - \partial c/\partial a] = 0 \quad (3.21)$$

将式（3.16）代入式（3.21），简化得：

$$\int v'\partial\pi/\partial a\, g(\theta)\mathrm{d}\theta - \lambda\, \partial c/\partial a = 0$$

用期望值算子 E 表示：

$$E\ [\ v'\partial\pi/\partial a - \lambda\,\partial c/\partial a\ ] = 0$$

（$v'\partial\pi/\partial a$、$\lambda\partial c/\partial a$ 为委托人效用单位度量努力水平 a 的边际收益和边际成本）

即：$Ev'[\partial\pi/\partial a - 1/u'(\partial c/\partial a)] = 0$ \qquad (3.22)

式（3.22）是一个典型的帕累托最优条件，即努力的期望边际收益等于期望边际成本。当 a 可观测时，帕累托最优可以达到①。特别的，有两种情况：

（1）当委托人为风险中性，即 $v'' = 0$、$v' = 1$ 时，条件式（3.22）变为：

$$E[\partial\pi/\partial a - 1/u'(\partial c/\partial a)] = 0$$

而且最优风险分担意味着 u' 是一个常数，得：

$$E(\partial\pi/\partial a) = 1/u'(\partial c/\partial a) \tag{3.23}$$

$E(\partial\pi/\partial a)$ 为边际期望产出，$1/u'(\partial c/\partial a)$ 为代理人在货币收入与努力水平的边际替代率。

图 3-2 是最优化条件式（3.23）的几何说明。$\bar{u}$ 是代理人效用无差异曲线，边际期望产出曲线 $E\pi$ 表示的边际期望产出等于边际替代率。

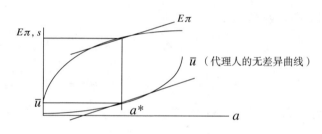

图 3-2　最优努力水平

因此，a^* 是最优努力水平，给定 a^*，委托人可根据 $\bar{u} = \int u(s^*)g(\theta)\mathrm{d}\theta - c(a^*)$ 决定代理人的报酬 s^*。由于委托人风险中性，根据最优风险分担条件，s^* 独立于 θ，因此，最优支付为：

$$u(s^*) = \int u(s^*)g(\theta)\mathrm{d}\theta = \bar{u} + c(a*) \tag{3.24}$$

（2）同理，当代理人是风险中性，即 $u'' = 0$，$u' = 1$ 时，最优化的风险分担意味着委托人有一个固定的保留收入水平 y^0，使得 v 不变，代理人承担全部风险，条件式（3.22）变为：

$$E(\partial\pi/\partial a) = 1/v'(\partial c/\partial a) \tag{3.25}$$

① 由于 a 是外生变量 θ 实现之前已选择的，因此最优的 a 是独立于 θ 的。

即努力的边际成本等于其边际收益。此时，代理人的收入为"$\pi(a^*,\theta) - y^0$"。此时即使代理人的努力水平不可观测，帕累托最优同样可以达到。这是因为当 a 和 θ 不可观测，给定 $s^*[\pi(a,c)]$，代理人将选择行为 a，以解决"$\int u[s^*(a,\theta)]g(\theta)d\theta - c(a)$"最大化的问题，该式最优化的一阶条件是：

$$E[u' \partial s^*/\partial\pi \cdot \partial\pi/\partial a - \partial c/\partial a] = 0$$

得：$Eu'[\partial s^*/\partial\pi \cdot \partial\pi/\partial a - 1/u'(\partial c/\partial a)] = 0$　　　　　(3.26)

令 a^{**} 为式（3.26）的解，a^{**} 与满足条件式（3.22）的 a^* 不同。根据条件式（3.18），若代理人为风险中性，帕累托最优风险分担意味着 $\partial s^*/\partial\pi = 1$，此时，$u'$ 和 v 都是常数，条件式（3.26）和式（3.22）可简化为：

$$E(\partial\pi/\partial a) = \partial c/\partial a \qquad\qquad (3.27)$$

得：$a^{**} = a^*$

代理人选择的努力水平与帕累托最优努力水平相同。当代理人承担全部风险时就不会有外部效应，代理人就如同为自己工作，不会有偷懒的动机，并且因为代理人是风险中性的，风险成本为 0，也就不存在保险与激励之间的矛盾。因此，当委托人可以观测代理人的努力水平或代理人为风险中性时，风险问题和激励问题可以独立解决，帕累托最优风险分担和最优努力水平可同时达到；即委托人要求代理人选择 a^*，若代理人选择了 $a \geq a^*$，委托人将根据 $s^*[\pi(a^*,\theta)]$ 支付代理人；否则代理人只能得到 $\underline{s}$。这样，如果 $\underline{s}$ 很小，代理人就不会选择 $a < a^*$，因为代理人的效用是 a 的递减函数，代理人任何情况下都不会选择 $a > a^*$，因此，只要 $\underline{s}$ 足够小，代理人最优选择就是 a^*，强制契约得以实现。该最优契约可表述如下：

$$s = \begin{cases} s^*[\pi(a^*,\theta)] & a \geq a^* \\ \underline{s} & a < a^* \end{cases} \qquad (3.28)$$

李仕明和唐小我通过对股东与经理之间激励——努力博弈的分析，得出结论：经理的努力程度与经理业绩分享系数、股东的激励程度、经理努力成本和股东激励成本等变量之间存在着互动的、可以进行定量分析的关系，经理的努力程度取决于经理所受到的激励水平①。这一结论的启示是：如果人们确实期望提高企业的效益，就必须强化对企业经理的激励强度，否则，经理的偷懒将是难以避免的，企业的效益也是难以提高的。

第三节 非对称信息下的最优契约设计

现实中，股东或者投资者对一个公司的了解和信息掌握程度，肯定不如公司的内部控制者。信息不完全和不对称是必然的。那么，在这种条件下，如果公司通过发行股票为项目融入资金，由于股票市场投资者的信息不对称，公司往往只能以低于实际价值的价格发行股票。这是因为，在信息不对称的条件下，存在逆向选择。

假设代理人的行为 a 只有两种可供选择的方式：L（"偷懒"）和 H（"勤奋"），π 的最大和最小值为 $\bar{\pi}$ 和 $\underline{\pi}$。

当 $a = H$，π 的分布函数和密度函数为 $F_H(\pi)$ 和 $f_H(\pi)$；

当 $a = L$，π 的分布函数和密度函数为 $F_L(\pi)$ 和 $f_L(\pi)$。

上面的已知，代理人工作越努力产出越高，$\pi(a, \theta)$ 是 a 的增函数，这样可将 π 作为一个随机变量，分布函数将满足一阶随机占优条件，对所有 $\pi \in [\underline{\pi}, \bar{\pi}]$，$F_H(\pi) \leqslant F_L(\pi)$②。当 a 是连续变量且 $F(\pi, a)$ 对 a 可微时，$\partial F / \partial a < 0$。设 $c(H) > c(L)$③，由于委托人一般希望代理人选择 $a = H$，而委托人只能观测到产出 π，不能观测 a 和 θ，就不可能使用强制契约来迫使代理人选择代理人希望的行动，即在信息非对称的情况下，最优风险分担契约不可能达到，只能通过激励契约来减少非对称信息的影响。具体分析

① 李仕明，唐小我. 完全信息下的激励——努力动态博弈分析 [J]. 中国管理科学，2004（05）：117－120.

② 即代理人勤奋工作时的高利润概率要大于偷懒状态下的高利润概率，也就是说，π 大于任何给定的 $\bar{\pi}$ 的概率为 "$1 - F(\bar{\pi})$"。

③ 即假定勤奋工作的成本高于偷懒工作的成本。

如下：

当 $a = L$，即代理人是风险厌恶型，根据条件式（3.28），委托人可简单规定 $s(\cdot) \equiv \underline{s}$ 来强制其选择 $a \geq a^*$，而此时由于信息非对称，委托人往往达不到目的，仅能以其惩罚代理人或使其放弃契约。也就是说，为了使代理人有足够的积极性自动选择勤奋工作，委托人必须放弃帕累托最优风险分担契约。这是因为根据条件式（3.26）和式（3.28），由于 $\partial s^*/\partial\pi < 1$；根据假定 $\partial^2 c/\partial a^2 > 0$，即代理人的努力水平小于帕累托最优努力水平；如果委托人是风险中性的，帕累托最优风险分担要求 $s^*(\pi) = a$，从式（3.24）可知，$a^* > 0$，因而条件式（3.26）意味着 $a^{**} = 0$，这样收入与努力水平无关，努力工作对代理人就没有任何意义。

直观地讲，给定 $s^*(\pi)$，对委托人最优的，对代理人并不是最优，如果委托人不能观测到代理人的行为 a，代理人必将选择 $a < a^*$ 以改进自己的福利水平；因为利润水平不仅与代理人的努力水平有关，而且与 θ 有关，委托人可以将低利润的出现归咎于不利的外生变量的影响，从而逃避委托人的指责和惩罚。对于委托人由于不能观测 a，就不能证明低利润是代理人不努力的结果，这就是"道德风险"问题；此时代理人的激励相容约束开始起作用，它意味着 $\partial s/\partial\pi \neq 0$，因为不论委托人如何奖惩代理人，代理人总是选择自身效用最大化的行动。因而委托人就需通过选择激励契约 $s(\pi)$ 以最大化委托人的期望效用函数，即：

$$\text{Max} \int v\left[\pi - s(\pi)\right] f_H(\pi)\, \mathrm{d}\pi \tag{3.29}$$

$$\text{s.t. (IR)}: \int u\left[s(\pi)\right] f_H(\pi)\, \mathrm{d}\pi - c(H) \geq \bar{u} \tag{3.30}$$

$$\text{(IC)} \int u\left[s(\pi)\right] f_H(\pi)\, \mathrm{d}\pi - c(H) \geq \int u\left[s(\pi)\right] f_L(\pi)\, \mathrm{d}\pi - c(L) \tag{3.31}$$

式（3.31）说明，给定 $s(\pi)$，代理人选择勤奋工作得到期望效用大于选择偷懒的期望效用。令 λ、μ 分别为参与约束与激励相容约束的拉格朗日乘数，上述最优化问题的一阶条件为：

$$\lambda u' f_H(\pi) + \mu u' f_H(\pi) - v' f_H(\pi) - \mu u' f_L(\pi) = 0$$

得：$v'[\pi - s(\pi)]/u'[s(\pi)] = \lambda + \mu[1 - f_L(\pi)/f_H(\pi)]$　　　　(3.32)

这就是"米尔利斯 – 霍姆斯特姆条件"（Mirrlees-Holmstorm condition）。$\mu \geqslant 0$；1979 年霍姆斯特姆已给出了证明，这里借鉴其结果。取 $\mu = 0$，则得到帕累托最优风险分担条件式（3.16）。$f_L(\pi)/f_H(\pi)$ 为"似然率"（likelihood ratio）。

设 $s^*(\pi)$ 为条件式（3.26）决定的最优风险分担契约，$s(\pi)$ 为满足条件式（3.32）的激励契约[①]。当 $f_L(\pi) > f_H(\pi)$ 时，$s(\pi) < s^*(\pi)$；当 $f_L(\pi) < f_H(\pi)$ 时，$s(\pi) > s^*(\pi)$。这一结果反映了似然率包含的信息量：较高的似然率[②]，意味着 π 有较大的可能来自分布 f_L，委托人就会推断代理人选择 L 的可能性较大，对代理人的支付将向下调整，反之将向上调整；但当 $f_L(\pi) = f_H(\pi)$ 即似然率为 1 时，π 来自 f_L、f_H 分布的可能性相等，观测者可能就得不到任何新的信息。

以上分析表明：π 通过似然率或贝叶斯法则的后验概率影响 $s(\pi)$，但这不是因为 π 的物质价值，而是因为它的信息价值。

从另一个角度看，委托人是根据观测到的 π 修正代理人勤奋工作的后验概率。令 $\gamma = prob(H)$、$\tilde{\gamma}(\pi) = prob(H \mid \pi)$ 分别为委托人认为代理人选择 H 的先验概率和委托人在观测到 π 后认为代理人选择 H 的后验概率。运用贝叶斯法则 $\tilde{\gamma}(\pi) = f_H \gamma / [f_H \gamma + f_L(1 - \gamma)]$，得：

$$f_L(\pi)/f_H(\pi) = \gamma[1 - \tilde{\gamma}(\pi)]/[\tilde{\gamma}(\pi)(1 - \gamma)]$$

将式（3.22）代入式（3.23），得：

$v'[\pi - s(\pi)]/u'[s(\pi)] = \lambda + \mu\{(\tilde{\gamma}(\pi) - \gamma)/[\tilde{\gamma}(\pi)(1 - \gamma)]\}$。当 $\tilde{\gamma}(\pi) < \gamma$，有 $s(\pi) > s^*(\pi)$；当 $\tilde{\gamma}(\pi) > \gamma$，有 $s(\pi) < s^*(\pi)$。

因此，条件式（3.32）对最优激励契约 $s(\pi)$ 的具体形式没有任何限

---

① 代理人的收入将随之变化且比对称信息下具有更大的波动。例如，如果委托人是风险中性的，$v'[\pi - s(\pi)] = 1$，对称信息下帕累托最优意味着代理人得到一个固定的收入，不承担任何风险；但在非对称信息下，代理人必须承担一定风险，这正是由于非对称信息导致的激励与保险的交替（trade – off）。

② 如果一个给定的可观测的产出 π 在代理人偷懒时出现的概率高于代理人勤奋时出现的概率。

制[1]。任何形式的 $s(\pi)$ 都是可能的。如条件式（3.32）甚至不能保证 $s(\pi)$ 是单调的，即较高的 π 不一定意味着代理人有较高的报酬 s。

$a=L$ 时，π 有两个可能值 100 和 -100，$f_L(100)=f_L(-100)=0.5$

$a=H$ 时，π 的可能值有 500 和 -100，$f_H(500)=f_H(-100)=0.5$

由于分布函数满足一阶随机占优条件，对所有可能的 π 取值都有：

$$F_H(\pi) \leqslant F_L(\pi)$$

得：$F_H(-100)=F_L(-100)$，$F_H(500)=F_L(500)$

但 $F_H(100) < F_L(100)$

根据条件式（3.32），得：

$$s(100) < s(-100)$$

即在 $\pi=-100$ 时，委托人认为代理人选择偷懒与选择勤奋的可能性相同，而当 $\pi=100$ 时，委托人认为代理人选择偷懒的可能性大于选择勤奋的可能性。从条件式（3.32）可知，最优激励契约 $s(\pi)$ 对似然率单调（递减），因此为了保证 $s(\pi)$ 对 π 单调，必须保证似然率对 π 单调（递减），即较高的 π 意味着代理人选择勤奋的可能性较大，这就是所谓的似然率单调特征（MLRP）。

如果分布函数具有这个特征，$s(\pi)$ 对 π 的单调性就可得到保证（递增）。现实中绝大多数激励契约具有这个特征，可能的解释有：企业的利润增加必然伴随着经营者报酬的增加；或如果对代理人的不利结果出现，代理人就可能将利润无所谓地消耗损失掉，因而较高利润时对代理人进行惩罚是不明智的。理论上任何形式的分布函数 $s(\pi)$ 都有可能，$s(100) < s(-100)$ 的例子就说明了这一点。那么，还有什么样的观测变量应该进入激励契约，其进入的理由如何？

设除 π 外，设委托人还可无成本地观测到另一个变量 φ，则 $x=(\pi,\varphi)$，且 φ 与 a 和 θ 相关[2]，即 $\varphi=\varphi(a,\theta)$，不同努力水平下 π 和 φ 的联合分布密度函数为 $h_L(\pi,\varphi)$ 和 $h_H(\pi,\varphi)$，此时，最优激励契约为 $s(\pi$,

[1] O. Hart，B. Holmstrom. Theory of Contracts，in Advances in Economic Theory：fifth world congress，edited by T. Bewley. Cambridge University Press，1987.

[2] 指与企业运行相关的外生变量如货币供给、行业动态等。

φ ）[1]。委托人的问题就是：

$$\text{Max} \iint v \left[\pi - s (\pi) \right] h_H (\pi , \varphi) \, d\varphi \, d\pi \tag{3.33}$$

$$\text{s. t. } (\text{IR}): \iint u \left[s (\pi) \right] h_H (\pi , \varphi) \, d\varphi \, d\pi - c (H) \geqslant \bar{u} \tag{3.34}$$

$$(\text{IC}) \iint u \left[s (\pi) \right] h_H (\pi , \varphi) \, d\varphi d\pi - c (H) \geqslant \iint u (s (\pi)) h_L (\pi ,$$
$$\varphi) \, d\varphi d\pi - c (L) \tag{3.35}$$

上述问题最优化的一阶条件为：

$$v' \left[\pi - s (\pi , \varphi) \right] / u' \left[s (\pi , \varphi) \right] = \lambda + \mu \left[1 - h_L (\pi ,\right.$$
$$\left. \varphi) / h_H (\pi , \varphi) \right] \tag{3.36}$$

如果：$h_L (\pi , \varphi) / h_H (\pi , \varphi) = f_L (\pi) / F_H (\pi)$ \hspace{1em} (3.37)

则观测变量 φ 没有新的信息，π 成为相对 a 和 θ 的有关（π , φ）的"充足统计量"[2]。当式（3.37）不成立，表明 s（π , φ）帕累托优于 s（π）[3]，将 φ 考虑进入契约是有价值的。因为代理人是风险厌恶的，通过使用 φ 所包含的新的信息，委托人可以更好地排除外在因素对推断的干扰，从而使代理人承担客观的风险，节约风险成本，使风险分担更接近于帕累托最优风险分担水平。

假定 h_i（π , φ）满足一阶随机占优条件和似然率的单调性：

给定 $a = H$，较低 π 和较低 φ 同时出现的可能性显然小于 π 单独出现的可能性；

给定 $a = H$，较高 π 和较高 φ 出现的可能性小于较高 π 单独出现的可能性。

因此，为了诱使代理人选择 $a = H$，对于代理人而言，契约只依赖于 π 的单独出现，显然风险大于同时依赖于 π 和其他相关因素，即在契约 s（$\pi ,$ φ）下代理人被错误奖惩的可能性要比在契约 s（π）下更小。这种由代理

---

① 即委托人对代理人的惩罚不仅依赖于 π，还应考虑 θ。

② 这里 π 为充足统计量（sufficient statistic），指所有 φ 能提供的有关 a 和 θ 的信息都已包含在 π 之中。

③ 帕累托优于（Pareto-dominate）指给定代理人的参与和激励约束条件，委托人在 s（θ , θ）下的期望效用高于 s（π）。也就是说，此时 φ 影响似然率，应该考虑进入契约。

人承担客观风险成本的节约就是将 φ 考虑进入契约而给委托人带来的净收益[1]。因此，在信息问题无法消除的情况下，最优风险分担契约不存在，只能通过激励约束契约来分散风险和消除信息问题。

委托—代理模型分析最为重要的基本结论就已得出：代理人实施监督是有意义的，因为监督可提供更多有关代理人行动的信息，从而降低代理的风险成本；在考虑监督成本的情况下，如果监督成本低于风险成本，那么监督就是必要的。因此，委托人与代理人的信息交流机制是必需的，但如果仅限于委托人与代理人之间的信息，并不能满足监督的要求，当似然率 π 不能充当完全的"充足统计量"[2] 时，须考虑其他观测变量进入最优激励契约。

对于企业，当企业利润不能充当充足统计量时，相对业绩的比较就显得尤为重要，特别是同一行业不同企业的业绩比较，可以剔除更多外在不确定性的影响，形成客观评价经营者努力水平的充分信息，这就是所谓的"标尺竞争"。那么，"标尺竞争"是如何在充分信息的形成机制上发挥作用的呢？

张亦平用 2016 年第三季度至 2017 年第三季度的国内资管市场公募基金数据构造实证模型，研究了基于信息不对称下委托代理理论框架提出的命题，主要研究结论为：在国内资管市场投资人和管理人之间高度信息不对称情况下且仅考虑规模激励下，投资人信息不对称程度的降低通过直接作用于管理人努力程度和间接作用于激励水平，综合带来其效用的显著提高[3]。我们得到如下重要启示：应不断加快资管市场投资人机构化进程，尤其是加大专业机构投资人的培育，不断提升机构投资人的真实信息量占比水平，这对于资管市场意义重大。因为专业机构投资人能真正了解管理人，通过激励机制对管理人实现真实定价，并迫使管理人尽全力进行管理，增进资管市场效率，促

---

① 由于这里假定观测 φ 是没有成本的，在均衡状况下参与和激励约束等式成立，风险成本的节约就全部归委托人所有，因此如果 φ 包含有新的信息，委托人就有积极性将 φ 考虑进入契约。

② 这里充分统计量概念是由信息经济学的模型中引出来的，用于市场竞争充分性的分析，与统计学上充分统计量的原始含义有所差别，统计学指出"充分统计量"之所以充分，在于充分统计量的运用导致统计数据量的显著减少，而不会损失样本中所包含的信息。

③ 张亦平. 委托代理关系中信息不对称问题研究——理论框架与资管市场经验证据 [J]. 投资研究，2017，36（11）：145 – 157.

进资管市场的充分竞争，并向资管能力方向演化，最终实现整个资管市场的资源优化配置和整体效用的提升。

第四节　充分信息的形成与市场深化

一、不确定性、风险与信息约束

市场中总是存在着大量的不确定因素，大多数经济决策都是在不确定条件下做出的，而信息则是不确定性的负量度，即通过获取信息可以减少不确定性。

不确定性的概念一般可用概率来加以描述[1]，即在某种环境状态下，某一特定事件的概率分布处于离散状态。如果不苛求定义表述的严格，不确定性可以通俗地理解为行为者对环境状态的无知程度。

当某一给定事件是孤立的和静态的，行为结果是唯一的（已知的），那么，不确定因素则可以完全忽略不计，行为具有确定性。而一旦事件涉及未来的变化和多种相关因素时，经济环境便处于一种不确定状态，行为所对应的结果也不再是确定的和唯一的，而是一个可能状态的集合。在现实的经济活动中，几乎所有的经济行为都具有或多或少的不确定性，因而必然面临某种程度的风险。行为者只能通过获取信息减少不确定性，或采取某种方式转移和分散风险。

不确定性大致可以划分为两类，即内生不确定性和外生不确定性。前者是指由于行为者（或系统内部）自身的原因产生的不确定性。例如，企业的营销策略是否适当，组织结构和运作机制是否有效；消费者对商品的选择是否明智，购买欲望和购买行为是否具有"理性"；买卖双方所达成的协议是否有利；等等。这类不确定性与信息不对称分布有关，外生不确定性则是指与

---

① 李纲，吴学军. 不确定性、风险与信息约束 [J]. 情报理论与实践，1998（01）：21–23.

行为者本身无关的环境不确定性。例如，对消费者而言，未来的收入状况、物价水平、价格分布，产品的质量、性能，卖方的服务质量和信誉与环境变量都具有不确定性；而对厂商而言，市场容量、竞争者状况、消费者偏好、原材料供应、经济政策、投资环境、宏观经济增长速度、通货膨胀率、利率、汇价、消费者收入水平和购买能力等因素则构成了外生变量。这类外生的不确定性所引发的风险，对于行为者（消费者和厂商）常常是无法抗拒的。因此，行为者必须在决策前尽可能地搜寻更多的信息，以减少环境中的不确定因素，预期事件的风险概率和降低风险程度。

根据肯尼思·阿罗（K. J. Arrow）的定义，信息是"根据条件概率原则有效地改变概率的任何观察结果"。对于某一特定的事件，一切有助于行为者选择行为方式的知识和经验都是有用的信息，通过信息的获取可以减少行为的不确定性。如果人们能够获得全部的有用信息，就可以完全消除风险，从而保证决策效果的最优。但问题在于，市场经济是一种精密而复杂的机制，事件之间存在着高度的相关性，影响某一行为后果的外生变量十分广泛。行为者的抉择往往需要大量的信息支持，而且信息需求具有高度的选择性。因此，尽管在总体上人类正面临全面的"信息爆炸"，但在具体到特定事件时，信息的供给是严重不足的。总地来说，行为者所面临的信息约束主要在于三个方面，即成本约束、时滞约束和有限理性。

（一）成本约束

信息具有经济成本，而且信息搜寻是一个成本递增的过程。按照斯蒂格勒（G. J. stigler）的观点，信息成本应包括时间和"鞋底"（shoe）两个部分，前者指信息搜寻所耗费的时间，后者则是指交通成本和其他查寻费用。

由于成本因素的制约，当事件所涉及的预期收益或风险损失很小时，行为者通常不会在信息搜寻方面做太多的努力；而当不确定性所涉及的经济利益较大时，则必须进行信息搜寻，以降低风险、减少损失，但搜寻的规模则要控制在一定的限度内。因为无限度的信息搜寻尽管会减少风险损失，但由此而引起的信息成本激增可能会使搜寻活动得不偿失。所以，信息的搜寻只能是适度的，以确保信息成本控制在可接受的限度内。这样，成本因素就构成了对信息可获得性的一个最基本的约束。

（二）时滞约束

信息的可获得性还受到时间约束，主要表现在某些信息的显示具有"时滞"特性，只能在行为发生后才能表现出来，而在事前很难加以识别。例如，商品的非价格信息，尤其是技术商品的效用，在事前是难以准确判断的，而在事后获得的信息对行为者决策已经没有任何帮助了。

（三）有限理性

除了可获得性方面的约束之外，信息不足的另一个重要原因在于行为者的信息处理能力是有限的。赫伯特·西蒙指出："问题的关键不是在于是否有信息，而在于我们能够'加工'多少信息？我们的知识能使我们分析什么样的信息，并从中抽取有意义的部分？"肯尼思·阿罗在谈到这个问题时则说得更为直截了当："不管处理信息的技术有了多么显著的改进，人类的智能和意识在吸收信号方面将永远受到限制。"显然，他们所强调的是同一个问题，即行为者的"理性"是合理的，即能够获得有用的信息。人们也可能因缺乏选择、判断和计算信息的能力而无法有效地接受、识别和理解它们。从根本上讲，人们可以通过发展信息技术来改进信息处理能力，但永远也不可能具有"完全理性"。因而，人类认知能力的局限性将始终使信息供给受到约束。

总之，不确定性、风险和信息约束构成人类社会的基本要素。它们的存在及交流传递的方式深刻影响着社会的方方面面。由于信息的不完全，同一交易的不同参与人间会出现信息非对称，投资者、企业家以及外部委托人如市场经纪人和监管者之间出现了代理问题，从而出现信息获取和传递方面的要求，而这方面的失败可能导致市场失灵。

二、充分信息的形成机制

设企业的产出对应一个生产函数，该函数是两种投入"原材料和资本"的函数，企业产出彼此相关，企业风险中性，企业生产首先须筹资，资本供给完全有弹性①，利率不随时间而变，取为 1，如果产品在每个时期都结清，企业供给和生产函数就没有不确定性，仅仅是价格有不确定性，没有组织体

---

① 这里没有把一体化作为资产组合问题来分析。

系时，该市场很容易达到均衡，但现实中企业生产存在滞后，生产条件不确定，产出是投入的随机函数，以上均衡就会被破坏，这样，生产者有先于市场知道产出的激励①。现实中企业分属不同产业，这里把它们划分为上游和下游企业。

设有上游企业为 A 类企业，下游企业为 B 类企业，第 i 个 A 企业的产出是 R_i，为一随机变量，市场上所有参与者都知道该分布，（R_1，R_2，$\cdots$，R_n）是一联合分布，n 有限但足够大，因此，A 企业只要根据自己的产出就可知道其他企业产出的一些信息，设 R_i 在连续抽样时间上独立，第 i 个企业在销售前就知道 R_i 的值，B 类企业以不变的报酬生产最终产品，生产函数为 $Y(R, K)$，根据以上假定，把产出表示为原材料 R 和"资本" K 的函数②，不失一般性，假设没有时滞。原材料市场和消费品市场③可同时结清，原材料数量是随机变量，有：

$$R = \sum_{i=1}^{n} R_i \qquad (3.38)$$

令 p 和 p' 分别是最终产品和原材料的价格，K 已知且不依赖于 R④，R 的需求由边际生产率关系式决定：

$$p Y_R(R, K) = p' \qquad (3.39)$$

最终产品的产出是 $Y(R, K)$，给定 K，最终产品的需求函数就决定了 p 是 R 的函数。若最终产品的需求是完全有弹性的，那么，p 就是常数，给定 p，K 或是常数或是 R 的函数，因此，须对 K 求出作为 R 的函数的 q。

设 B 清楚 p 和 p' 对 R 的依赖关系，为了实现利润的最大化，B 把函数 $p(R)$ 和 $p'(R)$ 当作已知的，并且知道 K 的影响，有：

$$E[p Y_K(R, K)] = 1 \qquad (3.40)$$

这种竞争均衡由式（3.39）、式（3.40）和最终产品的需求函数限定。特别地，这些关系式决定了函数 $p(R)$、$p'(R)$ 和 K 的值。

---

① 这里的激励不是保证产品的数量，而只是为了获得有关产品价格的信息。下文探讨充分信息的形成机制。

② 由于资本投入先于原材料，因此，获得原材料之后，产出的任何时滞都不重要。

③ 因为在原材料的获取与下游产业最终产品的生产之间没有时滞。

④ 由于企业进入市场前就已筹集了资本。

在特殊情况下，若最终产品的需求完全有弹性，那么 p 就不依赖于 R 和 K，可从式（3.40）中解出，而 $p'(x)$ 可通过式（3.39）立即求出。

由于 A、B 是风险中性的，在 A 的市场价格下，B 没有需求，A 的市场价格就是它的利润期望值，令 p'_i 为第 i 个 A 企业的价格[①]，有：

$$p'_i = E[p(R)R_i] \tag{3.41}$$

在这些价格和随机价格 $p(R)$、$p'(R)$ 之下，B 的最优决策是什么？

设 B 筹集的资本为 K^*，使用的原材料为 R^*，B 进入原材料市场，交易的买卖完全分离，原材料的价格就是 $p'(R)$[②]，由于 p'_i 是 A 原材料产出的预期价值，B 企业的影子成本就不受原材料的影响[③]，因此，A 类企业的期望利润为 0，根据假设，它不受任何决策的影响，而 B 在信息方面，知道 R_i 的值，并利用它来决定所用资本水平。因此，B 的决策实质是决定它获取信息的方法。

令 R^* 和 K^* 分别为原材料和资本的数量，由 B 生产最终产品，所有参与者都知道 R，K 是给定的参数。一旦投资完成，要检验一下市场是否仍是均衡状态，因此，原材料市场的结清方式是两种投入的比率在整个产业中都相同：

$$R^*/K^* = R/Y \tag{3.42}$$

从 B 类企业得到的利润是：

$$p(R)Y(R^*,K^*) - p'(R)R^* - K^* = K^*L(R^*/K^*) \tag{3.43}$$

因为 Y 是一阶次的。从式（3.42），得：

$$L(R^*/K^*) = L(R/K) \tag{3.44}$$

既然一体化企业在决定 K^* 时即知道了 R^*，其目标就是对给定 R_i，使条件期望利润最大化：

$$E_R[K^*L(R^*/K^*) \mid R_i] = K^*E_R[L(R/K) \mid R_i] \tag{3.45}$$

式（3.45）中的下标 R 表明一体化厂商把 K 作为参数，期望利润是针对 R 计算的，因此，式（3.45）就是对 K^* 的比例，产业的优化实际上就是要求一个正的、无限大的 K^*，对 R_i，有：

---

① 这里的价格以收入基准计算而不是作为资本的价值（以存量计算）。
② 厂商拥有部分原材料在这个阶段不重要了，因为可以在市场上卖掉。
③ 可以想象存在资产多样化的利益，但此处假设风险是中性的，因而不考虑这种情况。

$$Z(R_i) = E_R[L(R/K) \mid R_i] > 0 \qquad (3.46)$$

当 $K^* = 0$ 时，式（3.46）小于 0。

可见，企业的长期利润是 $K^* L(R^*/K^*)$ 的非条件期望，式中 K^* 是 R^* 的函数。特别地，设 $K^\sim > 0$ 是 K^* 的某个固定值，当式（3.46）条件成立，$K^* = K^\sim$，或 $K^* = 0$，结合式（3.45）①，有：

$$\begin{aligned}
E_R[K^* L(R^*/K^*)] &= E_{R_i}\{E_R[K^* L(R^*/K^*) \mid R_i]\} \\
&= E_{R_i}\{K^* E_R[L(R/K) \mid R_i]\} \\
&= K^* E_{R_i}[Z(R_i)] \\
&= K^\sim E_{R_i}[Z^*(R_i)] \qquad (3.47)
\end{aligned}$$

式（3.47）中 $Z(R_i) = Z^*(R_i)$，它取值要么是正数，要么等于零。

设 $Z^*(R_i) \geq 0$，式（3.47）中的期望就是非负的，当且仅当式（3.46）在大于零的概率成立时，它是正的，设收益不变和风险中性，均衡条件是：

$$E_R K[L(R/K) \mid R_i] = E_{R_i}\{E_R K[L(R/K) \mid R_i]\} = K E_{R_i}[Z(R_i)] = 0$$
$$(3.48)$$

所以，$Z(R_i)$ 是均值为 0 的随机变量，在适当的假设之下，$L(R/K)$ 将与企业的产出相关，且 $Z(R_i)$ 大于零的概率为正。

但正利润与均衡不相容，通过了解 A 类企业的产出，就可知道产业利润平均转移的信息，从而做出有利于 B 企业的决策，这种信息可能来自两个渠道：

（1）总的产出是个别 A 类企业产出之和，知道了一个企业的产出，在没有负相关情况下，就可以了解总产出；

（2）由于某个共同因素（如天气）影响，不同企业的产出往往正相关。

这种垂直一体化下的企业竞争均衡同样存在于横向一体化企业之间，因为同一产业不同企业间也存在生产时滞，信息搜寻的激励会给企业个体带来正的利润，下文将考虑产品价格和数量，是否存在竞争均衡。

---

① 根据非条件期望是条件期望的期望值的概率原理，若 M 和 N 是任意两个随机变量，条件期望 $E_M(M \mid N)$ 是随机变量 N 的函数，因而它也是随机变量，它的期望就是 M 的非条件期望（E_N $[E_M(M \mid N)] = E_M$）。

设市场为 A 企业设立，B 能自由进入，一体化企业的利润为零，面临 W 集的 A 类企业，A 的资本 K^* 是 R_i $(i \in W)$ 的函数，在原材料市场上的原料投入为 R^*。一般情况下，每个企业所用的资本都是 R 的函数，给定 K，对原材料的需求就是其边际生产率，而原材料供给就是各随机变量之和，p 和 p' 就有式（3.39）的关系，由该方程和最终产品的需求共同决定，现在 K 是 R_i 的函数，故 p' 是 R_1，R_2，$\cdots$，R_n 的函数，根据式（3.42）和式（3.43），B 部门的利润为：

$$p(R_1, R_2, \cdots, R_n) Y(R^*, K^*) - p'(R_1, R_2, \cdots, R_n) R^* - K^* = K^* L(R^*/K^*)$$
$$(3.49)$$

结合式（3.42），得：

$$K^* L(R^*/K^*) = K^* L(R/K)$$

为简化记号，令 X_W 为 $R_i(i \in W)$ 的向量，X 为所有 R_i 的向量，给定 X_W，一体化企业的目标就是：

$$\mathrm{MAX} \{ K^* E_X [L(R/K) | X_W] \} \qquad (3.50)$$

显然，均衡要求 $E_X [L(R/K) | X_W] \leqslant 0$ $\qquad (3.51)$

上述不等式以概率 1 成立，实际上一体化企业将停止经营，这是一种几乎不可能有的情况，所以在一个正概率集合上有：

$$E_X [L(R/K) | X_W] = 0 \qquad (3.52)$$

由于业主要卖掉企业，则第 i 个 A 企业的市场价不低于期望销售价，有：

$$p_i \geqslant E [p'(R_1, R_2, \cdots, R_n) | R_i] \qquad (3.53)$$

如果 A 企业没有被售出，式（3.53）必定成立。

现考虑一个卖给一体化企业的 A 类企业，一体化企业的预期利润为 0，根据式（3.51），B 部门的预期利润为 0，A 部门的预期利润也为 0，因此，A 企业的价格必定等于 A 企业的预期价格：

$$\sum_{i \in W} p_i = E \left[p'(R_1, R_2, \cdots, R_n) \sum_{i \in W} R_i \right]$$

根据式（3.53），当对每个 i 来说等号都成立时，式（3.53）才成立，有：

$$p_i = E [p'(R_1, R_2, \cdots, R_n) R_i] \qquad (3.54)$$

只有没有企业去获得另外的 A 类企业时，这种均衡才存在，如果有，它必定是改善 B 部门的唯一手段，如果 B 要得到不在 W 中的 A 类企业 i，且当式（3.55）的概率大于零时，它可把 K^* 同时作为 X_W 和 R_i 的函数来选择，有：

$$E_R[L(R/K) \mid X_W, R_i] > 0 \qquad (3.55)$$

取任意 X_W 使式（3.52）成立，有：

$$E_R[L(R/K) \mid X_W] = E_{R_i}\{E_R[L(R/K) \mid X_W, R_i]\}$$

设竞争的市场参与人理性，R_i 增加了有关 $L(R/K)$ 值的信息，函数 $p'(R_1, R_2, \cdots, R_n)$ 和 $p(R_1, R_2, \cdots, R_n)$ 不随潜在并购者的计划而改变，有：

$$E_R[L(R,K) \mid X_W, R_i] \qquad (3.56)$$

这里 X_W 作为 R_i 的函数，是一个非退化条件分布的随机变量，由于均值为 0，故满足式（3.52）的 X_W 大于零的条件概率为正，验证了式（3.55），垂直一体化企业都有为获取市场势力而吞并 A 类企业的激励，这种激励与不确定性垄断激励不同，如果垂直一体化充分，也会包括企业间的横向并购。可见，如果没有一个企业能够拥有所有的 A 类企业，竞争均衡同样不会存在①。

假定最终产品的需求是完全弹性的，设上游和下游企业都属一个国家，该国最终产品在竞争的市场上销售，有一个竞争均衡，一个企业购买了整个上游企业，资本决策没有不确定性，选择资本时，企业就知道总供给 R，有：

$$Y_K(R,K) = 1 \qquad (3.57)$$

由此得出的 K 是 R 的函数。原材料价格仍由式（3.39）决定，有：

$$pY_R(R,K) = p'(R)$$

现假定 p 是常数，由于 B 行业存在竞争，并且可以自由进入，因此，A 企业原来的所有者获得了产业优化升级的全部好处，其形式是付给它们的价格：

$$p_i = E[p'(R) R_i] \qquad (3.58)$$

尽管形式与以前一样，但 $p'(R)$ 的值相对会较高。打破均衡的唯一途径

---

① 即使竞争均衡在已知的垂直一体化模式上形成，也可能被破坏。

是一个局外者进入，然而，任何这样的企业所掌握的信息都不会比垄断者多，因而，他在 B 部门的预期利润相对较少，因为他的资本针对原材料供给的适应性较差，由于 B 部门的利润为 0，潜在的进入者所能取得的利润只能是负数，在竞争和中型风险条件下无利可图，除非他把所有的 A 企业买下来，但那样只不过换了一个垄断者，并没有真正改变均衡的结构。

可见，一体化企业总有不断兼并收购的激励，直到市场竞争消失，此时整个社会可利用的信息都得到了使用。但这首先要求企业利益与社会利益完全统一，企业代理人的个人利益与企业利益和社会利益完全统一，要求垄断者完全诚实、勤奋，而且是所有经济参与人中经营能力最高的，缺少以上前提，就不能达到帕累托最优，充分信息不会形成。这显然抹杀了人性差异，同时也抹杀了搜寻充分信息的意义，这种理想在原计划经济国家试验过，结果失败了。

因此，真正意义上的充分信息来自竞争均衡。现实中企业都有一个重要职能：获得相关产品生产的信息，包括不同产业和同一产业产品的总体情况，而竞争的作用只有在整个经济体系内没有垄断时才能出现，为了消除由于企业一体化激励所导致的竞争消散问题，各国把反垄断法作为经济管理的一个重要法规。

但相对业绩比较也有失灵之时：

（1）代理人之间的合谋行为，即每个人都选择较低的努力水平或隐瞒信息，轮流或同时得奖和超额赢利；

（2）代理人相互拆台，因为别人的业绩越差，自己的收入就越高。

因此，要保证信息的充分和有效，依然需要组织的激励和约束制度来保证代理人诚实、勤奋，公平竞争与组织的激励约束制度相辅相成，缺一不可。

可见，委托人的首要作用本质上不是阻止成员偷懒或说谎，而是要做到观测企业收益能像观测个人贡献那样好，目的不是监督，而是打破预算平衡的约束，以使组织的激励和约束发挥作用，通过将其他企业的利润指标引入本公司经营者的最优激励契约的奖惩规则中，可以剔除更多外在不确定性的影响，以客观评价经营者的努力水平，这也就是"标尺竞争"广为运用的原因。而所谓的代理问题本质上也就是一个如何消除信息非对称的问题。股份制与证券市场成为典型的现代企业制度的特征，就在于它们的信息交流在这方面取得了成功。同时，说明信息的影响远远超出了一般均衡研究的范畴，可以说，信息问题是联结宏观经济学与微观经济学的契机①。

第五节　代理问题、信号传递与资本结构

一、代理问题与资本结构

对代理问题与资本结构关系的分析首先体现在詹森和梅克林的研究上。他们认为，代理费用②是企业所有权结构的决定因素，经营者为完全所有者可消除代理费用。但经营者受个人财富约束，在部分所有的情况下，经营者承担了企业全部的经营风险，但仅获得部分收益，显然会出现对公司经营不尽全力，并通过"额外消费"的方式弥补利益不足的问题③，此时企业价值将小于经营者作为完全所有者时的企业价值，其差额就是"代理费用"。它包括构造、监督及履行一系列契约过程中所发生的所有费用，也包括因执行契约超出所得收益的损失。

均衡状态下企业的价值必须是在扣除所有这些代理费用之后才能确定的，也就是会计上的企业经营费用、管理费用和财务费用之和。

在经理对公司绝对投资额不变的情况下，其剩余索取将随举债的增加而

---

① 1998 年度诺贝尔经济学奖获得者、印度福利经济学家阿马蒂亚·森对阿罗不可能定理进行挑战，并获得了很大成功。他提出：应就阿罗不可能定理的几个公理逐一放宽并考察其可能结果；他建议增加这些公理的信息内容。阿罗假设不同人的效用不可比较，阿马蒂亚·森引入满足感的可度量性及可比较性的概念与其他学者对此予以证明：如果具备更多信息，可以扩展合理的社会福利函数（social welfare function）范围；一旦个人满足感水平可予以比较，人们就可做出不同类型的社会评价。在上述研究的基础上，阿马蒂亚·森还提出了价值限制理论和个人选择概念，指出投票的多数规则总能达成唯一决定（以解释投票悖论问题）且没有一个集团决策能与尊重个人并存。

② 专业化产生了代理关系，委托人某些权利的转让产生费用，统称代理费用。

③ 如通过购买飞机等公司财产、装修经理办公室、建立公司娱乐设施等行为将公司的资源转为私利。

增加[①]；然而债务融资将带来另一种代理费用。

设两个不关联的项目 H、L，两者市场价值相等 X，有：

$$E(\tilde{X}_H) = E(\tilde{X}_L) = E(\tilde{X}) \tag{3.59}$$

$$V_H = V_L = P = B_H + S_H = B_L + S_L \tag{3.60}$$

项目的净收益率 k 都呈正态分布，差别仅在于方差 $\sigma_L^2 < \sigma_H^2$。用布莱克 - 斯科尔斯模型（Black-Scholes model）[②] 评估项目选择的股权和债权的价值 S 和 B：

看涨期权的定价模型：$S = S_0N(d_1) - S_te^{-rt}N(d_2)$ $\tag{3.61}$

看跌期权的定价模型[③]：$S^* = S - S_0 + S_te^{-rt}$ $\tag{4.62}$

$$d_1 = [\ln(S_0/S_t) + (r + \sigma^2/2)t]/(\sigma\sqrt{t}) \tag{3.63}$$

$$d_2 = [\ln(S_0/S_t) + (r - \sigma^2/2)t]/(\sigma\sqrt{t}) = d_1 - \sigma\sqrt{t} \tag{3.64}$$

这里 S 为股票预期价格即看涨期权的价格，S_0 为股票现行价格即对应资产的初始价格，S_t 为期权的交割（执行）价格，r 为连续无风险利率，$N(d_1)$、$N(d_2)$ 为概率算子［概率算子的值可从 d 和 N（d）的数值对照表中查到，表明低于期望值的概率］。布莱克和斯科尔斯 1973 年对上述模型进行验证得出：S 与 σ^2 正相关；已知 $\sigma_L^2 < \sigma_H^2$，有 $S_H > S_L$；根据条件式（3.60）得：$B_L > B_H$。如果经营者可进行债券融资，他将通过投资计划让投资者相信所筹集的资本将用于项目 L 上，这样他就得到市价为 B_L 的债权，如果他真的将债权资本投入项目 L，那他只能得到以股权价值 S_L 为基数的收益，因此，在实际掌握资本控制权之后，他将倾向于转向高 σ^2 值的高风险项目上，从而得到相当于以 S_H 为基数的收益；根据条件式（3.59），在此情况下，经营者得到的项目市场价值和总收益为：

$$V' = (S_H + B_L) - C(\sigma^2) \tag{3.65}$$

$$E(X) = r[S_H + B_L - C(\sigma^2)] \tag{3.66}$$

---

① 因为增加举债不会影响经理的股权份额，相应地，在公司净收益增加的情况下可增加经理的绝对受益。

② 期权定价模型假定收益率 r 服从正态分布，它提供了一个简明的公式用于计算期权的预期现值。

③ 这是从看涨期权定价模型推导出来的看跌期权定价模型，具体推导参见洛伦兹·格利茨. 金融工程学 ［M］. 经济科学出版社，1998：219 - 220.

如果不考虑风险成本 $[C(\sigma^2) = 0]$，项目的市场价值增加；也就是说，如果考虑风险成本 $[C(\sigma^2) > 0]$，说明经营者将经营风险转移到了债权人身上[①]。

如果委托人为风险中性，这种情况可以接受，然而委托人一般是风险厌恶型，而且，这里的经营者不是风险厌恶的，这样的风险分担就不是接近于最优，当风险成本高于股权预期价值的增加时，差额就是股东与经营者间代理费用的增加，这显然有损帕累托效率，企业家所选择的项目风险与他下的赌注成正比，这与上文最优契约设计的结论吻合。如果经理对公司的剩余索取低于100%且不是风险中性，就会存在经理与股东的冲突，这种冲突就是代理问题。代理问题极大地影响经济效率而导致租值消散，债务契约一般规定：如果某项投资获得成功，股东和债权人共同分享收益，利息固定；如果失败，有限责任股东不必承担超出资产变现以外的债务，经营者将选择高风险项目，如果成功，可获超额收益，如果失败，借助有限责任制度就把损失分流给其他股东和债权人，债权人事实上承担了部分不应由他承担的风险成本[②]，不同融资方式本身就带有不同的代理费用[③]。

---

① 这里有风险成本、风险收益和代理费用的关系问题，风险成本与风险收益在时间上是交替的，发生风险成本就不会有风险收益，反之亦然。经营者向高风险项目转移投资情况下，风险收益发生时全部归股东，债权人与之无缘。发生风险成本有两种情况：1. 通过减少股东收益分享甚至减少股权等方式弥补风险成本，从而保证债权人的固定收益，那对债权人与经营者之间代理关系中的理论风险分担实际上没有发生，尽管理论上债权人承担了一定经营风险，实际上代理人的经营风险并没有实际转移到他的身上；2. 股权及其收益分享不能弥补风险成本时，经营者就将理论上转移到债权人身上的经营风险的实际上引发了，这里债权人实际上是风险厌恶者而代理人风险中性，风险应由代理人全部承担，而委托人却承担了一定的经营风险。

② 在这种情况下，经理就有可能"全力以赴"追求高风险和高收益，如在风险投资上，一旦项目失败，往往所有投入都血本无归。针对这种情况，欧美一些风险投资盛行的国家一般不允许风险投资公司通过举债对风险投资项目进行投资，风险投资企业在发展初期往往也不允许负债开发经营，都是靠各参与人通过股本运营合股开发经营。特别是对于银行，金融法规严格限制其贷款业务进入风险投资业。

③ 如通过增加经理选择权等方式增加经营者的剩余索取，减少经理与股东的冲突。发达国家很多大公司如 IBM 公司总裁每隔四年一期，每年年薪与一般部门经理相似，但他有四年后以一定价格获取公司一定份额股票的选择权；如果四年后在其经营管理下公司取得长足发展，股价必将上升，这一选择权将使他大大受益；反之，他也会因股价没有上涨而不能得利甚至失去总裁职务。因此，詹森和梅克林认为：没有证券市场及可交换的企业权益，就不会有对企业进行职业化公开评价的积极性，对经营者行为的监督也就不充分。

可见，证券契约设计方式不同，代理费用也就不同，均衡的企业所有权结构由不同融资方式代理费用的平衡关系决定，最优点不同融资方式的边际代理费用相等，总额最小。事实上，这是不同融资方式间的竞争，使得公司中有人有专注于监督的积极性，使其他被雇佣者不能通过这类活动获取更多收益。[①]

二、信号传递与资本结构

信号传递理论是斯彭斯 1947 年在其著作《市场信号：雇佣过程中的信号传递》中首次提出的、为解决信息不对称引发的逆向选择问题的开创性理论，该理论分析了市场中信息是如何通过"信号传递"的手段影响劳动力市场的。罗斯（1977）首次将信号传递理论应用于财务领域[②]，系统地将非对称信息引入了资本结构和股利政策分析，他发现，拥有大量高质量投资机会信息的经理，可以通过资本结构或股利政策的选择向潜在的投资者传递信息。

在罗斯模型中，他保留了 MM 定理的全部假定，仅仅放松了完全、充分信息的假定，他假定有两个时期、两个参与人（经理人和投资者），由于不对称信息的存在，企业的管理者了解企业内部的利润分布、面临的风险等实际情况，但对于投资者来说，他们不能及时有效地获取企业经营相关的详细情况；

---

① 该理论的不足在于：1. 未能就剩余权益为何依附于资本做出明确陈述；2. 未能对与企业相关的更一般的代理问题进行阐述。因此，埃斯瓦瑞（Eswaran. M）和克特威（Kotwal. A）在 1989 年建立有关激励模型，以对古典资本主义企业中资本雇佣劳动的问题做出了较为明确的解释。他们认为：由于有限责任，道德风险可能迫使资本所有者对资本的使用进行直接监督，而不是通过市场一贷了事。典型的生产活动必需两种投入：企业家的努力和租用投入物。所谓的租用投入物指劳动和物质资本的组合。资本用于筹集租用投入物，由于是有限责任，与其自有股份相比，租用投入物事实上是一个价格更低的资本；由于投入的产出不确定，加上企业家的努力水平不可观测，有限责任所引致的投入组合的扭曲风险往往比预计的大，因此，资本主义企业实际上是人们对非对称信息的反应。资本在表示企业家经营能力方面有信号传递功能，但决定资本雇佣劳动的根本原因是只有少数人才能管理好企业，资本家之所以出租资本而不亲自从事经营，不是因为他们相信举债人会更努力，而是因为后者比他们更有才。因此，道德风险可以解释为什么边缘债权人有积极性亲自过问生产活动，但他们不能解释纯粹债权人存在的理由和股份公司出现的原因，这就是笔者从人的能力差异出发采用企业家一般均衡模型分析公司起源的原因。按照埃－克的观点，一个资本家只有在他的总资本超过他自己的投资时才会贷给他人，并且他的投资规模通常要比举债企业家要大；笔者对此并不赞同。
② 西方财务学家认为公司向外界传递公司内部信息的常见信号有三种：利润宣告、股利宣告和融资宣告。与利润的会计处理可操纵性相比，股利宣告是一种比较可信的信号模式。

经理的效用是企业市场价值的增函数，基于此，罗斯建立了包含两个参与人、两个时期的博弈模型。

设越好的企业，高收益的概率越高，企业收益 π 均匀分布，两个时期，经理知道企业收益 π 的真实分布，投资者只知道 π 的概率分布[①]，为使时期 1 企业价值最大，经理选择举债 D 并预测时期 2 企业破产成本为 L，这样，用 π' 表示在时期 1 投资者根据负债水平所确定的企业价值，这就包括两个博弈阶段，时期 2 不重要了；由于信息非对称，投资者只能根据公开的信息评价企业，π'' 为时期 2 投资者的期望企业价值，D/π'' 为企业破产概率[②]，经理的目标函数为时期 1 企业价值和时期 2 企业预期最大价值减去破产惩罚的加权平均，γ 为权数。

$$U(D,\pi',\pi'') = (1-\gamma)\pi' + \gamma(\pi'' - LD/\pi'') \qquad (3.67)$$

式（3.67）表明：经理的福利随企业价值的增加而增加，随破产概率的增加而减少。当经理选择负债水平 D 时，他将预测投资者将通过 D 推断 π''，从而选择 π'，则设投资者的期望值是 $\tilde{\pi}''(D)$，企业的市场价值就是：

$$\pi' = \tilde{\pi}''(D) \qquad (3.68)$$

把式（3.68）代入经理目标函数并对 D 求导得一阶条件，其推导过程是：

（1）这里只考虑分离均衡：因为 $\partial^2 U(D,\pi'\pi'')/(\partial D\partial \pi'') = \gamma LD/\pi''2 > 0$，表明质量越高的企业，负债率越高。

（2）将 π' 代入经理目标函数并对 D 求导得一阶条件为：

$$\partial u/\partial D = (1-\gamma)\partial \tilde{\pi}''(D)/\partial D - \gamma L/\pi'' = 0$$

（3）均衡条件下，投资者根据 D 推断，如果 π'' 是经理的最优选择，则有：

$$\pi'' = \tilde{\pi}''(D),\partial \tilde{\pi}'(D)/\partial D = (\partial D/\partial \tilde{\pi}'')^{-1}$$

将此代入一阶条件得微分方程为：

$$\gamma L(\partial D/\partial \pi'') - (1-\gamma)\pi'' = 0$$

解微分方程得：

---

① 即投资者不清楚，但知道对内部管理者的激励奖惩制度，可通过企业资本结构信息间接地评价企业价值。

② 这里还隐含地假定 D≤ π''，否则 D/π''>1。

$$D(\pi'') = (1 - \gamma)\pi''^2/\gamma L + p \qquad (3.69)$$

在均衡状态下,投资者由 D 推断 π''。如果 $D(\pi'')$ 是经理债券水平 D 条件下的最优选择,有 $\pi'' = \tilde{\pi}''(D)$,这就是经理的均衡策略(这里 p 是常数)。

(4)将 π'' 代入 $\pi' = \tilde{\pi}''(D)$,得:

$$\pi' = \pi'' = \sqrt{(D - p)\gamma L/(1 - \gamma)} \qquad (3.70)$$

这就是投资者的均衡战略。由于 θ 连续分布,没有非均衡途径,对于每个可观测的 D,贝叶斯法则后验概率 $\tilde{\mu}[\tilde{\pi}'' = D^{-1}(\pi'') \mid \pi''] = 1$ 和 $\tilde{\mu}[\tilde{\pi}'' \neq D^{-1}(\pi'')] = 0$,其中,$D^{-1}(\pi'')$ 是经理均衡战略 $D(\pi'')$ 的逆函数。

在这种情况下,资本结构就成为把公司内部信息传向投资者以及资本市场的一种信号工具,对于投资者,具有高负债的公司就是高质量的公司,因为具有高资产负债率意味着具有较高的收益率,企业经营状况越好,负债率越高;同时公司的经营者向市场以及投资者传递着较高的预期收益率,如此使得公司的市场价值随着信号的传递作用而逐渐增大。因此,罗斯的观点是:"负债—资产比"就是一种把内部信息传给市场的信号工具。企业管理者可以通过改变企业的资本结构来影响投资和对企业价值的评价,企业的市场价值与企业的"负债—资产比"有正相关关系,即越是高质量企业,负债水平越高;公司的资本市场价值的高低是由公司向市场传递的关于负债率大小的内部信号所决定的。

信号传递理论的信号模型以经理层激励机制为出发点,将经理层和企业发展紧紧联系在一起,经理发出虚假信息的结果会导致市场对企业负面反应,造成经理层利益和声誉的损失。对经理层股利政策不当造成的损失尚无有效的惩罚机制,当公司业绩下滑时,经理层可以改变股利政策或通过资产重组的方式改变不利状况,而经理层本身的利益没有多少损失。所以,绩差公司可以模仿绩优公司的股利政策,从而使市场无法判断企业到底传递了什么信息。在有效市场中,投资者会利用公司所披露的信息,通过"信号传递"的手段,对公司的业绩等进行评估,业绩好的公司出于有利于公司自身宣传和基于自身利益进行更多的信息披露,稳定投资者对公司的信心,这将有利于公司未来的发展;而业绩差的公司出于自身利益考虑,会尽量减少信息的披露。

该模型说明，对破产企业的经理加上"惩罚"约束，使低质量企业不敢更多举债来模仿高质量企业，从而使资本结构成为可靠信息，这样，投资者可通过企业资本结构观察企业质量，从而确定企业价值和投资策略。笔者认为，该模型深刻地阐明了企业财务信息公开的意义，企业资本结构的信号传递功能提供了一个企业质量判断的筛选机制。弱点在于：没有设置防止经理向外传递错误信息的内在机制，导致传递的仅是一种信息变量，而不一定是反映企业价值的信息。这一点笔者认为，必须通过借助一定的监督和约束甚至是强制机制进行信息的澄清和过滤，这也就是下文强调的证券信息披露强制性的一个理由。事实上，非对称信息迫使质量越好的企业承担越高的资产负债率，而负债率的提高预示着企业破产概率的提高，经理也须为此付出成本，而这种成本在完全信息或对称信息下是不存在的，这也就是好的公司为什么也乐于向投资者披露信息的原因。

因此，该理论充分强调了在市场经济中信息的作用，与信息披露制度通过制定合理的标准，要求证券发行人履行信息披露义务，使投资者有相同机会获取信息进行投资决策，从而有效防止欺诈、操纵市场等行为的发生高度吻合。

罗斯之后，人们遵循其思路做了深入研究，最重要的是利兰和普利（H. Leland and D. Plye，1977）的"经理风险规避模型"和迈尔斯和马吉劳夫（S. C. Myers and N. S. Majluf，1984）的"融资的强弱顺序理论"。

利兰和普利指出企业家的资本有信号传递的作用[①]。设某项目须从外部筹资 G，项目总收益为 $K = m + p$，m 为平均收益，p 为风险收益或风险损失，$Ep = 0$，企业家能观察预期平均收益 m，外部投资者观测不到；为吸引投资，企业家有足够的初始财富，先把自己的资本投入项目以此向潜在投资者发出信号，表明该项目收益确实为 m；设企业家股份为 α，项目须负债 L，两者之和的期末预期最大值为 $EM, P(\alpha)$ 为企业家持有 α 股份时人们对企业价值的估计数，有：

$$EM = \alpha(K - L) + (1 - \alpha)[P(\alpha) - L] + L$$

① H. Leland and D. Plye. Information Asymmetries, Financial Structure and financial Intermediation [J]. *Journal of finance*, 1977, 32（2）：371 – 387.

$$= \alpha K + (1 - \alpha)P(\alpha)$$

外部资本的约束条件是：

$$(1 - \alpha)\left[P(\alpha) - L\right] + L = G$$

得：$EM = \alpha K + (1 - \alpha)P(\alpha)$

$$= \alpha(K - L) + G$$

这里，α 增大，企业家的责任风险增大，尽管 L 不直接影响企业家目标，但 α 蕴含了 L 受外部资本约束，须考虑企业质量对 L 的影响。根据博弈均衡条件：$P\left[\alpha(m)\right] = m$，有：

$$EM = \alpha(K - L) + G$$

$$= m + \alpha p$$

由于企业家与外部投资者就 m 存在信息非对称，而企业家自己投入项目中的资本赌注能表明他对项目收益的信心。该模型深化了罗斯模型，但也没有解释为什么经理用资本结构来传递信息。

迈尔斯和马吉劳夫在以上信号传递模型基础之上提出了"融资的强弱顺序理论"[1]，指出企业资本结构的设计是为了减少决策中信息非对称带来的无效率。

从上面的分析可以看到，经理与外部投资者间存在信息非对称，资本结构就可以通过传递内部信息对企业价值发生影响，经理相对外部投资者拥有企业质量的更多信息，而外部投资者只能根据企业质量的分布函数来确定企业价值；因此，新投资者需要得到一种风险贴水以补偿可能购买到低质量企业股票带来的损失，这种风险贴水提高了高质量企业通过股票融资的成本，因此，高质量企业一般缺乏股票融资的动力，而更有积极性采取内部融资和发行债券；但如果投资者都存在这种观念，就会把发行股票看作企业质量恶化的信号而低估企业价值。

设有两类企业，资本都为 V，市值为 A 和 B（$B < A$），有一项目，投资额 I 和净收益现值 R，两类企业都希望进入项目，I 和 R 大于 0。经理知道项目

---

① S. C. Myers and N. S. Majluf. Corporate financing and Investment Decisions When firms Have Informa- That Investor Do Not Have [J]. *Journal of financial Economics*, 1984 (13): 187 - 221.

的收益与风险，而外部投资者只知道其概率分布，当项目收益分布概率为 k 时，企业类型为 A；分布概率为 $1-k$ 时，企业类型为 B。设该项目资本 I 须通过对新股东发行股票来筹集，A 类企业由于资本现值较大可能拒绝接受该项目，不发行股票；而 B 类企业可能会由于缺乏资本而接受这个项目并发行股票，这样，投资者就会认为发行股票的企业是 B 类企业，但判断有一个均衡点。

设外部投资者是理性的，且 L 类企业的股票能通过市场予以公正定价，那么老股东将因新发行股票而放弃企业分享部分为：

$$\beta = I/(V+I)$$

但他们获得由发行股票新项目的净现值为：

$$(1-\beta)R$$

B 类企业的老股东并不愿意仿效 A 类企业的股东，因为这要放弃正的净现值。从 A 类企业的角度看，放弃这个投资项目，对老股东的支付最终仅是 A，但如果 A 类企业模仿 B 类企业发行股票，给投资者的印象是好像企业 A 是 B 类型，这种情况下，通过市场定价，对老股东的支付就是：

$$(l-\beta)(B+R+I)$$

显然新发行股票被低估，小于应有的价值 $(l-\beta)(A+R+I)$，当 $(l-\beta)(B+R+I) < A$，A 类企业老股东就会由于项目投资而使自身经济状况变差；表明 A 类企业的新股东是在 B 价值上获得企业的 β 部分，如果这种转移 $(H-L)\beta$ 超过了项目净收益 R，融资低效就会发生。

新股发行向投资者传递的是企业现有价值减少的信号，企业价值可能下降；因为非对称信息下，股票融资不管对老股东还是对新股东都是坏消息，对于前者，发行新股票将使其手中股票的价格降低，而后者只会认为经理只有在到股价被高估时才发行股票，宣布发行股票前，企业现行市场价值是：

$$kA + (l-k)B$$

这反映了投资者对企业类型的预期，发行股票，投资者认为企业是 B 型，企业价值为 $B+R$，如果 $kA + (l-k)B > (B+R)$，企业价值下降，同时说明通过内部资本或债券融资并不能传递信息，不会导致任何股价的反应。

所以，在信息不对称或者不完全的条件下存在融资秩序选择性——首先选择内部融资，其次选择债务融资，最后选择股权融资。这是因为在信息不对称的条件下，企业管理层的决策往往向市场和外部投资者传递了许多信号。

而不对称信息造成的这种企业融资次序等级，直接影响了公司治理结构。由于绝大多数企业均主要依靠于公司的内部融资，即公司自我的资本积累。因此在内部融资为主的企业中，企业的治疗特征是所有权和经营权基本统一。当企业主要通过发行股票融入资金或者通过增发股票融入资金，这些企业的重要特征是所有权和经营权存在较大程度的分离，从而公司存在比较严重的委托代理问题。

国有企业股权结构里面主要是国家股，其不能有效地发挥股东的作用。国家股的最终所有者是全体人民，但是对国有资本真正有决策和行为能力的人只有并只能是作为全体人民利益代表的国家。国家对国有资产经营机构的管理只能借助于政府机构或国有资产经营管理公司。我们知道，政府机关对公司的管理和控制更多地体现在行政上的激励，而不是产权上的激励。因此，当目标发生冲突时，政府机关肯定会追求行政目标，而使所有者的利益受到损害。同时，政府机构和企业之间的委托代理关系会加大委托代理成本。有效率的企业应该是剩余索取权与剩余控制权相匹配的。在目前，国有企业的剩余控制权在政府机构，剩余索取权在国家，缺乏有效的激励监控机制，从而带来代理成本问题①。

信号传递模型说明，经理占有应支付给投资者的收益和融资弱效等问题，可通过融资方式的选择，消除信息问题的角度予以解决，所要做的就是设计一种外部投资者愿意支付款项且能最大限度消除信息问题的金融契约及相应的公司制度，以保证公司价值的最大化，这就是本书广义上的"证券契约的设计"。

---

① 陈道晖. 代理成本下的资本结构与公司治理研究 [J]. 中国商贸，2012 (05)：253 - 254.

第四章

现代企业制度与证券契约

第一节 企业与证券契约

一、企业概述

企业是组织生产要素生产商品的基本单位是社会财富的主要创造者，是一种以追求经济利益为目的的经济组织。它的发展带动着整个社会结构的演变，在这个组织内部，劳动、资本、土地等要素以契约形式组织起来，在分工的基础上进行协作和管理。现代形形色色的企业组织都是从最初的企业组织变化而来的。要理解现代企业复杂的内部结构，就必须了解这种结构是怎样从古典企业的简单结构转变过来的。

在企业出现之前，以商品生产要素和市场联系为特征的广泛组织形式是单个商品生产者，单个商品生产者组织起来就形成家庭小作坊。在这些"单细胞"的基本单位内，"各项活计不加区分连续操作"，一般都不实行分工①。

企业不同于家庭作坊式的商品生产者的最表面形式，就是企业内部具有了分工和协作，较多的工人在同一时间、同一空间内工作，这在历史上和逻辑上都是资本主义的起点。要进行协作式的企业生产，资本所有者必须以两种交易为前提，即物的因素的交易和人的因素的交易。这两种生产要素的交

① 王琦. 企业的起源和变迁 [J]. 晋阳学刊, 2001 (3).

易都涉及产权交易，不过这两种生产要素的产权是不同的。生产的物的要素是一种商品所有权的交易，交易双方彼此必须承认对方是物的所有者，因而是一种具有契约形式的所有权交易。生产的人的因素的交易的产权关系，则不是所有权交易，而是劳动的使用权交易。货币所有者和劳动力所有者双方虽然也是通过把对方看作商品的所有者进行交易的，但让渡的却是劳动力的使用价值。货币所有者要按照契约规定的价格支付他所购买的劳动力要素的使用权。完成这两项交易后，企业的生产才能进行。

古典企业经历了工场手工业和机器大工业两个阶段，工场手工业是分工协作的典型形式。它是以两种方式产生的，一种方式是不同种类的独立手工业的工人在同一个资本家的指挥下联合在一个工场里组成的；另一种方式是从事同一个或同一类工作的手工业者，同时在同一个工场里被同一个资本家所雇佣。

新古典将企业看作生产函数，资本和劳动作为生产要素是对称的，它们的报酬取决于对生产的贡献，均衡条件下工资等于劳动边际产出率，利润率等于资本边际产出率，但对企业的性质没有做出令人信服的解释。科斯第一次运用交易费用研究企业存在的原因，他认为企业是竞争和交易费用节约的结果，但他没能把这种竞争和费用与企业的内部结构联系起来。

企业家理论和契约理论对此做出了贡献。企业家理论把企业看作一种人格化的装置，从企业"供给"的角度研究了企业内部结构。企业家理论的重要人物——奈（Frank Knight，1921）根据不确定性和企业家精神对企业的存在进行过讨论。他指出，在不确定性下，"实施某种具体的经济活动成了生活的次要部分；首要的问题或功能是决定干什么以及如何干"。"首要的功能"即指企业家的功能。因不确定性是无法避免的，企业家不得不承受不确定性。奈特的观点可以理解为，企业不是别的东西，而仅仅是一种装置，通过它，"自信或勇于冒险者承担起风险，并保证犹豫不决者或怯懦者能得到一笔既定的收入"。他将企业内企业家对工人的权威视为前者对后者提供保障的一种补偿。由于企业家承担着不确定性，所以他是雇佣者，掌握着指挥工人的权力[①]。

---

① 薛鹏. 企业理论的起源和发展：一个时间演绎视角［J］. 湖北经济学院学报，2007，11（6）.

其他对企业家理论做出主要贡献的有：柯兹纳（Kirzner，1979）的"经纪人"（middleman）、熊彼特（Schumpeter，1934）的"创新者"和卡森（Casson，1982）的"市场制造者"观点。

紧跟着企业家理论之后的是企业的管理者理论，它同样也对新古典企业理论提出了挑战。该理论的前身是柏利（Berle）和米恩斯（Means）于1932年在他们的创造性实证研究中提出的被称为"控制权与所有权分离"的命题。其假说是由于股份公司中股权的广泛扩散，企业的控制权已转入管理者手中。而企业的"所有者"也已被贬到仅是资金提供者的地位。最有名的模型是由鲍莫（Baumol，1959）、玛瑞斯（Marris，1964）和威廉姆森（Williamson，1964）提出的。鲍莫认为，管理者是在最小利润约束条件下追求销售收入的最大化；玛瑞斯认为管理者是在最小股票价值约束的条件下谋求增长的最大化；威廉姆森则认为，管理者是在最小利润约束条件下谋求效用函数（包括雇佣职员、获取报酬等）的最大化。

相比较而言，契约理论更关心企业的"需求"，把企业看作一系列契约，认为不同要素所有人在企业剩余索取和控制上不对称性的契约安排是企业的显著特征。企业是"企业家精神"和"一系列契约"的结合，是人们为了节约交易费用合作形成的具有专业化特点的组织。作为企业必然面临两个问题：

（1）尽管企业因节约交易费用而有潜在的利润，但由于不确定性，经营风险不可避免，企业收益成为一个随机变量，这就产生了一个保险问题，如何在不同企业成员间分配风险和收益？

（2）企业是一个合作组织，每个成员对企业收益的贡献难以度量，这就产生一个激励问题，如何使每个成员尽可能对自己的行为负责？

给定企业收益分布函数及企业成员效用函数，总的风险费用就是契约参与人的风险费用之和[1]。

---

① 根据奈特（Frank Knight）的"不确定性"和阿尔钦（A. Alchian）与德姆塞茨（H. Demsetz）的"团体生产"，经营风险与企业成员的行为高度相关，至少部分取决于风险的分配，关键是企业成员的相对重要性和监督的有效性，表现为风险费用和激励费用。风险费用为不确定性条件下预期收入与确定性条件下等价收入的差额。激励费用指最优契约安排下期望收益与既定契约安排下实际期望收益的差额。

由于与企业其他成员相比，经营者积极性丧失带来的损失更大，而且他的行为最难监督；尽管风险态度对最优委托权安排有某些边际上的影响，但在承担风险上，经营者比生产者更为厌恶风险。

因此，将委托人的资格交给经营者最优，因为他是风险的主要制造者而且最难监督。这样，经营成员通过承担风险和做决策取得企业家的身份，生产者就成为工人，企业也就成为企业家的企业。

二、企业契约及其设计的重要因素

新古典主义经济学主要关注市场的运行，因此提供的是一个简化的企业理论。该理论有三个基本要件：（1）技术；（2）利润最大化；（3）市场均衡。即企业是由代表技术的抽象生产函数描述；企业由利润最大化动机驱动；企业所面对的价格由市场均衡给定。而且整个新古典主义经济理论是构建在完全信息的基本理论前提之上的，经济运行（或者说市场交易）是无摩擦或无成本的。

在这样一种理想化、简单化的经济理论模型中，企业就被抽象为一个生产函数，主要功能是在一定的市场约束条件下，选择采用使其利润最大化的生产组合，将各种要素投入转化为产出。事实上，在新古典主义经济学家眼中，企业与其说是个"黑箱"，还不如说是一个使用要素进行生产的透明的技术机制。

不过，在现实经济运行中，重要的约束变量不仅是生产成本，而且还包括交易成本（即市场交易是有摩擦的）。科斯正是由于发现"利用市场是有成本的"，从而在1937年《企业的性质》一文中，立足于交易成本的概念，初步阐释了企业的起源与本质，由此奠定了新制度主义经济学的基石。也正是沿着科斯的思路，以交易成本作为基本分析工具，众多的经济学者对企业本质问题进一步进行研究，揭示出企业"黑匣子"的本质——契约安排，并对交易成本的产生予以了科学的解释。

由于交易成本概念的提出，并广泛地引入经济分析中，事实上导致了对新古典主义企业理论及相应市场理论前提的反思与修正，因而新制度主义企业理论自然而然被视为是对新古典主义企业理论的革命。

　　然而，当仔细分析二者对企业本质理论认知的演进脉络后，我们却发现二者是一脉相承的。

　　如前所述，在现实中，对市场交易主体来讲，信息并不是充分且对称的，市场交易也并不是无摩擦或无成本的。当我们放松完全信息的基本假定，由完全信息到不完全信息，那么信息的不完全（包括信息的不充分和信息的不对称），以及由此产生的市场主体的有限理性、契约的不完全性与机会主义，就会导致市场的运行存在成本或摩擦。在存在交易成本的经济体制中，企业的角色和作用就会发生变化，企业不再是仅仅对市场均衡价格做出反应的一个机制。如科斯所分析，企业可以通过内部化市场交易或者说用长期契约替代短期契约来节约交易成本，从而谋求利益。在这样一个研究视角下，对企业本质的理论认知也就演进为"契约安排"，更确切地讲，企业是要素市场的契约安排。

　　企业家概念为企业中不对称的契约安排提供了解释：企业内部成员分为委托人和代理人①，委托人拥有剩余索取权和对代理人的权威，代理人获取固定薪水并在一定限度内服从权威。

　　由于非负消费约束，一个人成为企业家往往受个人财富的约束（PWCR）②。由于经营能力一般不可量化或成本太大，一个靠借入资本成为企业家的人会有将资本运营成功后的收益归己而向他人推诿失败后损失的动机，相反，资

---

　　① 代理理论中委托方和代理方与标准委托—代理理论有所差异，标准委托—代理理论有两个基本假设：1. 委托人对随机产出没有贡献，完全依靠他人的努力；2. 代理人的行为不易被委托人直接观测到。这样，在激励约束契约中，代理人必须承担部分风险，当代理人为风险中性时，最优契约要求代理人承担全部风险（按委托权的定义，这样的最优契约实质上已把代理人变成了委托人）。一旦放松两个基本假设：1. 如果委托人对产出也做出了贡献，代理人的完全剩余索取权将导致委托人积极性扭曲；2. 如果花费一定的监督成本使代理人行为能够被观测到，一部分参与人的积极性会由于没有任何剩余索取而扭曲，结果一项剩余分享的契约可能劣于一方单独索取剩余的契约。标准委托—代理理论的这种不完善性反过来激发了委托权内生性的研究，根本问题出在谁是委托人谁是代理人。标准委托—代理理论假定资本与劳动间的契约安排是外生的，资本家是委托人、劳动者是代理人，它讨论的是委托人（股东或经营者）如何通过设计一种激励约束契约控制代理人（经营者或工人）；而代理理论的目的在于解释为什么资本家是委托人而劳动者是代理人。从某种意义上讲，标准委托—代理理论是代理理论研究工具，两者思维方式的差别在于标准委托—代理理论中代理人分享剩余是由于信息非对称，而代理理论中代理人分享剩余是因为委托人是风险厌恶的。

　　② 这一结论的论证参见：Evans David S. An Estimated Model of Entrepreneurial Choice Under Fiquidity Constraints ［J］. *Journal of Political Economy*，1989，Vlo. 97，№4，808－827，BFanchf，Fower David G. and Andrew J. Oswald. "What Makes An Entrepreneur？. Working Paper，Dartmouth College.

本所有者除非确有经营能力才行，不然不会拿自己的财产去冒险；因此，在经营能力的显示方面，资本所有者相对更具信息量。

显然，股份公司中经营者与资本所有者在公司监督和控制中的相对重要性非常重要。可见，股份公司是企业在利润最大化目标下为实现有效运营出现的一种契约选择形式，作为能力与财富的结合，其激励约束问题也就是证券契约的设计问题。因为股东和经理投票权也是可以通过公司的股权结构和他们在董事会中的位置予以明示的。因为企业产出作为团队的"组织租"①是由团队共同创造的，自然不能归某一方独占，而应由企业参与各方共同拥有。对于股份公司，企业家租金由资本所有者与经营者共同创造，证券的设计取决于资本所有者与经营者之间的谈判，企业发展一定是专用性资源持有者间谈判的一个合作博弈解。

因此，在信息非对称下，信息垄断一方的明示知识已足以应付监督者了，要求设计某种机制促使高能力的经营者在企业决策时将逐步公开自己的默示知识，提高企业的效率。问题的解决主要是依靠证券的信息交流机制，通过搜集相关信息确定公司资本所有者与经营者在公司中相对重要性的变化。

事实上，证券的设计就是这样进行的，通过建立一个有关企业参与人的相对重要性与企业剩余索取权相匹配的模型，用以说明证券作为一种公司控制的手段，是为了保证高能力的企业家获得对公司法人的控制。

对于某一具体企业，可通过其业绩评价指标体系对资本所有者和经营者对企业的贡献进行打分，进而对两者的重要性进行事后的比较，同时作为以后两者合作的事前指导②。应选择的指标可包括：

（1）资本所有者和经营者在企业决策中投票权的比例。

（2）确定企业各个部门的重要性系数；大中型企业对不同部门一般都做核心部门和支持部门等的划分。这些信息可从企业内部管理机制的设计上通过调查分析获取。

（3）对企业内部资金财务预算的运用情况；主要是看其使用效率如何，

---

① Aoki. M. The cooperative Game Theory of the Firm ［M］. Oxford：Clarendon Press，1984.

② 由于时间关系，笔者难以采集足够的经验数据来验证和说明如何建立一个指标体系来反映和量化它们，这里首先做一些抛砖引玉式的思考。

单位成本的资金收益多少。对于股份公司，可从公司向投资者（如股东、债权人）、内部管理者、税务工商部门的信息披露中予以了解。

（4）对不同行业、不同企业而言，内部收益率是不可或缺的重要指标，这可从市场的整体利润率和行业的平均利润率指标上获取相关的充分信息，从而建立一个可以量化的有关企业内含收益率的指标体系。

（5）不同企业根据具体情况确定以上指标的重要程度，即具体确定以上各个指标的权数。

尽管指标体系的确定一般是针对某一企业，但对某一行业甚至在宏观意义上，也可借助这个指标体系进行总量分析，来反映不同行业、不同国家在不同的制度和技术条件下资本和劳动的相对重要性。

因此，在证券的设计上需要通过信息的交流，以增加证券契约的有效性，使公司参与各方各尽其能、各尽其职。

三、企业证券契约的形式

证券设计理论就是在不断放松新古典理论（或者说是不断放松 MM 定理）某个方面的假设而形成的经济学分支。

假定经营者可以占有企业所有收入，公司举债就是最优的融资契约方式，因为企业家作为效用最大化的主体，在承担全部风险的情况下必然要求全部的净剩余收益 Y，而举债满足了他的这一要求（参照导论部分图导－1）。

但现实中信息不完全，贷款人一般无法判断借款人的优劣，也无法监督其借款后的行为；在银行提高利率时，信贷市场上出现将低风险项目借款人挤出信贷市场（逆向选择）和诱使借款人选择高风险项目（道德风险）的现象，造成贷款平均风险上升，那些愿意支付较高利率的借款人正是那些还款可能性较低的人，贷款人对风险和收益的考虑不能完全依靠利率机制，还要参照金融契约当事人给出的条件和公共信用评级等附加条件配给信用，由此，信贷配给现象出现了。可见，逆向选择和道德风险使企业债务契约的帕累托最优难以实现。一般而言，企业家的股份越多，无效率的公司控制或公司并购的概率越小，但在控制权收益和货币收益相分离的情况下，公司经理和股东之间存在代理问题，要求双方进行有效的补偿，以分担风险成本，避免非效率行为的发生，然而这种补偿不可能完全，因此，公司的剩余控制权掌握在谁手中影响重大。如果利益的冲突就发生在对公司剩余控制权之间，那么证券设计的任务就是解决这种冲突并使企业价值最大化。

证券设计具体的途径有两个：

（1）一定条件下，根据不同筹资者的特征来提供不同类型的金融契约，使每个可能的借款人根据自己的意愿去选择为他所属类型的金融契约；

（2）投资者通过各种获取信息的技术，从消除非对称信息开始解决代理问题。

前者关系到自我选择机制的可行性，如果可行，则是最优的，主要适用于债务契约的设计。而要实现企业价值的最大化。只有从消除信息非对称的角度，通过资本结构信号的传递，来克服信息的不足，为不同的外部投资者提供愿意支付款项的金融契约。股票带有投票权，而债券只有在企业破产后才有投票权，不同的资本结构对公司剩余控制权配置有重大影响，公司并购成功与否，不仅要看拥有决策权的双方是否支持，还取决于控制权和剩余索取权的制度设计，如受益方能否对受损方给予适当的补偿，这种外部性使企业面临企业所有者是谁、他们的谈判力如何等问题。这在很大程度上决定企业控制和并购的效率。

公有制下，一方面，经理在法律上只有控制权，没有货币剩余索取权，缺乏激励机制；另一方面，企业法律上的所有者是所谓的"全体人民"，不能对经理进行补偿，从而使得公有制下证券设计无法实现企业价值的最大化。国企改革首先必须使国有企业经理的私人利益与公司总收益对应，或创造出有赎买积极性和能力的股东，才能避免无效的公司控制和并购。由此得出的一般结论是：企业经理决策层的股份越多，补偿机制越完善，公司控制或并购就越接近于帕累托最优。

在均衡的资本和劳动力市场上，价格（利率和工资率）最能体现资本和劳动禀赋的相对重要性，由于企业十分注重权威，信息不完全决定了价格机制在企业契约安排上作用的有限性，因此，正是它们之间的不可完全数量化

即不确定性,导致了证券的不完全性。现实中,企业契约的可能形式有①:

(1)现货契约(spot contracts),这类契约就是企业现货市场上的商品交易②。

(2)连续现货契约(sequential spot contracts),假定雇员是同质的,那么雇主在替换雇员时,可避免替代费用的约束,很容易基于现货市场补充劳动力,该契约可视为一连串不间断的现货契约的联结。

(3)相机要求权契约(contingent claims contracts),企业所有权配置方案的有效选择依赖于参与人对未来的判断,它要求参与人能够预期可能事件发生的概率、设计相应对策并且保证对策的可行性;设未来事件有 a、b、c,参与人认为相应对策为 A、B、C,(A,B,C)就构成了一个相机契约。

(4)不完全长期契约,参与人可适当预期未来状态,并设计相机条款,但由于信息费用和有限理性的限制,预期不可能完美,所以契约条款总不能完整准确地表达未来事件。

这四种契约,相机要求权契约表达了完备契约的内容,它可最大限度地降低监督费用,但契约费用高昂;现货契约及连续现货契约恰恰相反,尽管契约费用相应较低,但依赖于契约自由及完全竞争的市场假定,监督费用很高;不完全长期契约处于两者之间。借用第一章的图 1-1 来看,左边纵轴代表了现货契约和连续的现货契约,右边纵轴代表了相机要求权契约;两者之间是不完全长期契约。由于企业涉及的交易一般都是复杂的,企业契约总表现出不完全长期的特征③。证券契约事实上就属于这一类,在长期的实践中证券契约相应也出现了不同的形式以适应现实中不同公司治理的具体要求,可概括为债券和股票。

理论上,企业的融资成本与资本结构无关,但如果考虑不同投资项目的不同风险程度,债券和股票作为不同的治理手段,与投资项目的保险相匹配,一般将影响公司的效率。一般而言,面临各种新的投资机会,不想改变他们

---

① Williamson, O. E. Markets and Hierarchies, New York: The Free Press, 1975.

② 比如雇用某人一小时劳动,支付 8 元报酬,这个雇用的契约即是现货契约。

③ 从另一个角度看,笔者认为 α_A、α_B、γ_A、γ_B 同时也是 β 的函数;也正是它们之间的不可完全数量化即不确定性,导致了证券的不完全性参照第一章图 1-1。

股权状况的企业家可利用债券以保证公司激励的稳定，同时把债券作为激励的制约手段以保证公司激励的有效性；但是债券需要得到如下要素的保障，否则投资者不会选择：

（1）定期支付固定利息；

（2）商业活动不断满足一定的清算要求；

（3）建立偿债基金，并在借贷到期时支付；

（4）在拖欠事件中债券所有者享有优先索赔权。

如果一切顺利，利息与本金到期支付，但在拖欠事件中债券持有者将意识到，在有争议的资产调配方面会有差异，优先索赔权的有效性将随资本专用性程度的加大而下降，这在风险投资的运作中最为明显。

因此，债券筹资的条款将会向不利于公司整体利益相反的方向进行调整，对此，公司也会做出反应，寻求有更大的可调配性的融资手段，它就是股票，它有如下特点：

（1）在收入和资产清算两方面，它对企业保留索赔权限；

（2）契约在公司的生命期间始终有效；

（3）设立董事会，进行企业决策和监督的事宜。

因此，公司特性对治理机制的内在要求是投资者必须关心专用性资本的特征，为了取得对公司的保留索赔权，投资者对董事会应该有"控制权"，事实上，股票作为一种相对麻烦的管理方式出现较晚，是公司治理中最后凭借的金融工具。债券与股票分别代表了证券不完全长期契约性质的两个方面：现货交易和连续性，公司所有权上的相机要求。

对公司融资决策的研究要求将债券和股票作为对投资项目的不同属性做不同反映的手段来区别运用，这在不同的产业竞争中尤为明显。对于公司的其他资金来源而言，债券和股票是公司不同的治理手段，其数量上的差异构成不同的公司治理结构。对于研究不同组织形式的企业契约理论来说，后者尤为重要。可以说，债券与股票的区别运用只是本书先前提出的节约交易费用这一命题的一个分支。

第二节　经理人与资本所有者的角色分化和博弈[①]

作为能力与资本的结合，证券实际上是企业内部人们用于解决代理问题以降低交易费用的契约安排。证券的设计就成为在增加企业家租金、使企业代理费用最小的目标下确定"谁应该作为委托人监督其他人的活动和拥有剩余索取权"的问题，这构成了金融契约理论的重要内容。

尽管资本所有者和经理人的委托代理关系和契约设计问题学术界已经进行了一定程度的探究，但研究主要都是在公司治理层面上的讨论，资本所有者和经理人的角色是已经明确固定的。现实中，资本所有者和经理人的角色并不固定，具有一定财富的经济人都具有成为资本所有者和经理人的可能性，有时候角色之间还会相互转化。为什么有一些经济人会成为资本所有者，有一些会选择成为经理人，是什么原因造成了角色选择的差异？在角色选择分化条件下，资本所有者和经理人如何达成合作协议，合理的契约安排应该是怎样的？这些问题对于理解证券契约是至关重要的，但从这个角度去探讨证券契约的研究并不多见。

一、经理人和资本所有者分化的模型分析

设经济中有某一代表性经济个体 i，其个人初始财富为 W_i，同时具有劳动技能和企业家才能，设劳动技能为 L_i，企业家才能为 A_i。个体 i 有两种职业选择方向：一是可以选择出卖劳动技能并同时把个人财富投资出去成为资本所有者；二是选择运用自己的财富，发挥自己的企业家才能，从而成为经理人，所以本书研究的"经理人"特指这类具备企业家才能且选择成为企业家的经济个体，如创业者和拥有一定企业决策控制权甚至拥有企业剩余索取权的职业经理人。如果个体 i 选择成为经理人，需满足的一个必要条件是：成

[①]　本节模型的建立，海南大学经济学院邝雄副教授做出了主要的贡献。

为企业家获得的收益必须大于出售劳动技能并成为资本所有者获得的收益。

（一）选择成为企业家的收益

我们首先考察个体 i 选择成为企业家获得的收益情况。个体 i 如果选择成为企业家，需要雇佣劳动和租用资本从事商品或服务的生产，设雇用的劳动要素为 L_h，租用的资本要素为 K_h。个体 i 是要素和商品的价格接受者，个体 i 面临的劳动要素 L_h 的价格为 ϖ，资本要素 K_h 的利息价格为 r，要从事生产的产品的价格为 P。企业产出的多少取决于三个投入要素：劳动要素 L_h、资本要素 K_h 和企业家才能 A_i（这里不考虑技术因素的变化，令其标准化为常量 1）。

假设产出是一个柯布—道格拉斯生产函数，并具有规模报酬不变的特征，则可以得到个体 i 创办企业得到的产出为：$Y = A_i K_h^{\alpha} L_h^{1-\alpha}$，其中：$\alpha$ 为资本的产出弹性，且满足 $0 \leqslant \alpha \leqslant 1$，$1-\alpha$ 为劳动的产出弹性。要获得这么多产出，个体 i 需要付出一定的成本，这里的成本就是雇佣劳动和租用资本所需支付的费用，即：$C = rK_h + \varpi L_h$。在没有外源和内源融资的情况下，成本必须小于或等于个体 i 的初始财富 W_i，否则就没法实现。在个人财富的约束下，个体 i 通过发挥企业家才能，选择最优的劳动雇佣量和资本租用量，生产和出售产品获得最大化利润，这也就是个体 i 选择成为企业家所能获得的收益。把这一过程用数学规划模型描述如下：

$$\underset{K_h, L_h}{Max} PY - C$$
$$S.\,T.\ Y = A_i K_h^{\alpha} L_h^{1-\alpha}$$
$$C = rK_h + \varpi L_h$$
$$rK_h + \varpi L_h \leqslant W_i \qquad\qquad (4.1)$$

设上述规划模型的拉格朗日函数为：

$$\Phi(K_h, L_h, \lambda) = PA_i K_h^{\alpha} L_h^{1-\alpha} - (rK_h + \varpi L_h) + \lambda(W_i - rK_h - \varpi L_h) \quad (4.2)$$

其中，λ 为广义拉格朗日乘数。使用库恩—塔克定理求解不等式规划问题，得最优解满足的库恩—塔克条件如下：

$$\begin{cases} \dfrac{\partial \Phi}{\partial K_h} = PA_i \alpha K_h^{\alpha-1} L_h^{1-\alpha} - r - \lambda r = 0 \\[3mm] \dfrac{\partial \Phi}{\partial L_h} = PA_i(1-\alpha)K_h^{\alpha}L_h^{-\alpha} - \varpi - \lambda \varpi = 0 \\[3mm] \dfrac{\partial \Phi}{\partial \lambda} = W_i - rK_h - \varpi L_h \geqslant 0, \lambda \geqslant 0 \\[3mm] \lambda(W_i - rK_h - \varpi L_h) = 0 \end{cases} \quad (4.3)$$

（1）考虑财富约束条件不起作用的内点解情形（$W_i - rK_h - \varpi L_h > 0$，$\lambda = 0$）

此情况下式（4.3）的最优解条件可简化为：

$$\begin{cases} PA_i \alpha K_h^{\alpha-1} L_h^{1-\alpha} - r = 0 \\[2mm] PA_i(1-\alpha)K_h^{\alpha}L_h^{-\alpha} - \varpi = 0 \end{cases} \quad (4.4)$$

求解式（4.4），可得最优解满足：

$$\frac{L_h^*}{K_h^*} = \frac{r(1-\alpha)}{\varpi \alpha} \quad (4.5)$$

由式（4.5）可知，个体 i 要想获得从事企业家的最大收益，在确定劳动和资本要素的租用量时，需考虑劳动价格和利息，以及劳动和资本各自的产出弹性大小。如果工资相对利息较高，劳动产出弹性相对资本产出弹性较小，则劳动要素相对于资本要素的使用比例应该减少。

只要按照式（4.5）的原则确定好劳动和资本要素的比率，就能够保证最大利润的实现。在规模报酬不变的情况下，只要确定好劳动和资本要素的比率，劳动和资本要素使用的规模越大，利润就会越大，所以企业家有不断扩张规模的内在动机。当规模扩大到一定程度，财富约束条件就要起作用。

（2）考虑财富约束起作用的角点解情形（$W_i - rK_h - \varpi L_h = 0, \lambda > 0$）

此情况下式（4.3）的最优解条件变为：

$$\begin{cases} \dfrac{\partial \Phi}{\partial K_h} = PA_i \alpha K_h^{\alpha-1} L_h^{1-\alpha} - r - \lambda r = 0 \\[3mm] \dfrac{\partial \Phi}{\partial L_h} = PA_i(1-\alpha)K_h^{\alpha}L_h^{-\alpha} - \varpi - \lambda \varpi = 0 \end{cases} \quad (4.6)$$

求解式（4.6）可得：

$$L_h^* = \frac{(1-\alpha)W_i}{\varpi} \quad (4.7)$$

$$K_h^* = \frac{\alpha W_i}{r} \tag{4.8}$$

式（4.7）和式（4.8）为个体 i 选择成为企业家，在自有财富为 W_i 且没有融资的条件下，为获得最大利润需雇用和租用的最优劳动量和资本量。此时获得的最大化利润为：

$$\left[PA_i \left(\frac{\alpha}{r} \right)^\alpha \left(\frac{1-\alpha}{\varpi} \right)^{1-\alpha} - 1 \right] W_i \tag{4.9}$$

（二）选择成为企业家的必要条件

如果个体 i 不选择成为企业家，而选择出卖劳动技能获得劳动报酬和出租个人财富获得利息收入，则这一种职业选择的收益为：

$$\varpi L_i + r W_i \tag{4.10}$$

式（4.10）构成了个体 i 选择成为企业家的机会成本或者保留收益。如果个体 i 选择成为企业家获得的收益小于出售资本和劳动的保留收益，则个体 i 就不会选择成为企业家。

用式（4.9）减去式（4.10），可得到个体 i 成为企业家的条件为：

$$\left[PA_i \left(\frac{\alpha}{r} \right)^\alpha \left(\frac{1-\alpha}{\varpi} \right)^{1-\alpha} - 1 \right] W_i > \varpi L_i + r W_i \tag{4.11}$$

由式（4.11）可得个体 i 成为企业家需满足的条件为：

$$A_i > \frac{\varpi L_i + (r+1) W_i}{P W_i \left(\frac{\alpha}{r} \right)^\alpha \left(\frac{1-\alpha}{\varpi} \right)^{1-\alpha}} \tag{4.12}$$

由此可知，只有当个体 i 的企业家 A_i 大于某一程度，满足式（4.12）时，他才会选择成为企业家，否则，他就会选择成为劳动者和资本所有者。如果经济主体的自有财富大到一定程度（即 $W_i > \bar{W}$），提供劳动的报酬相对于财富收入微乎其微，闲暇的边际效用大于提供劳动技能获得报酬的边际效应时，个体 i 可能就不会再提供劳动，而成为纯粹的资本所有者，此时企业家的参与约束条件就简化为：

$$A_i > \frac{(r+1)}{P \left(\frac{\alpha}{r} \right)^\alpha \left(\frac{1-\alpha}{\varpi} \right)^{1-\alpha}} \tag{4.13}$$

为了使分析的思路清晰，本章后边的分析将只考虑式（4.13）（即个体要么选择成为企业家，要么选择成为纯资本所有者）的情形。

由上述模型可知，由于不同个体企业家才能的差异性，每个个体的最优职业选择不同，经济社会就出现了企业家和资本所有者的分化。

二、经理人和资本所有者的不完全信息博弈分析

由上述模型可知，企业规模越大，个体 i 成为企业家获得的收益会越大，因此个体 i 具有对外融资以突破财富约束，扩大生产规模以获得更大利润的动机。假设经济中有另一经济个体 j 选择成为资本所有者，自有财富为 W_j，他可以把自有财富投资于个体 i 的企业，成为企业的股东，也可以把财富存入银行，获得资本利息 r。当个体 j 把资金投资于个体 i 的企业，两者之间就出现了证券契约，构成了委托—代理关系。在证券契约达成之前，也就是个体 j 决定投资于个体 i 的企业之前，个体 j 面临着一个问题，他无法直接观测到个体 i 的企业家才能 A_i，而个体 i 是清楚自己的企业家才能的，两者在企业家才能 A_i 上存在信息不对称，个体 j 需要在这种信息不对称的情况下做出是否与个体 i 进行合作的决策。

（一）经理人和资本所有者进行合作的不完全信息博弈

基于信息不对称的原因，本章这里使用不完全信息博弈模型来分析资本所有者和经理人之间的合作行为。首先假定经理人 i 和资本所有者 j 拟达成的证券契约里规定利润分成比例为：资本所有者 j 获得利润分成比例 s，经理人 i 获得分成比例 $(1-s)$。由于信息不对称，资本所有者 j 并不清楚经理人 i 的企业家才能类型，从而无法确定投资于经理人 i 所能获得的确定收益，所以只能进行主观上的预期来决定是否应该与经理人 i 合作。

简单起见，假设企业家才能有两种类型：一种是较高的企业家才能 A_i^h，另一种是较低的企业家才能 A_i^L。这里需注意的是，即使是较低的企业家才能 A_i^L，A_i^L 也必须满足式（4.13）的条件，否则个体 i 就不会选择成为企业家，也就不会出现这里讨论的资本所有者和经理人的合作问题。

令资本所有者 j 对经理人 i 的企业家才能类型判断的主观概率为：高企业家才能类型 A_i^h 的概率为 q，低企业家才能类型 A_i^L 的概率为 $1-q$。

资本所有者 j 的行动集合为：{合作，不合作}。经理人 i 的行动集合为：{经营，不经营}。

（1）如果资本所有者 j 选择合作，经理人 i 选择经营，则共有财富为 W_i+

W_j，通过经理人 i 的经营，依据式（4.9），创造的最大化利润 π_1 为：

$$\pi_1 = \left[PA_i \left(\frac{\alpha}{r} \right)^\alpha \left(\frac{1-\alpha}{\varpi} \right)^{1-\alpha} - 1 \right] (W_i + W_j) \qquad (4.14)$$

按照分成比例，资本所有者 j 获得的收益为 $s\pi_1$，经理人 i 获得的收益为 $(1-s)\pi_1$。

（2）如果资本所有者 j 选择合作，经理人 i 选择不经营，则公司是一个没有实质生产内容的公司，创造的利润都是财富的利息收入，此时的利润 π_2 为：

$$\pi_2 = r(W_i + W_j) \qquad (4.15)$$

同样，按照分成比例，资本所有者 j 的收益为 $s\pi_2$，经理人 i 的收益为 $(1-s)\pi_2$。

（3）如果资本所有者 j 选择不合作，经理人 i 选择经营，则资本所有者 j 获得利息收入，收益为 rW_j，经理人 i 获得的收益为没有合作的企业家利润 π_3：

$$\pi_3 = \left[PA_i \left(\frac{\alpha}{r} \right)^\alpha \left(\frac{1-\alpha}{\varpi} \right)^{1-\alpha} - 1 \right] W_i \qquad (4.16)$$

（4）如果资本所有者 j 选择不合作，经理人 i 选择不经营，则两者都只能获得财富的利息收入。资本所有者 j 获得的收益为 rW_j，经理人 i 获得的收益为 rW_i。

把上述的不完全信息博弈用海萨尼转换后的博弈树描述如图 4-1 所示。

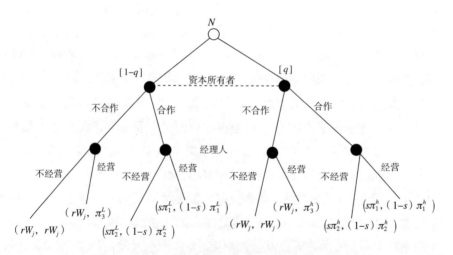

图 4-1　海萨尼转换后的资本所有者和经理人博弈树

其中，π_1^h、π_2^h、π_3^h 分别为高企业家才能类型 A_i^h 在第（1）、（2）、（3）决策情况下获得的企业最大化利润，π_1^L、π_2^L、π_3^L 分别为低企业家才能类型 A_i^L 在第（1）、（2）、（3）决策情况下获得的企业最大化利润。

（二）经理人和资本所有者的博弈均衡

1. 经理人的反应函数

（1）高企业家才能类型 A_i^h 的经理人 i 的行动选择。

如果资本所有者 j 选择"合作"，由于高企业家才能肯定满足式（4.13），所以 $\pi_1^h > \pi_2^h$。分配比例是固定的，为 $(1-s)\pi_1^h > (1-s)\pi_2^h$，所以经理人 i 的最优行动是"经营"。如果资本所有者 j 选择"不合作"，同样由于式（4.13）的条件，经理人 i 从事企业经营获得的收益要大于出租资本的利息收入，即 $\pi_3^h > rW_i$，其最优行动是"经营"。

所以，不管资本所有者 j 如何选择，高企业家才能类型的经理人 i 存在一个占优战略"经营"。

（2）低企业家才能类型 A_i^L 的经理人 i 的行动选择。如果资本所有者 j 选择"合作"，由于低企业家才能 A_i^L 仍然满足式（4.13）的条件，所以 $\pi_1^L > \pi_2^L$，从而 $(1-s)\pi_1^L > (1-s)\pi_2^L$，这种类型的经理人 i 的最优行动是"经营"。

如果资本所有者 j 选择"不合作"，同样由式（4.13）的条件，可得 $\pi_3^L > rW_i$，经理人 i 的最优行动还是"经营"。

所以，企业家才能为 A_i^L 的经理人的占优策略也是"经营"。

2. 资本所有者的反应函数

资本所有者 j 由于并不知道企业家类型，只能进行预期。如果他选择"合作"，由于不管何种类型的经理人 i 都会经营，其能获得的期望收益为：$qs\pi_1^h + (1-q)s\pi_1^L$；如果选择"不合作"，则不管经理人是何种类型，其获得的收益是一样的，为确定性的收益 rW_j。

只有当选择"合作"获得的期望收益大于选择"不合作"获得的确定性收益：

$$qs\pi_1^h + (1-q)s\pi_1^L > rW_j \tag{4.17}$$

也即对经理人 i 是高企业家才能类型 A_i^h 的主观判断为：

$$q > (rW_j - s\pi_1^L)/s(\pi_1^H - \pi_1^L) \qquad (4.18)$$

式（4.18）条件成立，则资本所有者 j 选择"合作"，否则就选择"不合作"。

3. 博弈均衡

根据经理人和资本所有者的反应函数，最终得到两者之间合作不完全信息博弈的贝叶斯均衡为：

（1）经理人 i 的最优战略：选择"经营"；

（2）资本所有者 j 的最优战略：如果 $q > (rW_j - s\pi_1^L)/s(\pi_1^H - \pi_1^L)$，选择"合作"；如果 $q \leqslant (rW_j - s\pi_1^L)/s(\pi_1^H - \pi_1^L)$，选择"不合作"。

最终得到的均衡结果是：

（1）当 $q > (rW_j - s\pi_1^L)/s(\pi_1^H - \pi_1^L)$ 时，资本所有者 j 投资于经理人 i，证券契约达成。

（2）当 $q > (rW_j - s\pi_1^L)/s(\pi_1^H - \pi_1^L)$ 时，资本所有者 j 不投资于经理人 i，证券契约关系不存在。

三、证券契约的经济模型分析

经理人和资本所有者证券契约的形成需要满足一定的条件，这些条件构成了证券契约谈判的前提和约束，只有满足这些约束条件，证券契约才能够最终达成。这些条件有：

（一）经理人和资本所有者的角色分化条件

如果经济社会都是经理人或者都是资本所有者，资本市场就要么都是资金的需求者，要么都是资金的供给者，资本的合作关系就不会发生，资本市场就达不到均衡。所以只有经济社会形成了经理人和资本所有者角色的分化，才有企业证券契约出现的可能。

依据式（4.13）企业家的参与约束条件，如果个体 i 是经理人，个体 j 是资本所有者，则证券契约成立的前提条件是：

$$A_i > \frac{r+1}{P\left(\dfrac{\alpha}{r}\right)^{\alpha}\left(\dfrac{1-\alpha}{\varpi}\right)^{1-\alpha}} \qquad (4.19)$$

$$A_j < \frac{r+1}{P\left(\dfrac{\alpha}{r}\right)^{\alpha}\left(\dfrac{1-\alpha}{\varpi}\right)^{1-\alpha}} \qquad (4.20)$$

令：

$$T_e \equiv \frac{r+1}{P\left(\dfrac{\alpha}{r}\right)^{\alpha}\left(\dfrac{1-\alpha}{\varpi}\right)^{1-\alpha}} \tag{4.21}$$

T_e 是经理人和资本所有者分化的门槛，如果经济个体的经理人的企业家才能大于 T_e，则他会选择成为企业家，否则就成为资本所有者。T_e 是资本要素价格 r 和产出弹性 α，劳动要素价格 ϖ 和产出弹性 $(1-\alpha)$ 以及产品价格 P 的函数。求 T_e 关于 r、ϖ 和 P 的一阶偏导可得：$\partial T_e/\partial r > 0$，$\partial T_e/\partial \varpi > 0$，$\partial T_e/\partial P < 0$。

由此可知，如果经济社会的资本要素价格 r 和劳动要素价格 ϖ 上升，会使得经理人成为企业家的机会成本增加，抬高企业家的门槛，经济社会的企业家数量就会减少，资本所有者则相对增加。如果社会商品价格水平上升，则成为企业家的获利增加，企业家的门槛则会降低，经济社会的企业家数量就会增加，资本所有者则会变少。作为经理人的企业家和资本所有者的数量变化，体现在资本市场上就是供求关系的变化，如果供不应求，则证券契约会有利于资本所有者，如果供大于求，则证券契约有利于经理人。所以，资本价格、劳动价格、产品价格的变化决定着资本市场上供求力量的变化，最终会作用到证券契约谈判的结果。

（二）经理人和资本所有者合作的参与约束条件

经理人和资本所有者的角色分化条件只是证券契约形成的必要条件，但并非充分条件，因为证券契约要能够达成，除了需要经理人和资本所有者的企业家角色的分化外，还需要满足双方合作的参与约束条件。满足双方合作参与约束条件的关键就是索取权（利润分配比例）的确定，这也是证券契约谈判的核心问题。

依据第三节博弈模型的分析，资本所有者 j 要选择"合作"，需要满足式（4.18）的条件，把式（4.18）进行变换，可得到证券契约索取权分配的一个约束条件是：

$$s > \frac{rW_j}{q\pi_1^h + (1-q)\pi_1^L} \tag{4.22}$$

式（4.22）条件如果能够满足，资本所有者合作的参与约束问题就能够得到解决，这一条件构成了利润分配比例的下限条件。令 $\bar{S}_d \equiv rW_j / [q\pi_1^h + (1 - q)\pi_1^L]$，表示资本所有者利润分配比例的下限值（反过来也可以理解为企业家分配比例的上限值），它等于资本所有者财富的利息收入 rW_j 比上经理人选择成为企业家进行合作经营创造的期望利润 $q\pi_1^h + (1 - q)\pi_1^L$。把期望利润的表达式展开，可得到 $\bar{S}_d$ 的具体形式为：

$$\bar{S}_d = \frac{rW_j}{\left(\left[qA_i^H + (1 - q)A_i^L \right] P \left(\frac{\alpha}{r} \right)^\alpha \left(\frac{1 - \alpha}{\varpi} \right)^{1-\alpha} - 1 \right)(W_i + W_j)} \quad (4.23)$$

由式（4.23）可知，利润分配比例的下限值 $\bar{S}_d$ 是受多个因素影响的，其中既包括资本要素、劳动要素和产品的价格 r、ϖ 和 P、资本和劳动的产出弹性 α 和 $(1 - \alpha)$，资本所有者和经理人的自有财富 W_j 和 W_i，还包括不同类型经理人的企业家才能 A_i^H 和 A_i^L，以及资本所有者对不同类型经理人的判断 q 和 $(1 - q)$。求 $\bar{S}_d$ 关于 W_i，W_j 和 q 的一阶偏导可得：$\partial \bar{S}_d / \partial W_i < 0$，$\partial \bar{S}_d / \partial W_j > 0$，$\partial \bar{S}_d / \partial q < 0$。由此可知，经理人作为企业家的自有财富越多，给资本所有者的利润分成比例的下限就可以更低，而如果资本所有者的自有财富高，其利润分配比例的最低限就需要提高。在这里，个人的自有财富就代表了索取权分配的一种话语权，哪类主体的自有财富多，利润分配比例的界限就会倾向于哪类主体，体现了证券契约谈判中资本的相对重要性。

此外，如果资本所有者对高企业家才能的判断概率 q 低，会降低到其投资预期收益，为了能够让资本所有者参与合作，利润分配比例的下限就应越高。这意味着，就算具备高企业家才能的经理人在社会上是一种稀缺资源，但这并不意味着利润的分配就会有利于经理人，因为高企业家才能的稀缺在信息不完全情况下会降低资本所有者的预期，提高了其参与约束。所以，发送信号提高资本所有者对高企业家才能类型的经理人价值的预期，对于企业家的证券契约谈判是至关重要的。

跟资本所有者一样，经理人要选择和资本所有者合作而不是完全用自己的资金经营，也存在一个参与约束条件。如果经理人 i 选择，自己的资金经营，其获得的收益是式（4.16）的 π_3，如果经理人 i 选择和资本所有者 j 合作，创造的利润是式（4.14）的 π_1，如果确定给予资本所有者的利润分成比

例是 s，则其选择合作获得的收益是 $(1-s)\pi_1$。所以，经理人 i 合作的参与约束条件是：$(1-s)\pi_1 > \pi_3$，由此可得，证券契约索取权分配的另一个约束条件是：

$$s < \frac{W_j}{W_i + W_j} \qquad (4.24)$$

同样，令 $\bar{S}_u \equiv W_j / (W_i + W_j)$ 表示资本所有者利润分配比例的上限值（或者作为企业家的经理人利润分配比例的下限值），它等于资本所有者的自有财富占资本所有者和作为企业家的经理人的财富之和的比重。也就是说，要想让经理人接受资本所有者的投资，资本所有者获得的利润比例不能超过其资本所占份额，而经理人由于付出了企业家才能，其获得的利润分配比例至少应大于其所占的资本份额。求 $\bar{S}_u$ 关于 W_j 和 W_i 的一阶偏导，易得：$\partial \bar{S}_u / \partial W_j > 0$，$\partial \bar{S}_u / \partial W_i < 0$。由一阶条件可知，资本所有者的自有财富越多，其利润分配比例的上限就会越高，而经理人的自有财富越多，资本所有者的利润分配比例的上限值就应越低，这里同样体现了资本在证券契约中的相对重要性。

（三）证券契约的函数关系式

综合式（4.23）和式（4.24）经理人与资本所有者合作的参与约束条件，可以得到一个证券契约，资本所有者索取权分配 s 必须隐含着如下条件：

$$\frac{rW_j}{\left\{\left[qA_i^H + (1-q)A_i^L\right]P\left(\frac{\alpha}{r}\right)^\alpha \left(\frac{1-\alpha}{\varpi}\right)^{1-\alpha} - 1\right\}(W_i + W_j)} < s < \frac{W_j}{W_i + W_j}$$

$$(4.25)$$

式（4.25）表明了 s 的取值区间，至于最终 s 取区间中何值则取决于经理人和资本所有者双方的谈判力。谈判力与市场中经理人和资本所有者的数量有关，如果角色分化使得市场中有企业家才能的经理人少，资本所有者多，则经理人资源相对稀缺，资本供给相对充足，这种市场结构下经理人的谈判力就要大于资本所有者的谈判力，最终资本所有者索取权分配 s 会偏低；如果是经理人多、资本所有者少的市场结构，s 则会偏高。决定经理人和资本所有者市场结构的因素就是经理人和资本所有者角色分化的门槛条件 T_e。如果 T_e 高，则市场中经理人少，资本所有者相对多，s 就偏低；如果 T_e 低，则 s 就偏高。

把经理人和资本所有者角色分化的门槛条件作为索取权分配 s 的一个调节条件，结合式（4.21）和式（4.25），可以得到证券契约的一种表述形式：

$$s = \frac{W_j}{W_i + W_j} - \delta T_e = \frac{W_j}{W_i + W_j} - \delta \frac{r + 1}{P \left(\frac{\alpha}{r} \right)^\alpha \left(\frac{1 - \alpha}{\varpi} \right)^{1-\alpha}} \quad (4.26)$$

并且：$s > \dfrac{rW_j}{\left\{ \left[qA_i^H + (1 - q)A_i^L \right] P \left(\frac{\alpha}{r} \right)^\alpha \left(\frac{1 - \alpha}{\varpi} \right)^{1-\alpha} - 1 \right\} (W_i + W_j)}$

其中，$\delta > 0$，表示经理人的企业家才能门槛条件 T_e 对资本所有者索取权分配的调节系数。式（4.26）就是本书经济学意义上的证券契约函数关系式。由函数关系式可知，证券契约实质上是资本所有者和经理人的自有财富、资本要素和劳动要素的价格及其产出弹性、产品价格水平，以及经济社会中存在的具备企业家才能类型的经理人及对他们的类型判断的复杂函数。

（四）结论

一个证券契约的达成取决于：

1. 契约谈判双方的自有要素（自有财富），实际上是整个经济社会的市场状态（劳动、资本、商品的价格）和技术状态（要素的产出弹性）；

2. 企业家才能的分布和信息不对称程度都会影响到证券契约谈判的最终结果；

3. 不同国家的社会因素。

四、社会因素的分析

通过以上分析，可以发现讨论证券契约及其设计的问题，不能仅仅局限在契约参与者的个人因素上，其背后隐含的社会经济因素以及这些因素形成的契约约束条件是值得进一步探究的，这些社会因素不能通过模型进行分析，但可以归纳为以下几点进行探讨：

（1）证券契约的设计是经济机制的设计的重要组成部分，是充分信息相对对称基础上的企业经济机制的设计，与整个社会机制体系是融合的，而且必须是融合的，不能形成国有企业垄断格局甚至击垮民企的状况，这会导致国有企业的运行机制与整个经济机制和社会机制的不相容。

（2）对企业效率以及企业所有权的讨论可以从以上分析中得出的结论是企业的内部治理也离不开竞争机制的引入，而且其中人格化的资本是市场竞争机制发挥作用的基石，相对非人格化即具体投资人缺位的国有资本的位置应该是外部监督作用而非决策人作用，因为在国有企业里并非一股独大就有效率，关键在于信息交流和监督机制的形成，而这需要引进市场竞争机制，混合所有制的治理模式是可取的，而且人格化的资本要有决策权，这些国有企业内部股权结构的安排以及治理机制的安排技术上是完全可行的，也是中国经济发展到一定阶段的需求。

（3）政府作为国有资本的代理人，不管是什么层级的国有企业国有股的董事，都面临对全民负责、接受全民监督的问题，那么政府职能的回归就是促进就业、社会服务以及国家安全，政府机构人员不可能无限制扩张，能够做好以上事情就好，而做好这些事情最关键的衔接点就是税收。没有税收，政府的社会服务和国家安全职能的实施就是空中楼阁。而税收的来源是个人就业、企业发展提供的所得税和流转税，从这个角度看，混合所有制是有现实必要性的，而且刻不容缓，政府职能的定位特别是市场定位，必须体现在国有资本管理的这些思路的改革上，在国有企业的效率提高的同时，政府才能在维护市场、培育市场、解决就业、增加税源和实现社会服务（如解决老小残障等弱势群体的医疗教育）方面集中精力，消除市场竞争造成的先天性不公平问题，形成经济机制与社会机制运行的相容性，为经济发展的良性循环提供长效机制。

第三节　企业所有权的安排与企业治理

一、企业治理主体的多元化

在探讨企业治理问题之前，有必要区分产权与物权[①]：

---

① 杨瑞龙，周业安．一个关于企业所有权安排的规范性分析框架及其理论含义——兼评张维迎、周其仁及崔之元的一些观点［J］．经济研究，1997（1）.

（1）物权仅指法律赋予某人的排他性权利，是法律赋予某物的归属权。而产权已从单纯的物权转化为人的利益的权利，它与人权已结合在一起，只有在不同所有者间发生利益关系时才有意义，是物进入实际经济活动后引发的人与人之间相互利益关系的权利界定，这一界定可以是明确的（如法律规定），也可以是隐含的（通过道德、习俗等加以承诺或默认）。

（2）物权侧重物的状态描述，而产权关注经济活动中人的行为。

（3）产权比物权有着更广的外延，如以某种方式使用他人财产的权利、摆脱遭受侵害的权利、因发生欺诈而得到赔偿的权利等，一定条件下，所有者在财产转让上有充分的自由，物在财产权中的角色甚至不可思议地消失了。

（4）与物权相比，产权的行使将受到某种限制。这种限制可能来自禁止某人利用自己的权利去损害他人的社会强制[1]，又可能来自产权的分解[2]，还可能是人们的理性选择本身[3]。

承认产权与物权的不同含义，就能推导出企业治理主体多元化的结论。

（1）企业契约的当事人合作前原则上是独立平等的产权主体，但由于个人特征和自然状态的制约，决策时，某一方可能会屈从于另一方而导致博弈结果的不平等，这是企业各产权主体理性选择、谈判力的反映。

（2）企业契约各方人力资本的专用性。合作中有些人具有专门技术或拥有特定信息，他们投入的资本在再分配方面有很大差别，从而使资本具有专用性（威廉姆森，1975）。企业剩余是专用性资本创造的，这种成果显然不能无限可分。因为给定投资的专用化程度下的个体水平都是不确定的，一个具有某种专用性人力资本的人若要退出企业，会给企业带来损失，它是人力资本所有者参与企业治理的重要依据，进而可能改变各方的谈判力和既定的利益状态，而这种能力又难以进入市场进行定价交易，因此，只有满足专用性资本所有者的参与约束，企业才能在市场中维持下去，资本的专用性影响企

---

[1] 如社会不允许拥有汽车的人任意开进别人家的院子，但这种禁止并不妨害双方对汽车和院子的拥有。

[2] 产权分解意味着同一产权结构内存在着多种权利，每一种权利只能在规定的范围内行使，超出这个范围就会对其他权利造成损害，从而要受到其他权利的约束。

[3] 如果产权的行使不受限制，决策的外部性就难以内部化，极端的自利会导致冲突的激化，也会损害个体本身。因此理性人行使产权时会自觉考虑约束条件，把相关者的利益也纳入保护的范围。

业所有权的安排。

（3）企业契约的不完备①。企业契约是个体选择的结果，但选择总有限制。如本期雇主有损于企业或雇员的行为被雇员观察到，并且雇员能预期到这些行为将损害其下一期的收益，那么该雇员将被迫减少本期的人力资本投资，其结果反而不利于雇主；对于雇主，一个雇佣期的结束并不意味着责任和义务的完全终结，相反，他应自动变更补偿条件或者主动披露有利于企业和雇员的信息，以吸引雇员继续合作，这反映了企业治理机制演变过程中利害关系各方不断的冲突与合作，企业所有权的现实安排是企业各方限制性选择的均衡解。

（4）企业作为团队表现为企业的价值依赖于利害关系各方之间的合作，任何一方的随意退出或机会主义行为都可能使对方的利益遭受损失；同时，相互依赖的资本也是相互特异的，从而存在着替代成本，为保护依赖性资源免于受损，团队成员只有缔结长期契约，以确保一个可预期的补偿。企业产出作为团队的"组织租"②，是由团队成员共同创造的，自然不能归某一方独占，而应由企业参与各方共同拥有，企业所有权的分配还取决于人力资本与非人力资本所有者之间的谈判。

可以说，企业治理主体的多元化是现代产权内涵的逻辑延伸，企业治理主体平等而又相互关联，共同组成包括股东、债权人、经理、生产者、消费者、供应商及其他有关利益主体在内的"利害关系各方"，在承认自身权益的合理性、合法性的同时，强调应考虑对他人权益的尊重。

二、企业所有权及其资本管理

作为企业治理的客体，企业所有权首先表现为剩余索取权，谁拥有剩余索取至关重要，因为它影响企业参与人事后的既得利益。但由于企业契约的不完全，组成企业时，参与人什么情况下干什么和得到什么，没有明确说明，须依赖于企业当事人的谈判，以取得一定暗含的权利，通常包括监督权、投

---

① 传统契约理论坚持"随意原则"，认为每一时刻都标志着一个契约的终结（完全被执行）和另一个契约的开始，不再有任何其他义务牵连，这种"随意原则"只适用于物物交换的完备契约。

② Aoki. M. . The cooperative Game Theory of the Firm ［M］. Oxford：Clarendon Press，1984.

票权等，这就是企业控制权。剩余索取权与控制权合称为企业所有权①。当然把企业所有权的安排描述成剩余索取权与控制权的分配，太过笼统。巴泽尔（1989）创造了"公共领域"概念②，证明了具有公共特征的剩余权利不在明示契约中，一旦相对应的控制权不能匹配，参与人就可能实施机会主义行为，导致激励机制的扭曲或软约束。

事实上，权利作为客体总与相应的主体有关，企业治理主体的认定及其之间的关系都会赋予企业所有权不同的内容，剩余索取权与控制权的对称安排还取决于制度环境和参与人的谈判。制度主要通过法律形式规定了企业参与人的平等地位，以及他们行为合法性的规范标准，目的是在保证契约自由的过程中贯彻公平。

给定制度环境，契约的安排取决于产权主体间的谈判。下面借用罗宾斯坦英（Rubinstein. A. 1982）的轮流叫价谈判模型③来分析制度环境和谈判力的影响：

设有两人分蛋糕，A 先出价，分配方案为 c_1，B 接受或拒绝；接受，博弈结束；拒绝，则参与人 B 提出分配方案 c_2，A 接受或拒绝，接受，蛋糕按 c_2 分配，拒绝，A 再出价，如此往复，设 A 和 B 的贴现因子分别为 p_1、p_2，博弈在 t 期结束，t 期由参与人 i 出价，A 支付贴现值 $\pi_1 = p_1^{t-1} - c_i$，B 支付贴现值 $\pi_2 = p_2^{t-1}(1 - c_i)$。这是一个完美信息博弈，在无限期轮流出价博弈中，唯一的子博弈精练纳什均衡为：

$$c^* = (1 - p_2)/(1 - p_1 p_2)$$

设 A 是雇主，B 是雇员，蛋糕就是企业所有权。A 在劳动力市场上挑选雇员，B 在资本市场上挑选雇主与此类似，双方凭借自身资本展开博弈，作为产权主体，他们形式上平等，具有相似的获利机会，但对环境的适应力不同，一方面，人力资本难以度量，B 很难显示其真实的人力资本，而财富信

---

① Milgrom Paul and John Roberts. Economics, Organization and Management [M]. NewJersey: Prentic-Hall International, Inc, 1992: 191 - 193.

② Barzel, Y. Economic Analysis of Property Rights [M]. Cambridge University Press, 1989.

③ Rubinstein, A. 1982, Perfect Equilibrum in a Bargaining Model [J]. Econometrica, 1982 (50): 97 - 110.

号能充分显示 A 的能力，且具备完全的可抵押性，在初始谈判中，A 具有明显的谈判力优势，也很清楚 B 的处境，因此，由他提出 c_1，要求企业所有权，B 不得不暂时放弃对企业所有权的要求，这就是古典资本主义的真正含义。

可见，雇主获得先动优势是由于谈判力这一外生差异造成的，这还说明博弈的均衡结果是 p 的函数，资本量越大，越有耐心，对普通雇员来说，给定正常的人力资本，也就给定了 p_2 的值，当 p_1 趋近于 1 时，$c^* = 1$，雇主得到全部企业所有权，雇员的 p_2 一般较小，甚至趋近于 0，如现货契约。而且即使 A 天生没有耐心，B 仍不能得到全部企业所有权，除非 $p_2 = 1$，雇员在第一阶段就选择拒绝，那么在第二阶段提出 c_2，要求企业所有权，且 A 选择接受，B 也不会得到足量的所有权，所有权的份额贴现到第一阶段只值 p_2。这也验证了信号显示原理的重要意义：由于初始阶段人力资本缺乏有效的信号显示机制，无法表达自己的实力，这就必然使劳动者在劳动市场上遭受逆向选择的困扰，从而无法占据主动。因此，企业所有权安排的初始契约常常是资本所有者单边治理。只有当参与人谈判力发生变化时，参与人的耐心程度也发生相应变化，此时，分配方案取决于 δ 的相对大小：

如，当 $p_1 = 0.9$，$p_2 = 0.5$ 时，$c^* = 0.91$；

而当 $p_1 = 0.5$，$p_2 = 0.9$ 时，$c^* = 0.182$。

这预示初始契约并不稳定，在多阶段的博弈中，B 的人力资本能有效地显示出来，谈判力和耐心程度不断提高，迫使 A 承认 B 的权益，结果 B 分享部分企业剩余，参与治理，企业所有权由集中走向分散，初始的企业契约得以边际修正。

事实上，即使不考虑雇员的产权权益，只要存在两个以上的资本所有者，企业所有权的分配仍视为分散的，如合伙制，若考虑经理的"联体企业家"身份，最优的企业所有权安排还包括经理与股东的剩余分享制。这里，可把证券设计中影响企业所有权安排的所有因素抽象为两类：

（1）制度环境①。一个局限条件最小化的制度环境是契约自由，没有人能够随意处置别人的权利。当把公平理解为机会平等时，最大限度地保障契

---

① J. M. 布坎南. 自由、市场与国家［M］. 上海三联书店，1989：149 – 150.

约自由的制度环境能较好地实现公平和效率的统一；如果让契约自由服从于某个"社会意志"，必然会对契约各方或某一方的谈判空间进行不公平的限制，这不仅破坏了公平目标本身，而且还损害了契约的效率，只会增加交易成本。

（2）谈判力。这属于企业参与人作为个体特征的外生差异。给定制度环境，那么证券设计过程中企业所有权安排与参与人的谈判力有关。当参与人之间的谈判力相差较大，单边治理的契约就会被选择；当谈判力差距不大时，共同治理契约便成为均衡形式，特别地，当 $c^* = 1/2$ 时，合伙制产生，而要求企业所有权分散分布于利害关系各方的契约形式则常见于股份公司。

可见，制度环境和谈判力对企业的影响体现在对参与人策略空间的制约上，它主要来自法律，以及习俗、道德、个体的特征等非正式的制度安排，而且，制度环境和参与人的谈判力都是可变的。那么，在企业所有权的动态安排中谁更重要呢？

设 r 为企业价值，$r \in [0, R]$，R 为企业最大市场价值；c 为股东预期收益，s 为工人工资，i 为债权人的本息；这里 r、s、i 和 c 都为现值。一般而言，工人的索取权优于债权人，债权人的索取权优于股东。当企业参与人处于以下状态：

（1）$s + i < r < s + i + c$，股东在企业治理机制中居于支配地位；

（2）$s \leqslant r < s + i$，债权人处于支配地位；

（3）$r < s$，工人处于支配地位；

（4）$r \geqslant s + i + c$，要求保证利害关系各方的利益。

在以上（1）、（2）、（3）三种情况下，企业处于破产状态，利害关系各方一旦预期自身利益遭到损害，且企业契约难以为继，预期损失最大的一方会相机取得支配权[①]，显然，破产状态下，企业经理由于无能而不能成为企业所有权的支配者。第（4）种情况为企业的持续经营状态，但经理未必能成为支配者，因为企业决策一般是经理听取其他利害关系各方的意见后做出的，重要的是企业所有权是怎样从集中对称逐步走向分散对称，只要利害关系各

---

① 张维迎. 所有制、治理结构及委托—代理关系 [J]. 经济研究, 1996（9）.

方有长期的合作关系，企业治理的边际调整就会趋于最优，每个参与人都能得到应该得到的。这里以股份公司为例。

假定资本家 A 与经营者 B 组成股份公司，最优契约为 $L'(A', B')$，A'、B' 分别为 A 和 B 的股权份额，A 与 B 展开博弈，并达到初始契约 $L_0(A_0, B_0)$，现实中，由于资本信号显示机制存在差异，B 的人力资本价值被低估，有：

$$A_0 > A'(A_0 + B_0)/(A' + B')$$
$$B_0 < B'(A_0 + B_0)/(A' + B')$$

假定 1 期开始执行初始契约 L_0，由于 B 在边干边学中不断投入专门技能和信息，内部劳动力市场的信号显示机制开始显示 B 真实的人力资本，B 的谈判力提高，1 期结束时，B 和 A 重新达成企业契约 $L_1(A_1, B_1)$，有：

$$A'(A_0 + B_0)/(A' + B') < A_1 < A_0(A_1 + B_1)/(A_0 + B_0)$$
$$B'(A_0 + B_0)/(A' + B') > B_1 > B_0(A_1 + B_1)/(A_0 + B_0)$$

理论上企业所有权的最优安排为：

$$A'/(A' + B') = A_1/(A_1 + B_1)$$
$$B'/(A' + B') = B_1/(A_1 + B_1)$$

因此，只要资本家和经营者是理性的，他们就可长期合作，保证公司所有权安排的相对稳定与边际调整的持续，但现实中这还需考虑交易的技术结构和企业制度的适应性。所谓制度的适应性指确定一个经济随时间演进方式的各种规则。企业制度的适应性包括企业学习、创新、承担风险以及解决不同时间人们意愿的能力。新古典给出的制度的效率标准是多重的，这里采用纳什均衡来说明这一问题，"如果某人在他人不受损的情况下就不能受益，该制度就是帕雷托最优。"

上述把均衡的契约安排看作是权衡契约费用和监督费用的结果。假定生产费用不变，一个有适应性的企业制度首先最能节约交易费用，第一章的图 1-1 中,Q 点符合这一要求，交易的复杂程度有重大影响，而一项交易的复杂程度取决于对交易对象特征值的界定，如果交易对象的特征值比较容易界定，成本较低，那么一定是简单交易，反之，是复杂交易①。设单边治理契约为 A 型契约（资本家独占企业所有权，如业主管理型的资本主义企业）和 B 型契约（工人独占企业所有权，如阿尔钦—德默塞兹企业）；共同治理契约为 AB 型 [如合伙制、股份公司（股份两合公司）]。

（1）如果是简单交易。产权的界定、转让及契约谈判的成本都是低的，GC1、GC2 和 GC 都将较低，契约不存在"公共领域"，企业所有权的归属将很明确，A 型契约、B 型契约、AB 型契约中的合伙制企业就会出现。

（2）如果交易复杂程度中等或较高。要视具体情况而定，如聘用企业部门经理，现货契约不能保证聘用者诚实和勤奋，雇员的替代成本也构成了约束，"公共领域"产生了。只要契约一方愿意支付 GC2，并且 GC2 的增加能被 GC1 的节约抵消，那么，该方就可占有企业所有权，成为监督者，如果 GC2 不高，A 型契约也有效。但如果 GC2 的增加不能被 GC1 的节约抵消，这种情况就成为双边垄断，如果双方相互依赖，则适用 AB 型契约，因为只有在共同分享企业所有权的条件下，双方的机会主义行为才最弱，GC2 才能被节约，这种契约的表现形式可能是合伙制企业，但如果权利的分配还涉及产出问题，企业所有权分配给更有能力、更难监督的一方，不仅会节约交易费用，还会增加产出，成为一方出资本、一方出能力，股份公司显然是最佳选择。

因为劳动分工主要是基于专业化，企业制度的演进不仅仅与交易费用有关，而且与分工水平有关，契约可能带来的专业化经济的基础是参与人知识的累积②，让信息垄断一方分享剩余，就会使他们把企业发展当作自己的事业，决策时将逐步公开自己的默示知识，就可提高企业的效率，当然，我们不排除股份公司的共同治理可能形成股东权益削弱或企业内部决策时滞的可能，但企业目标不应只是股东利益的最大化，企业应该追求自身适应力的提高，通过提高企业价值来满足利害关系各方的利益；而且，单边治理条约也

---

① 如当人力资本作为交易对象时，若只是招一个钟点工，则不需花费多少界定成本，就可达成交易；但如果招负责生产线的工程师就复杂了，买方必须花大力气来评价卖方提供的人力资本的真实水平，并确定相应的价格。因此，交易的复杂程度不同，买卖双方的谈判结果和以契约形式的选择肯定有差别。

② 汪丁丁. 知识沿时间和空间的互补性以及相关的经济学 [J]. 经济研究，1997（6）.

会发生决策时滞，因为生产者可以采取工会等集体行动与雇主对抗，破坏性不亚于董事会中的争执，另外，由于默示知识在单边治理契约中无法获取生产者努力程度的信息，也不能保证决策的有效性，相比之下，在复杂交易条件下，共同治理有明显的优势。

对于股份制企业来说，企业的资本供给者既可以作为股东向其投资入股，也可以作为债权人向其贷款。当企业有偿债能力时，股东即作为企业的所有者，拥有剩余索取权和控制经理的权力，此时债权人只是合同收益的要求者。股东控制企业的方式可通过"用手投票"和"用脚投票"两种方式，究竟哪种方式更有利于企业价值目标的实现，则又与股东的结构和资本市场的发育程度有关。如果资本市场较为发达、股东较为分散，"用脚投票"较为有效；反之，如果股东较为集中、资本市场不太发达，"用手投票"则较为有效。

当企业偿债能力不足时，债权人就获得了对企业的控制权，成为实际的剩余索取权，进而有更大的激励做出适当的决策。债权人控制的方式主要有清算和重组两种：清算是将企业资产拆开卖掉，收益按债权的优先序列分配，它的结果是经营者"下岗"；重组是利益相关者（股东、债权人和经营者等）就是否和如何重组负债企业的负债及资产进行协商的过程。破产企业的债务重组涉及债转股、延期偿债、新的资本注入等，而资产重组包括不良资产的剥离和化解、经营方向的改变及适当生产技术的采用等。选择何种方式则取决于债权人的集中程度和资本市场的发达程度①。如果债权人相对分散，资本市场较为发达，重组的成本较高，则清算的可能性大；相反，在债权人相对集中、资本市场较不发达的情况下，考虑到当事人之间的交易成本，重组的可能性较大。从其对经理的约束作用而言，清算可能比重组更有效。

由于股东的控制方式与债权人有很大不同，所以，控制权在股东和债权人之间的分配使资本结构对企业经营者行为的约束就具有重要意义。最优的企业所有权安排是通过形成最优的资本结构，最有效地解决经营者选择和经营者激励问题。从一定意义上讲，资本结构可以成为企业所有权安排的工具。

再从市场和技术角度探讨资本结构与企业所有权的最优安排：将宏观市

---

① 王红一. 公司法功能与结构法社会学分析［M］. 北京：北京大学出版社，2002：252–253.

场条件和各企业不同的产品市场与资本市场条件及技术条件结合起来，可以看出，由于每个企业所面对的市场与技术条件不同，导致每个企业的股权代理成本与债权代理成本不同，为了使企业的价值最大化，在考虑企业各要素所有者之间的契约关系和破产成本的情况下，通过最大化现金收益流量和控制权可以导出各企业不同的融资形式和资本结构，进而得出最优的债务比及相应的企业所有权安排。

（1）在假定其他条件不变，仅考虑市场经济条件的情况下，企业的融资策略取决于其经营利润率 R 与利率 I 的比较，当市场产品供不应求时，$R > I$，此时企业经营风险小，因而企业债务融资的风险较小，故可适度增加债权融资；当市场产品供过于求、企业处于经营萧条时，出现 $R < I$ 的概率增加，经营风险增加，企业债务融资的风险也因此增加，从而企业易产生亏损而侵蚀其股东的权益，此时企业应减少债权融资，否则将出现财务危机。

（2）企业的融资策略还可以考虑企业间的市场竞争程度和破产概率。如果企业间的竞争程度激烈，必然造成企业经营利润率 R 的下降，此时企业要保持与同行企业相同的破产风险概率，必须尽快缩小企业的债权融资，并避免再举新债；如果两个企业的经营条件相同，在竞争的环境中以及相同的经营利润率下，一个企业要避免先于另一个企业破产，必须使其债务比小于另一个企业，由此可找到对应的债权融资比例；如果企业没有固定的竞争对手，企业则可将同行的全体企业看作是自己的对手，同样的方法可导出企业避免比同行企业先行破产的债务比，由此确定相应的融资结构[①]。

不同企业面临的市场与技术条件不同，决定了不同企业应该有不同的相对于外部市场条件的最优融资结构。同时，对于同一企业而言，随着其外部市场条件的变化，其不同方式的融资成本也会随之变化，从而也就决定了最优融资结构或资本结构的变化。因此，无论是债权融资还是股权融资，都是一定条件下的产物。通过这一融资方式形成的资本结构，可找到剩余索取权与控制权相对应的企业所有权结构，以解决企业的经营者选择和激励问题，

---

① 徐良平. 市场、技术、资本结构与企业所有权安排［J］. 南京金融高等专科学校学报，2001（1）.

最终实现企业绩效最大化。

可见，企业所有权的安排直接影响企业的治理，表现为不同类型的企业契约，契约的稳定取决于剩余索取权与控制权能否对称，契约的选择取决于两者对称的方式。股份公司的治理本质上就是证券的设计，其核心问题是通过选择恰当的契约来实现剩余索取权和控制权的对应，确保企业决策的效率。新古典把企业看作出资者追求利益的技术和制度工具，认为企业所有权对称分布于出资者才有效率，而忽视了这样一个事实：企业是企业参与各方缔结的契约，只能在各方的目标间不断耦合，并随制度环境及参与人谈判力的变化做相应调整。

因此，广义上，企业治理机制指企业治理主体进行企业所有权安排的一整套制度，包括狭义上的企业激励约束机制，以及企业文化和与企业有关的其他制度。而以信息交流为纽带设置企业治理机制，可促进利害关系各方的合作，不仅降低了交易费用，还可获取专业化经济的效率，证券及其市场的意义就在于此。但是，如果离开一个具体的社会制度去评判证券及其市场并没有实际意义，因为代理问题无法完全消除，事实上，成熟的市场经济通常能够创造出相应有效的企业制度，企业治理模式的选择应是特殊性与一般性的结合。鉴于各国的文化、历史阶段和自然环境的特点，包括中国特色、欧美特色、日本特色的各类股权结构的企业都会参与国际竞争，取得相应的一席之地。即外部因素冲击不同，现实情况也往往更为复杂。

第五章

我国国有企业资本管理

第一节　我国国有企业的概况

一、我国国企改革的历程

改革开放以来国企改革可分为三个阶段①：

（一）放权让利阶段，改革初期~1992 年前后

中共十一届三中全会通过了一系列扩大企业自主经营权的文件，相继实施了"利改税""拨改贷"政策，"放权让利"是这一时期国企改革最显著的特色。国企股份制改革始于 1986 年，同年年底，国务院推进了大中型国企股份制的试。1992 年《股份制企业试点办法》是第一个关于股份制改革的全国性文件，对国企改革的实施和开展产生了积极而深远的影响。

（二）建立现代企业制度和"抓大放小"并行阶段，1993~2003 年前后

中共十五大把公有制为主体、国有经济为主导，多种所有制经济共同发展作为我国的基本经济制度。这一理论政策在 20 世纪 90 年代中后期大大推进了"抓大放小""产权制度改革"，国有经济进入"有进有退"的调整阶段。作为改革的成果，"公有制为主体""国有经济为主导"等方针政策写入国家重要经济决议，成为我国所有制经济理论政策的根源和先导。

---

① 蔡贵龙，郑国坚，马新啸，卢锐. 国有企业的政府放权意愿与混合所有制改革 [J]. 经济研究，2018，53（09）：99–115.

（三）大型国企快速发展阶段，2003年至今

2003年，国务院国有资产监督管理委员会正式宣告成立，着力于做大做强国有企业。2006年，国有企业在七大行业中保持"绝对控制"、九大产业"保持较强控制"。2008年10月28日，《国有资产法》出台，标志着国有资产管理体制进入一个相对稳定的时期。中共十九大报告指出，要完善各类国有资产管理体制，改革国有资本授权经营体制；加快国有经济布局优化、结构调整、战略性重组，促进国有资产保值增值，推动国有资本做大、做优、做强，有效防止国有资产流失；深化国有企业改革，发展混合所有制经济，培育具有全球竞争力的世界一流企业。

二、我国国有资产管理存在的问题

长期以来，我国国有资产管理体制存在诸多问题：一是运营效率低下，相关部门只管投资不管退出，国有资产没有退出通道，国有资本收益权被忽视甚至被侵犯，此外，体制内部的腐败现象，进一步造成大量国有资产流失。二是政企职责不明，政资机构不分。目前政府直接管理国有企业中的国有资产，政企之间实际上仍然保持着行政隶属关系，政府有关部门同时兼有国有资产出资人的职责和社会管理职责，使政府为各类企业创造公平竞争环境的努力大打折扣。三是分割管理，职责不明。国有资产出资人职责由多个部门分担，使得管资产和管人、管事相脱节，使得产权责任追溯机制难以建立，此外，国有资产投资等有关决策程序烦琐，也在一定程度上影响了企业经营效率。因此，探讨如何建立有效的国有资产管理模式，不仅具有理论创新价值，更具有实践战略意义。

国企改革是在党和政府的统领下，按照实事求是原则渐进推动的。一批现代化的大型企业集团的崛起，已经证实国企改革的成效。但是，经济效率和活力问题并没有得到切实改善，这是值得我们反思的地方[①]。其中，部分国企凭借市场垄断地位谋取不公平超额利润、政府通过人事任免干预国企经营，以及国企经理权力过大引起内部监督效率低下等问题日益困扰着监管层（郑

---

① 李义奇. 国企改革40年回顾［J］. 征信，2018（10）：1-7.

志刚，2015）。究其根源，国有企业存在的"所有者缺位"和"内部人控制"等缺陷（吴有昌，1995；卢锐等，2011）妨碍了国有企业现代公司治理制度的实质建立和高效运行，降低了国有企业参与社会主义市场经济建设的效率和能力，也导致分配不公和寻租腐败等不良后果（钱颖一，1995；陈湘永等，2000；钟海燕等，2010）。因此，如何改善国有企业治理结构，提高国有企业经营和治理效率成为新时代全面深化国有企业改革的重要目标。

三、我国国企改革的意义

2018 年 10 月 24 日下午，中共十三届全国人大常委会第六次会议审议《国务院关于 2017 年度国有资产管理情况的综合报告》和《国务院关于 2017 年度金融企业国有资产的专项报告》。报告涵盖了各级各类国有资产的"明白账"：2017 年，全国国有企业（不含金融企业）资产总额 183.5 万亿元，国有金融企业资产总额 241.0 万亿元，全国行政事业单位资产总额 30.0 万亿元。Wind 统计数据显示，截至 2018 年 4 月，沪深两市共计有 1020 家国有控股类上市公司。剔除银行证券保险等金融类企业，共计有上市公司 984 家，其中中央国有企业 340 家，地方国有企业 644 家。

国有企业作为市场经济体制下的独立法人主体，也有着自我制度供给的能力、需要和权利。每一个企业所处的市场环境、产业环境不同，面临的发展任务、发展态势不同，企业的历史沿革、内外部情况不同，改革重点、难点不同，改革可资利用的资源和可行的操作方式不同，其所需要的制度也会千差万别。因此，国有企业改革存在因地、因时、因企而推进的需要。所以，国企改革中，政府部门需要为基层对改革的创新探索留下操作空间，为企业的自我制度供给提供合法性支持和合理性空间。

当前，我国对外开放的深度和广度不断提高，国际经济交流合作日益频繁，国际影响力显著增强。基于此，外界对我国国企改革给予了很高的关注度。实际上，经过 40 年的改革开放，国有企业总体上已经同市场经济相融合。改革的思路、改革的目标就是要使国有企业真正成为自主经营、自负盈亏、自担风险、自我约束、自我发展的独立市场主体。也就是说，经过改革以后的国有企业和其他所有制企业是一样的，依法平等使用生产要素、公平参与市场竞争，同等受到法律保护。

国有企业改革的关键难点在于，其一，企业抱怨缺乏自主权，其二，作为所有者的国家对企业失去控制并因企业不承担责任而受到损失。经济改革向经营者提供了越来越多的资产使用权力，其结果是两方面的：一方面，由于企业经理人员比政府官员更有经营企业的技巧和信息，因而将控制权交给经理人员具有潜在的效益；另一方面，因经理人员对企业财产不具有所有权或因缺乏有效激励机制，造成经理人员对经营状况不承担责任，"代理人问题"引起的国有企业治理失误不但存在，而且在某些情况下甚至恶化了①。

2018 年 10 月 14 日，中国人民银行刊发了央行行长易纲在 2018 年 G30 国际银行业研讨会的发言及答问："为解决中国经济中存在的结构性问题，我们将加快国内改革和对外开放，加强知识产权保护，并考虑以竞争中性原则对待国有企业。我们将大力促进服务部门的对外开放，包括金融业对外开放。"

四、国有资本管理设计的四个结合

（一）公有制与市场经济的结合

所有权与产权分离之后，商品交换的前提不再是财产所有权，而是产品所有权。同理，在公有制基础上发展商品经济，同样也要求交换主体拥有产品所有权。中国坚持以公有制为主体，生产资料公有决定了产品公有，而要发展商品交换，也需要将财产所有权与产权进行分离，让企业独立地拥有产品所有权。目前我国的公有制经济主要包括国有经济、集体经济和混合所有制经济中的国有成分与集体成分。有学者分析，国有经济与集体经济之间由于存在劳动力的个人所有和独立的物质利益，因此可以产生商品交换；而公有经济与非公有经济之间也可产生交换。此分析无疑是对的，但现在的难题是，国有企业与国有企业之间、集体经济与集体经济之间的商品交换何以产生②？

与资本主义的财产所有权与产权分离不同，我国国有经济的所有权与产权分离不是因为生产社会化与生产资料私人所有的矛盾，而是基于提高国有

---

① 钱颖一. 企业的治理结构改革和融资结构改革［J］. 经济研究，1995（01）：20 - 29.
② 桑瑜. 论公有制与市场经济的有机结合：基于财产所有权与产品所有权分离的视角［J］. 江汉论坛，2018（02）：17 - 23.

资本的经营效率。国家虽然可以代表全民占有生产资料，但却不宜直接作为生产经营者。对此亚当·斯密在《国富论》中曾有过论述："关于可以把资本用在什么种类的国内生产上，其生产能力有着最大价值的这一问题，每一个人处在他当时的地位，显然能判断得比政治家或立法家好得多。"正因为此，国家才需要依托专门机构进行生产经营。事实上，我国从 20 世纪 70 年代末启动计划经济体制向市场经济体制转轨以来，对国有企业的改革就从未间断，国有企业改革的过程就是围绕实现所有权的经济利益、不断分离所有权与产权的过程。

（二）党的领导与现代企业制度的结合

坚持党的领导、加强党的建设，是我国国有企业的光荣传统，是国有企业的"根"和"魂"，是我国国有企业的独特优势。我们党历来高度重视国有企业党的建设，一部国企发展史，就是一部坚持党的领导、加强党的建设的历史。中共十八大以来，以习近平同志为核心的党中央高度重视加强党对国有企业的领导，高度重视加强国有企业党的建设，先后做出一系列重大部署，出台《关于在深化国有企业改革中坚持党的领导加强党的建设的若干意见》，召开全国国有企业党的建设工作会议，推动国企党的领导、党的建设得到根本加强。国有企业的性质和地位决定了我们必须坚持党的领导、加强党的建设。从政治上看，国有企业是我们党执政兴国的重要力量，对于巩固党的执政地位、巩固我国社会主义制度具有十分重大的意义。习近平总书记旗帜鲜明地指出，要坚持我国基本经济制度，国有企业关系公有制主体地位的巩固，关系我们党的执政地位和执政能力，关系我国社会主义制度。国有企业为我国经济社会发展、科技进步、国防建设、民生改善做出了历史性贡献，功勋卓著，功不可没。从经济上看，国有企业特别是中央企业在关系国家安全和国民经济命脉的重要行业和关键领域居于主导地位，在国民经济发展中地位重要、作用关键。数据显示，到 2017 年底，中央企业资产总额 54.5 万亿元，进入世界 500 强的达到 48 家。截至 2018 年 4 月末，国有企业资产总额达 166.8 万亿元，同比增长 9.9%。另外，许多投资大、风险大、收益薄、周期长的基础设施、公共服务、国防科技、灾害防治、脱贫攻坚、民生改善等领域的建设和项目都是国家和人民所需，也都是国企扛起来的。可以说，国有企业，特别是中央企业为中国经济发展发挥了"压舱石"的作用①。

（三）国有资本与社会资本的结合

在国有企业中积极推进混合所有制改革，是新一轮国有企业改革中的重头戏。积极推进新一轮混合所有制改革与前一轮混合所有制改革的不同在哪里？首先就在于：新一轮混合所有制改革目的应聚焦于强化和放大国有资本、公有资本功能，积极推动公有资本和非公资本、国有资本与社会资本的合作。这是公有制与市场经济体制结合这一根本命题所带来的又一重要子命题，也是我国社会主义初级阶段基本经济制度在企业层面、微观层面的具体体现。在市场经济条件下，各种资本（包括公有资本和非公资本、国有资本和社会资本）都在市场运行范围内，都借助于市场机制来配置资本，也都被市场机制所调节和配置。公有资本和非公有资本之间的竞争、合作，是社会主义市场经济的题中应有之意，是社会常态。所以，做好公有资本与非公有本、国有资本与社会资本的结合，也就成为国有企业改革和发展长期面对的命题。

在市场经济体制下，国有资本的经营和扩张，必然不断走向开放，向其他社会资本开放，向市场竞争开放，向国际竞争开放。因而新一轮混合所有制改革，是体现国有资本进一步开放的姿态。第一轮混合所有制改革是突出了不同所有制主体的相互结合。而新一轮混合所有制改革则是体现国有资本和社会资本的相互结合，通过这种结合，放大国有资本的功能，同时也为社会资本进入国有经济传统领域打开大门。第一轮混合所有制改革主要是国有企业内部围绕转制的改革。而新一轮混合所有制改革，是国有资本面向企业外部，面向社会资本，谋求企业发展和资本集中、重组、扩张的改革。因而，新一轮混合所有制改革不应过于集中于企业内部资产划分和配置的问题上，而是要强调资本面向市场竞争、面向结构调整，实现有效的整合和扩张。

（四）改革顶层设计与基层探索创新的结合

在制度变迁过程中，政府是主要的制度制定者，社会对各种制度的需求，在合法的前提下，往往是由政府供给的。在国有企业改革过程中，政府毫无

---

① 胡徐腾.坚持党对国有企业的领导与建立现代企业制度［J］.党建研究，2018（07）：41 - 43.

疑问也是主要的制度制定者。政府的制度供给，突出地体现在对制度的顶层设计上。同时，政府还掌握着对制度变革合法性、合理性的认可和保护职能。政府还是保证国有企业改革有序推进的必要力量。在我国当前及今后的国有企业改革中，政府还需要担负大量复杂的协调任务及承担改革社会成本的任务。因此，政府作为国有企业改革的主要制度供给者，其顶层设计职能，不仅仅体现在提供改革设计蓝图和路线图上，还体现在改革的领导者、推动者、协调者、保护者、成本承担者的职能上。总之，在推动国有企业改革上，顶层设计是关键且必需的重要环节，政府应高度重视，稳步推进。

第二节　国有资本管理的特征

一、国有资本管理的定义

资产指包括实物和现金及现金等价物，资本仅指现金及现金等价物。国有资本管理从事的是资本运营，侧重于管股权；国有资产管理则从事的是业务经营，侧重于管企业。

"国有资产"是属于国家所有的一切财产和财产权利的总称。它有广义和狭义之分：广义的国有资产，即国有财产，指属于国家所有的各种财产、物资、债权和其他权益；狭义的国有资产，则指法律上确定为国家所有的、并能为国家提供未来效益的各种经济资源的总和。企业国有资产，就是指国家对企业各种形式的出资所形成的权益。

"国有资本"是改革开放以后才引起社会关注的一个概念。在国营企业和全民所有制企业的体制下，只有国有资产的存在，基本不存在国有资本的概念，国有资产直接体现为企业资产。但随着国家国有企业改革的推进，特别是企业改制为股份制后，国有资产以出资入股的方式投入企业，体现为一定份额的国有股权，这种形态的财产才形成企业国有资本。

从侧重点看，国有资本的管理侧重于价值形态——促进企业国有资本不断增值，而不再是管理具体的企业组织，也不从事、不干扰企业具体的生产经营活动。相反，国有资产的管理则侧重于实物管理——对具体的企业组织进行直接管理（如选择经营方式、选择经营者、划分隶属关系等），以保证国有资产的有效使用。换言之，国有资本管理从事的是资本运营，侧重于管股权；国有资产管理则从事的是业务经营，侧重于管企业。

从管理方式看，国有资本的管理，更多依赖的是经济手段（也可适当采用行政手段），通过资产重组、企业购并、债务重组、产权转让、参股控股等方法，调节各生产要素，使其配置不断优化，从而保持国有资本不断增值，其经济管理色彩较重。而国有资产的管理，则更多依赖的是行政手段（也使用一些经济手段），通过法规法令、暂行条例、试行办法，规范国有资产使用单位的生产经营活动，其行政管理色彩较浓。

国有资本管理是指实行国有资本的优化配置，健全国有资本支配、调动的功能和建立国有资本的进入退出机制，规范筹资和投资行为及方式。

国有资本管理主要内容包括核定、布局、规划国有资本；参与企业制度改革，负责国有资本的设置，特别是公司制改组中国有资产折股和国有股权的设置与管理；监管国有资本的增加和减少变动事宜；制定国有资本保全和增值的原则；实施资产重组中的产权变动及其财务状况变化、企业合并分立，对外投资、转让、质押担保、国有股减持、关闭破产等国有资本的变动管理；明确筹资和投资的报批程序和执行中的管理原则①。

二、国有资本管理的特点

（一）以产权关系为纽带②

国家具有双重经济职能：一是社会经济管理职能；二是国有资本所有者职能。作为国有资本管理的主体，国家行使的是与社会经济管理职能不一样的职能。此时，国家是以资本所有者的身份出现，对国有资本占有使用者的管理依据是资本所有权。这种以资本所有者为基础的管理具有以下特点：

---

① 国家审计署驻武汉特派办. 高校财务管理与审计监督［M］. 华中师范大学出版社，2006（11）.

② 张先治. 国有资本管理、监督与营运机制研究［M］. 中国财政经济出版社，2001（4）.

（1）不具有超经济强制性，所有者与资本经营者的关系是平等的关系，所有者只能通过经济手段调控资本占有者、使用者、经营者的行为；（2）所有权约束必须渗入企业内部，以所有权为基础的国有资本管理必须在企业内建立起有效的所有权约束机制，必须运用公司制产权机制来规范国家和企业以及经营者之间的关系，国家按投入企业的资本额享有所有者权益，包括重大决策、投资收益和经营者选择。以资本所有权为基础进行国有资本管理是国有企业进行真正股份制改造的客观要求。在国有企业进行股份制改造过程中，必须合理界定资本所有者、经营使用者的权益，明确各自的职责，才能既保证所有者的合法权益，又使经营者能够自主经营、自负盈亏，成为真正的市场竞争主体。

（二）以价值形式为主

与一般性的经济管理如企业管理不同，在国有企业股份制改造过程中，国有资本管理应不拘泥于对资产实物形态的管理，而应该注重资产价值形态的管理。在市场经济条件下，国有资本管理应从过去的强调资产实物形态的管理转向强调资产价值形态的管理。原因在于：（1）对国有企业进行股份制改造的目的是要在企业内部建立现代企业制度，而现代企业制度的内涵之一就是自主经营。因此对企业占用的国有资本，多少用于固定资产，多少用于流动资产，应由企业根据实际需要自主决定，国家作为国有资本的所有者，只能从价值形态对国有资本实行总量控制。只有采取价值形态的管理方式，才能既保证国有资本价值的完整和增值，又真正做到企业对资本的自主经营，有利于扩大企业自主权，增强企业活力。（2）在国有资本存量配置格局方面，传统的国有资本实物化管理方法，使国有资本存量流不动、盘不活，各部门、各地区、各企业之间无法进行国有资本的存量调整。而只有对国有资本实行价值化管理，才能使国有资本的合理流动与战略调整成为可能，通过资本及产权的转让与交易，实现国有资本的优化配置。

（三）以会计统计信息为基础

国有资本管理的基础是信息，特别是全面、系统、综合的会计信息。了解和掌握国有资本信息，对于国家而言，是其进行决策和开展国有资本管理活动的基本依据。同时，国有资本管理机制的建立也有利于产生充分的会计信息，国有资本的经营者及社会有关方面则存在着这方面的信息服务需求。因此，国有资本管理的重要任务是探索建立科学、规范的企业会计信息统计和绩效评价工作体系，充分利用企业的会计信息，加强会计信息分析，为财政乃至国家有效实施宏观调控提供政策依据，使国有资本管理逐步走向现代化、信息化。会计信息在国有企业股份制改造中的国有资本管理方面的应用主要体现在以下三个方面：

（1）国有资本存量管理。国有资本存量管理的环节和内容包括财产清查、资产评估、产权界定等。而在各环节中都离不开会计信息或者说会计信息在各环节都发挥着重要作用。从整个国有企业改制现状看，影响国有资本存量的各环节都存在不同程度的问题，而各种问题的出现，都不同程度地与会计信息有关。如果不真正重视会计信息，或从根本上解决会计信息质量问题，将无法搞清国有资本存量与布局。

（2）国有资本配置管理。国有资本管理的目标是使国有资本增值和提高国有资本的控制力。而要做到这一点，合理配置国有资本是十分关键的，无论从宏观上还是从微观上看都是如此。进行国有资本优化配置，必须重视和利用会计信息，正确评价国有资本经营绩效，促使国有资本向效益高的行业、地区和产品流动。

（3）国有资本收益管理。国有资本收益是国有资本管理的重要内容。资本使用的目的在于创造价值，国有资本也不例外。只有资本收益不断增加，才能扩大再生产，提高综合国力。国有资本收益管理包括国有资本收益确认、国有资本收益分配和国有资本收益收缴等项内容。会计信息在各项国有资本收益管理中都是不可缺少的。国有资本收益确认过程实质是会计信息处理过程。会计信息既是收益分配的基础，同时也是收益分配结果的反映。要实现国有资本收益足额及时收缴，在会计信息上就应充分揭示应缴国有资本收益。

三、国有资本管理的原则

国有资本管理应遵循的原则可以分为一般原则和具体原则。一般原则是建立国有资本管理体系，划分各层次管理职能应遵循的原则，即"五个分开"；具体原则是国有资本管理具体管理工作中应遵循的原则，即"五个强调"。

（一）国有资本管理的一般原则

国有资本管理的一般原则可以归纳为"五个分开"，包括：

1. 政府的社会经济管理职能和国有资本所有者职能分开

在我国拥有巨大国有资本的情况下，这种分开尤为必要，而且在最高行政机构——国务院就应该分开。政府在经济管理方面具有社会经济管理和国有资本所有者管理两种职能。前者是凭借政权，以国家行政管理者身份对全社会各种经济成分的管理，包括制定和执行宏观调控政策、搞好基础设施建设等，其政策基础是全社会利益的最大化，目的是保证整个国民经济发展健康有序地进行；后者是凭借所有者身份对国有资本的管理，包括制定国有资本政策法规并监督实施、国有资本的配置和重组、选择经营者、国有资本保值增值指标确定与考核等，其政策基础是国有资本权益的最大化，目的是搞好国有经济并充分发挥主导作用。这两种职能是类型完全不同的两种管理活动。因此，在国有企业股份制改造中对国有资本进行管理，必须在政府层面上明确划分这两种职能，具体表现在：

（1）机构分设，使履行这两种职能的政府机构分离；

（2）预算分列，使国有资本金预算与政府公共预算分列；

（3）投贷分开，使国有资本投资与国有银行信贷分离；

（4）利税分流，使国有资本投资收益与国家税收分开。

2. 政府财政预算和国有资本经营预算分开

政府财政预算的基础应该是国民经济总体财政收支；国有资本经营预算是以国有资本投资与收益为基础编制的。国有资本预算是国家财政预算的重要组成部分。

3. 国有资本所有者的所有权与这些资本的经营权分开

国有资本管理体系应包括两个子系统：国有资本所有权专职管理系统和国有资本专职营运系统。前者是高层次的国有资本管理部门；后者是经前者授权或委托的专职经营国有资本的企业性组织。国有资本出资者所有权与企业法人财产权分开是现代企业处理产权关系的一条原则。根据这条原则，各级政府成立的国有资本营运机构只能以出资者的身份，按其投入企业的国有资本额享有所有者的权益，即资产收益、重大决策和选择经营者等权利。而国有资本营运机构投资控股的基层企业则拥有包括国家在内的出资者投资形成的全部法人财产权，成为自主经营、自负盈亏的市场实体。也就是说，这些企业必须建立现代企业制度，进行股份制改造，并建立起科学合理的法人治理机构。

4. 政企分开

这包含两方面内容：一方面，国有资本营运系统要将目前还大量由企业承担的政府性职能和社会性职能剥离出去；另一方面，政府各有关部门应尽快将本属于企业的功能归还给企业，为企业创造一个基础条件，使企业真正成为市场竞争行为的主体。

5. 中央管理职权与地方管理职权分开

中央、省、市各级国有资本管理部门对各自所有的国有资本管理负责，并在一定程度上享有国有资本所有者的权利。我国的国有资本属于全民所有，其所有权主体只能是全体人民。由于全民作为一个不可分割的整体，不可能直接行使其对国有资本的所有权，而只能由其法定代表组织全国人大委托给中央政府代理。要使从中央政府到地方各级政府（主要是省、地市两级）的国有资本管理机构真正对其国有资本增值负责，必须给予其相应的职能与权利。

（二）国有资本管理的具体原则

国有资本管理的具体原则是国有资本管理工作的指导思想，可以将其归纳为"五个强调"。

1. 强调实行动态管理

中共十五大后，国有资本在所有制方面的生存环境发生了重大变化，各种经济成分与公有制多种实现形式并存，必然要求国有资本同其他各类资本相融合，因此，必须对国有资本与其他非国有资本的融合过程进行管理，特别是对国有企业股份制改造过程进行管理。

2. 强调进行股权管理

我国经济运行的模式属于市场经济，在市场经济条件下，国有资本运行的核心是产权问题，其表现形式主要是股权方式，因此，国有资本管理主要表现为股权管理，有关股权的确认、登记、变化及其相关问题的管理成为国有资本日常管理的基础工作。

3. 强调集中管理权力

应取消一些行业管理部门，同时削弱一些行业的直接管理职能，将原有分散于各行业部门的国有资本管理权力，集中于独立的国有资本管理部门或机构。只有这样，才能减少各层次部门间国有资本管理职权的交叉与摩擦，提高国有资本管理的效率与质量。

4. 强调国有资本管理工作应适应企业组织形式和企业经营方式的变化

企业组织形式的集团化、现代企业制度的建立，经营方式由产品经营为主向产品经营与资本经营相结合转变等，都会对作为国有资本管理基础的企业的政策和行为产生影响，这些变化在对国有资本进行管理时必须适时地加以考虑。

5. 强调采用量化管理手段

要搞好国有企业股份制改造中的国有资本管理，国有产权管理部门就必须掌握包括国有资本营运机构的财务状况、经营成果以及资本营运等信息，特别是全面、系统、综合的财务信息，注重量化管理。一是建立一套完整的有关国有产权管理的报告体系，包括产权登记、产权转让监管、产权变动分析报告制度、国有资本统计分析报告制度、国有资本经营效益分析报告制度；二是建立国有资本保值增值考核体系，加强对国有资本营运机构以及国有企业的资本营运效益考核；三是建立国有资本预算制度。

四、国有资本管理的量化技术[①]

国有企业的价值如何量化，对国有资本管理意义重大，毕竟国有企业不同于一般公司，特别是中国的国有企业肩负很多社会责任，因此，对于我国国企，公司社会价值的考量凸显出来了。

（一）问题的提出

目前国内对公司市场价值进行研究的文献很多。从公司市场价值的影响

---

① 廉思东. 双重目标下上市公司信息披露问题研究——基于公司市场价值与社会价值如何统一的研究分析，指导老师：傅斌，2014 级金融学学士毕业论文，2018，5.

因素，包括公司定位（行业定位、产品定位、规模定位、技术定位）、企业核心资产、企业资本结构等方面进行了研究，并且对企业市场价值评估的重要性和必要性等多方面进行了研究。但对于市场价值理论的定义，国内学者意见比较统一，即强调的对象是公司的加权平均资本成本，并将其看作是贴现率，公司预期未来可以得到的自由现金流量折现的现值，就是公司的市场价值。在国内相关的实证研究中，主要使用三种方法对其进行衡量：第一种是财务评价法，选取一种或多种财务指标作为辅助性工具，如总资产收益率、净资产收益率等，对公司的市场价值进行衡量，这种方法使用较为复杂；第二种是市场评价法，即利用市场的价值指标来表示公司的市场价值，大多数学者采用的是 Tobin's Q 指数，该指数定义为公司的市值除以资产的重置成本，Tobin's Q 指数越高，意味着公司价值越高；第三种为经济评价法，即计算公司全部投入资本成本与公司税后营业净利润之间的差额，差额小于 0，即表示公司创造了价值和财富。

社会价值本身就是非常抽象的概念，目前国内外对社会价值的定义非常多，国内学者对企业社会价值的定义为：企业不仅仅是经济组织，同时也是存在于社会系统下的社会组织，企业是一种既包括经济也包括社会和心理等在内的复合性组织；企业价值体系应包含企业的经济价值和社会价值两方面；企业价值可分为企业所有者价值、顾客价值、员工价值和企业社会价值等。可以说，公司的社会价值是公司通过价值创造活动对于社会需要的满足，表现在公司向市场供应商品和服务，向社区成员提供就业和劳动保障，合理开发和利用社会资源，保护生态环境并维持可持续发展，向社会倡导正义、平等和互助的公民行为等，也是公司对社会的责任以及对社会所做的贡献，其目标是追求社会整体利益的最大化。国外学者对于衡量公司社会价值的方法研究较多，但是所提出的模型都有相当大的局限性，而国内有学者从公司内部价值和外部价值的角度提出了指标的设计构想，但没有具体的评价方法。通过总结国内学者对公司社会价值的定义，笔者认为采取公司应付职工薪酬作为指标可对其社会价值进行一定程度的衡量，这是企业直接利益相关者最直接的获利，因此具有一定的参考价值。

（二）来自实证的分析

1. 指标变量的选取与模型的构建

（1）公司自愿性会计信息披露指数 VDI。自愿性会计信息披露指数是指参考上市公司实际会计信息披露占最大会计信息披露的比例，同时遵照真实、准确、完整的原则，对会计信息披露的质量进行评估从而得到的结果，一言蔽之，是对自愿性信息披露的数量、质量的评测结果。这里所采用的信息披露评级数据为深交所 2016 年对上市公司信息披露的评级。

（2）公司市场价值指数 CMV。有关公司市场价值的理论研究很多，但在实践过程中，计算一家上市公司市场价值的工作较为烦琐，主要原因是上市公司披露的会计信息也只能反映其历史价值，若想计算市场价值，必须要计算公司预期未来可以得到的自由现金流折现的现值。这里出于实证的简便性考虑，选取市场评价法对上市公司的市场价值进行衡量。市场评价法利用市场的价值指标来展现公司的市场价值，国内多数学者都采用 Tobin's Q 指数作为衡量指标如果 Tobin's Q 指数大于 1，说明公司为市场创造了价值；如果 Tobin's Q 指数很高，说明公司的市场价值高于其资产的重置成本，反之则相反。

（3）公司社会价值指数 CSV。公司的社会价值是非常抽象的概念，在实际研究中可将其分为有形价值和无形价值两类。其中有形价值包括公司股东的盈利以及公司对市场提供的商品、服务等所产生的价值等；而无形价值则包括公司向其成员提供就业和劳动保障所创造的价值等，因此要将公司社会价值数字化、具体化的难度非常高。而在研究上市公司自愿性会计信息披露与其社会价值、市场价值的关系时，并不需要将上市公司的市场价值具体化。根据中外学者对公司社会价值的定义，即公司应满足其所有利益相关者的需求，这里选取应付职工薪酬作为指标，这是上市公司的直接利益相关者最直观的获利，因此可在一定程度上衡量公司的社会价值。

（4）多元回归模型的构建。基于研究背景以及变量的选取，建立如下的多元回归计量经济模型：$VDI = \beta_0 + \beta_1 CMV + \beta_2 CSV + \varepsilon$。其中，$VDI$ 为自愿性会计信息披露指数，CMV 为公司市场价值指数，CSV 为公司社会价值指数。

2. 数据的整理

（1）数据来源。这里所用样本均来自国泰安数据库 CSMAR 以及深交所截至 2016 年 12 月 31 日的最新分开数据。选取样本时，这里随机选取了深交所上市公司中的 1705 家。

（2）变量 VDI 的数据整理。深交所每年都会对深交所上市公司的自愿性信息披露做出一个官方性的考评，评级用 A、B、C、D 表示，质量依次由高到低。这里在实证过程中，将 A 赋值为 4，B 赋值为 3，C 赋值为 2，D 赋值为 1，从而得到每家上市公司具体的 VDI 数据。

（3）变量 CMV 的数据整理。这里通过搜集所有样本的财务数据来计算 Tobin's Q 指数，具体计算方法为：市场价值 = 股权市值 + 净债务市值（其中非流通股权市值用流通股股价代替计算），即：

$$CMV = \text{Tobin's Q 指数} = \frac{\text{市场价值}}{\text{资产总额} - \text{无形资产净值}}$$

如果 Tobin's Q 指数大于 1，说明公司的市场价值高于其资产的重置成本；如果 Tobin's Q 指数很高，说明公司的市场价值很高，反之则相反。

（4）变量 CSV 的数据整理。这里通过计算所选样本公司应付职工薪酬的自然对数来衡量公司的社会价值，但在实证过程中，取其对数以消除数据过大的波动，具体计算方法为：

$$CSV = ln（\text{应付职工薪酬}）$$

3. 回归统计分析及其结果

（1）变量的描述性统计分析（如表 5 – 1 和表 5 – 2 所示）。

表 5 – 1　　　　　　　　　　连续变量的描述性统计

	均值	中值	最大值	最小值	标准差	观测数
CSV	1.249325	1.241363	4.581811	– 0.160150	0.631161	1705
CMV	4.348604	3.460326	97.691180	0.852019	4.278848	1705

资料来源：CSMAR、深圳证券交易所公开信息、EViews 统计分析。

表 5 - 2 非连续变量的描述性统计

	有效	频数	频率
VDI	1	349	0.20
	2	1114	0.65
	3	197	0.12
	4	45	0.03

资料来源：CSMAR、深圳证券交易所公开信息。

从表 5 - 1 的统计可知，样本的 CSV 分布较为稳定，而 CMV 极差很大；从表 5 - 2 的统计中可得知，所选样本的 VDI 评级为 B 的占绝大多数，为 65%，评级为 A、C 的较少，占比分别为 20% 和 12%，评级为 D 的样本占极少部分，仅为 3%。

（2）相关分析（如表 5 - 3 所示）。

协方差分析

日期：04/16/18　时间：15：51

样本：1 1705

包含样本数：1705

表 5 - 3 相关系数

协方差 相关性	VDI	CSI	CMV
VDI	0.424484 1.000000		
CSV	0.263676 0.223710	3.272718 1.000000	
CMV	-0.402430 -0.144398	-1.757576 -0.227123	18.297810 1.000000

资料来源：CSMAR、深圳证券交易所公开信息、EViews 统计分析。

从相关性分析结果可以看出，*CMV* 与 *VDI* 之间是负相关关系，对 *VDI* 影响较小；而 *CSV* 与 *VDI* 是正相关关系，对 *VDI* 影响较大。基于此，这里对变量进行更深入的分析，以期望得到变量间的具体关系。

（3）多元回归分析。对变量进行 OLS 分析，结果如表 5－4 所示。

独立变量：VDI

方法：最小二乘法

日期：04/16/18　时间：15：53

样本：1 1705

包含样本数：1705

表 5－4 　　　　　　　　　　　　OLS 分析结果

变量	回归系数	标准差	t－统计量	伴随概率
C	1.926396	0.146224	13.17428	0.0000
CSV	0.072496	0.008694	8.338494	0.0000
CMV	0.015030	0.003677	－4.087635	0.0000
R^2	0.059281	因变量均值	3.036364	
调整后的 R^2	－0.058176	因变量标准差	0.651716	
回归标准差	0.632475	赤池信息准则	1.923404	
残差平方和	680.8410	施瓦茨准则	1.9232979	
对数似然函数值	－1636.702	汉南－奎因准则	1.932979	
F－统计量	53.62738	杜宾－沃森统计	1.826649	
伴随概率（F－统计量）	0.000000			

资源来源：CSMAR、深圳证券交易所公开信息、EViews 统计分析。

由 OLS 分析得到的回归方程为：

$$VDI = 1.926396 + 0.072496CSV - 0.01503CMV$$

通过 OLS 分析可知，β_0、β_1、β_2 的 P 值均小于 0.05，说明自变量 *CSV*、*CMV* 的系数显著不为 0，所有自变量对因变量影响显著；F 检验 P 值小于 0.05，模型拟合较优。调整之后的 R^2 为 5.93%，说明 *CSV*、*CMV* 两个变量可解释方程总变化的5.93%。此结果主要原因是影响 *VDI* 的因素非常多，这里引入的变量存在不足的情况。总体而言，在5%的显著性水平下，可以认为回归方程总体显著，有一定的分析价值。

（4）异方差检验。对 OLS 分析结果进行 white 检验，所得结果如表5－5所示。

表5－5 DLS分析结果

F－统计量	0.947688	F分布伴随概率	0.4489
nR² 样本似合度	4.741947	卡方分布伴随概率	0.4482
单位回归平方和	7.667313	卡方分布伴随概率	0.1755

测试方程

独立变量：残差的平方

方法：最小乘法

日期：04/16/18　时间：15：59

样本：1 1705

包含样本数：1705

变量	回归系数	标准差	t－统计量	伴随概率
C	1.115051	0.753447	1.479933	0.1391
CSV^2	0.002475	0.002741	0.902747	0.3668
CSV * CMV	－0.002379	0.003289	－0.723512	0.4695
CSV	－0.082885	0.090349	－0.917382	0.3591
CMV^2	－1.10E－05	0.000176	－0.062253	0.9504
CMV	0.030681	0.053597	0.572441	0.5671
R²	0.002781	因变量均值		0.399320
调整后的 R²	－0.000154	因变量标准差		0.719568
回归标准差	0.719623	赤池信息准则		2.183335
残差平方和	879.839800	施瓦茨准则		2.202483
对数似然函数值	－1855.293000	汉南－奎因准则		2.190422
F－统计量	0.947688	杜宾－沃森统计		1.893926
伴随概率（F－统计量）	0.448939			

资料来源：CSMAR、深圳证券交易所公开信息、EViews 统计分析。

经过 white 检验可知，white 统计量为 4.741947 ［0.4482］，伴随概率大于 0.05，不能拒绝原假设，因此认为模型不存在异方差。

（5）多重共线性检验。为了对回归方程进行更深一步的分析，进行 VIF 检验，输出结果如表 5-6 所示。

方差膨胀因子

日期：04/16/18　时间：16：01

样本：1 1705

包含样本数：1705

表 5-6　　　　　　　　　　　　　　VIF 分析结果

Variable	Coneefficient Variance	Uncentered VIF	Cenetered VIF
C	0.021381	91.132950	NA
CSV	7.56E-05	85.734190	1.054390
CMV	1.35E-05	2.144078	1.054390

资料来源：CSMAR、深圳证券交易所公开信息、EViews 统计分析。

通过分析结果可知，变量 CMV、CSV 的 Centered VIF 均为 1.05439。经验表明，当 Centered VIF 在 5 到 10 之间时，变量之间存在中度共线性；Centered VIF 大于 10，变量之间存在重度共线性，因此检验结果可说明变量之间不存在严重的多重共线性。

（6）实证分析的理论总结。通过上述实证分析，可认为这里所构建的多元回归方程是成立的，由此得出结论：公司的社会价值与自愿性信息披露是正相关关系，公司的市场价值与自愿性信息披露是负相关关系。上市公司的社会价值本身是很难数字化的，以公司规模作为一种衡量工具也存在不妥，对于这里研究的自变量上市公司市场价值而言，影响上市公司市场价值的因素有很多，单是国内外学者无法统一对企业社会价值的定义这一方面来说，使用的现有的市场指标对其进行衡量就存在一定的不合理性①。

通过以上分析，依然可以看到如下值得深思的问题：

（1）由于我国证券市场的发展程度仍有待提高，监管的不完善会使得许多公司操纵财务，这些不可控的因素也可能对国有资本管理的有效性产生较大的影响，国有资本管理的考核是否可以充分考虑社会责任及其相应的社会价值。

（2）影响上市公司价值特别是影响国有企业价值的因素很多，这里无论是在市场指标体系的选择，还是强制性信息披露制度的建设上，以及在实证等技术性问题方面，都有待进一步的检验和完善。

第三节　我国国有企业治理机制的设计

一、国有企业的分类改革

2015 年 12 月 7 日，国资委、财政部和发改委联合发布了《关于国有企业功能界定与分类的指导意见》，该《指导意见》立足国有资本的战略定位和发展目标，结合不同国有企业在经济社会发展中的作用、现状和需要，根据主营业务和核心业务范围，将国有企业界定为商业类和公益类两种。

商业类国有企业以增强国有经济活力、放大国有资本功能、实现国有资产保值增值为主要目标，按照市场化要求实行商业化运作，依法独立自主开展生产经营活动，实现优胜劣汰、有序进退。其中，主业处于关系国家安全、

---

① 这里要说明的是我们的研究有很多上市公司所披露的财务数据缺乏连续性，这里缺乏对时间滞后性的考虑，出于对自变量本身及其数据收集的难易程度考虑，所选取的影响自愿性信息披露的变量偏少，影响自变量本身的因素有很多，使用单一的指标进行衡量可能存在较大的偏差，这在某种程度上削弱了这里分析的说服力，但有一点，由于我国证券市场的发展程度仍有待提高，强制的信息披露制度和监管的不完善使得许多公司操纵财务，这些不可控的因素也可能对包括国有资本管理在内的公司价值评估有效性产生较大的影响。这里就上市公司的自愿性信息披露、公司社会价值以及市场价值三者之间的关系进行了尝试性的研究，取得了一定的结果，但由于与此相关领域的研究不多，在足够的理论支持研究上任重道远，希望得到更多感兴趣的同仁们的关注。

国民经济命脉的重要行业和关键领域、主要承担重大专项任务的商业类国有企业，要以保障国家安全和国民经济运行为目标，重点发展前瞻性战略性产业，实现经济效益、社会效益与安全效益的有机统一。

公益类国有企业以保障民生、服务社会、提供公共产品和服务为主要目标，必要的产品或服务价格可以由政府调控；要积极引入市场机制，不断提高公共服务效率和能力。

商业类国有企业和公益类国有企业作为独立的市场主体，经营机制必须适应市场经济要求；作为社会主义市场经济条件下的国有企业，必须自觉服务国家战略，主动履行社会责任。

根据不同功能的国有企业，要有针对性地推进国有企业改革：

（一）分类推进改革

商业类国有企业要按照市场决定资源配置的要求，加大公司制股份制改革力度，加快完善现代企业制度，成为充满生机活力的市场主体。其中，主业处于充分竞争行业和领域的商业类国有企业，原则上都要实行公司制股份制改革，积极引入其他资本，实现股权多元化，国有资本可以绝对控股、相对控股或参股，加大改制上市力度，着力推进整体上市。主业处于关系国家安全、国民经济命脉的重要行业和关键领域、主要承担重大专项任务的商业类国有企业，要保持国有资本控股地位，支持非国有资本参股。处于自然垄断行业的商业类国有企业，要以"政企分开、政资分开、特许经营、政府监管"为原则积极推进改革，根据不同行业特点实行网运分开、放开竞争性业务，促进公共资源配置市场化。对需要实行国有全资的企业，要积极引入其他国有资本实行股权多元化。

公益类国有企业可以采取国有独资形式，具备条件的也可以推行投资主体多元化，还可以通过购买服务、特许经营、委托代理等方式，鼓励非国有企业参与经营。

（二）分类促进发展

商业类国有企业要优化资源配置，加大重组整合力度和研发投入，加快科技和管理创新步伐，持续推动转型升级，培育一批具有创新能力和国际竞争力的国有骨干企业。其中，对主业处于充分竞争行业和领域的商业类国有企业，要支持和鼓励发展有竞争优势的产业，优化国有资本投向，推动国有产权流转，及时处置低效、无效及不良资产，提高市场竞争能力。对主业处于关系国家安全、国民经济命脉的重要行业和关键领域、主要承担重大专项任务的商业类国有企业，要合理确定主业范围，根据不同行业特点，加大国有资本投入，在服务国家宏观调控、保障国家安全和国民经济运行、完成特殊任务等方面发挥更大作用。

公益类国有企业要根据承担的任务和社会发展要求，加大国有资本投入，提高公共服务的质量和效率。严格限定主业范围，加强主业管理，重点在提供公共产品和服务方面做出更大贡献。

（三）分类实施监管

对商业类国有企业要坚持以管资本为主，加强国有资产监管，重点管好国有资本布局、提高国有资本回报、规范国有资本运作、维护国有资本安全。建立健全监督体制机制，依法依规实施信息公开，严格责任追究，在改革发展中防止国有资产流失。其中，对主业处于充分竞争行业和领域的商业类国有企业，重点加强对集团公司层面的监管，落实和维护董事会依法行使重大决策、选人用人、薪酬分配等权利，保障经理层经营自主权，积极推行职业经理人制度。对主业处于关系国家安全、国民经济命脉的重要行业和关键领域、主要承担重大专项任务的商业类国有企业，重点加强对国有资本布局的监管，引导企业突出主业，更好地服务国家重大战略和宏观调控政策。

对公益类国有企业，要把提供公共产品、公共服务的质量和效率作为重要监管内容，加大信息公开力度，接受社会监督。

（四）分类定责考核

对商业类国有企业，要根据企业功能定位、发展目标和责任使命，兼顾行业特点和企业经营性质，明确不同企业的经济效益和社会效益指标要求，制定差异化考核标准，建立年度考核和任期考核相结合、结果考核与过程评价相统一、考核结果与奖惩措施相挂钩的考核制度。其中，对主业处于充分竞争行业和领域的商业类国有企业，重点考核经营业绩指标、国有资产保值增值和市场竞争能力。对主业处于关系国家安全、国民经济命脉的重要行业和关键领域、主要承担重大专项任务的商业类国有企业，要合理确定经营业绩和国有资产保值增值指标的考核权重，加强对服务国家战略、保障国家安全和国民经济运行、发展前瞻性战略性产业以及完成特殊任务情况的考核。

对公益类国有企业，重点考核成本控制、产品质量、服务水平、营运效率和保障能力，根据企业不同特点有区别地考核经营业绩和国有资产保值增值情况，考核中要引入社会评价。

有关方面在研究制定国有企业业绩考核、领导人员管理、工资收入分配制度改革等具体方案时，要根据国有企业功能界定与分类，提出有针对性、差异化的政策措施。

按照谁出资谁分类的原则，履行出资人职责的机构负责制定所出资企业的功能界定与分类方案，报本级人民政府批准；履行出资人职责的机构直接监管的企业，根据需要对所出资企业进行功能界定和分类。根据经济社会发展和国家战略需要，结合企业不同发展阶段承担的任务和发挥的作用，在保持相对稳定的基础上，适时对国有企业功能定位和类别进行动态调整。

二、理顺产权关系

我国原有的国有资产管理模式的根本症结在于国有产权关系没有理顺，产权制度改革滞后。笔者认为，要实现国有资产的有效管理和经营，就必须推进产权改革，制定法律法规，确保国有资产管理的统一，充分调动中央和地方政府的积极性。从国际上成功的国有资产管理模式和我国近几十年的改革经验来看，目前中国构建国有资产管理新模式应从三个方面考虑：一是对不同类型的国有资产实施不同的管理体制；二是设立独立的国有资产所有者机构；把它与其他行使社会经济管理职能的政府机构分开，让其独立行使国有资产所有者职责；三是建立商业性国有资产经营机构，独立运营国有资产，提高国有资产的利用效率。我国目前推行的国有资产管理模式可概括为"国有资产管理委员会—国有控股公司—国有企业"三层运营体系。其中国资委依法对国有企业的资产进行监督，履行出资人职责。但是在具体的实施过程中要注意一些新的问题，尤其是国有资产过度集中的问题。

国有资产经营公司或国有控股公司能否真正代表国家行使股东权利和承担相应的责任，主要取决于是否解决了自身的激励约束问题。集团公司代表国家持股的有两种情况：一是集团公司以部分企业为基础改组设立的股份公司，或以部分国有资产投资设立，或通过并购成立公司，从而代表国家持有国有股份；二是有些国有企业在改组时，将其主体部分剥离出来组建股份公司，而将企业的余下部分组成"集团公司"，代表国家持有股份公司的国有股份。两者的区别在于前者集团还有其他的公司，按出资额在股份公司董事会中占有一定比例的席位，后者和所建立的股份公司实质上是一回事，甚至二者的"领导班子"都相同，扣除投入股份公司的资产，"集团"就变成一个"空壳"，这意味着经理基本上不受股东约束，因为国有股股东基本上绝对控股，我国国有企业投资主体缺位，上市公司内部人控制程度很高。因此，政府由于不是投资受益人，缺乏监督经理的动力，同时缺乏外部竞争，逆向选择问题严重，经理可能不是合适人选，对机会主义的惩罚在事后，股东承受的损失要比经营者大，两者责任不对等①。

中国国企改革可归结为解决国有资产代理人的激励约束问题，但是这不能等同于政企分开。如果没有新的企业治理机制，经理无视国有资产营运效率的问题依然严重②。事实上，拥有充分信息才能使代理人不违背委托人的意愿，因为信息是透明的，代理关系不会因为层次不同而有什么差异，通过经理人市场，依据业绩对经理进行奖惩，使企业治理激励相容③。

三、引入竞争机制

刘芍佳和李骥（1998）建立了一个模型④：产权、竞争、治理机制与绩效相互关系的理论模式，结论是：变动产权只是改变了企业治理结构，要完善企业治理机制或提高企业绩效还须引入竞争。

---

① Stigler, G. J. and C. Friedland. The Literature of Economics: the Case of Berle and Means [J]. *Journal of Law and Economics*, vol. XXVI, June 1983.

② Fama, E. M. Jensen. Separation of Ownership and Control [J]. *Journal of Law and Economics*, 1983: 26, 301 – 325.

③ ZeckhauserR. and M. Horrn. The Control and Performance of State-Owned Enterprises, MacAvoy, Stanbury, Yarrow, and Zeckhauser (eds.), Privatization and State-Owned Enterprises: Lessons from the United States, Great Britain and Canada, Boston, Dordrecht, London, Kluwer Academy Publishers, 1989: 38.

④ 刘芍佳，李骥. 超产权论与企业绩效 [J]. 经济研究，1998 (8).

显然，引入竞争企业改善治理的重要条件，但他们显然过于强调竞争因素。事实上，有效的公司治理机制既需要引入竞争，也需要公司内部激励机制的有效设计，这两个问题是公司治理不可分割的两个方面①。因为不同的道德风险行为是由不同性质的信息非对称引起的，具体而言：

（1）关于代理人是否努力的信息非对称问题是隐藏行动造成的，这内在于代理人，即使可以被委托人观察到，也不能被局外人观察到，特别是无法提供证据，说明它是不可证实的，正是因为隐藏行动的这种不可证实性和不可保险性，委托人不付代价就无法监督，因此，只能通过剩余分享将代理人的努力诱导出来。

（2）机会主义行为是隐藏信息造成的，信息的非对称是关于知识本身，既不依赖于委托人，也外生于代理人，委托人有可能通过获取自然状态的信息来证实，正因为隐藏信息的这种可证实性，委托人可通过监控来防止机会主义行为。

因此，如果没有激励机制，经营者将丧失积极性；而没有有效的监控机制，机会主义行为将使激励机制扭曲，两者缺一不可。就监控机制的建设而言，关键在于信息交流。从这个角度出发，比较股份制与承包制，可以发现承包制的根本缺陷正是缺乏信息交流机制，所有者只有通过核实企业的财务状况才能获得经营者的信息，由此进行的惩罚也只能是对已经采取短期机会主义行为的经营者进行惩罚或附加承包条件，但都因不触及信息问题而未能明显生效。如抵押承包引入担保旨在事前监控，作用却微乎其微，因为承包者所能提供的担保成本远远低于机会主义行为所能获得的利益，特别是大中型企业的资产通常以亿元计，承包者将其全部家产充作抵押金也不过是资产总额极小的一部分，根本形不成约束；也许有人会以承包制在农业中的成功来反驳，然而，被承包的农业资产土地与被承包的工业资产有很大区别，土地具有较少磨损的特点，信息很大程度上是对称的，而机器设备却需要不断更新，信息很大程度上是不对称的。事实上我国国有企业在普遍推行承包制

① Shleifer. A. and R. Vishny. A Survey of Corporate Governance [J]. *Journal of Finance*，1997（52）：737－783.

以后，虽然短时间内有过增产增收，但国有企业并没有出现真正的转机。

而股份制的主要特征是与证券市场配套发展，公司资本的筹集依赖于证券一级市场，更重要的是，所有者是通过二级市场来监控经营者，这种监控大致有三条途径：外部接管、签订以股票价格为基础的契约及股东的参与。

（1）外部接管，指上市公司的股价下跌到一定程度，其他公司就可能实施并购，清理公司经营者；

（2）以股票的市场价格为基础设计管理契约，如实施经理层持股计划，即使经营者有机会主义行为，股价的下跌也可能抵销其机会主义收益；

（3）股东的直接干预，如果经营者有机会主义行为，股东可以召开大会和董事会参与治理，将其撤换。

可见，证券市场实际上是一个信息交流系统，所有者可以通过证券的价格获得及时、准确、充分的企业事中信息，并可进行事前的预测，从而监测经营者的机会主义行为，促进所有者和经营者的信息对称，提高监控的有效程度①。

因此，对于我国，讨论如何改善企业治理机制要比单纯讨论产权归属或市场竞争更有现实意义：

（1）我国最重要的问题并不是寻找一套固定的治理模式去模仿，而是在市场进化的长期效应中考虑企业治理机制的完善。完善的公司治理机制的特征应是清晰的产权和充分公平的竞争；他们在决定企业绩效方面具有同样的作用。

（2）在市场竞争未达到均衡之前，企业之间存在效益上的差异，这种差异往往受产权归属的影响，通过产权改革短期内改善治理机制是有积极意义的，但企业的持久成功还取决于治理机制能否不断适应市场竞争，否则也会被淘汰。

（3）我国的股份制改革必须与市场制度的建设同时进行，这就需要一个完善的金融市场，而金融市场的建设应从完善市场的竞争规则开始。而这种完善是建立在尊重市场的自由交易的原则之上，政府作为宏观调控的角色的

---

① 许小年. 信息、企业监控和流动性［J］. 改革，1996（4，5）.

职能是站在市场经济体系外部变量影响因素的角度，是从公平合理的角度维护这种市场自发形成游戏规则，而不是越俎代庖去制定市场游戏规则。

（4）必要时政府成为市场经济体系的内部变量影响角度要进行宏观调控，也只是通过财政政策和货币政策去维护市场游戏规则的公平性和合理性，让政府在内的市场参与者尊重和敬畏合理公平的市场规则，使得市场自由交易基础上的定价机制和竞争机制能够有效发挥资源配置的作用，政府作为市场参与者参与市场经济体系的目的也只是为了降低由于技术革新、自然灾害、战争等外部变量冲击带来的市场经济周期的波动。

（5）鼓励民营企业依法进入更多领域，引入非国有资本参与国有企业改革，更好地激发非公有制经济活力和创造力。这样让市场的竞争更加充分，防止国有企业垄断行为的发生，提升企业和经济运行的效率。

第四节　我国国企改革与国有资本管理的政策取向

我国国企改革的演变可概括为国有企业商业化，主要包括以下两方面。

一、政府行为的规范

我国国有企业是在政府行政任命经营者的组织制度基本不变的条件下，从放权让利和改革企业收入制度开始调整政府与企业的关系[①]，特别是最近10年间，我国国有企业商业化的广度和深度在这一分权化过程中都有很大提高。

由于商品市场地区间竞争加剧，每个地区都须尽可能降低生产成本以保持生存所需的市场份额，为了促使经理降低生产成本，地方政府必须让渡部分甚至全部股份给经理，一般而言，市场竞争越激烈，引发的国有企业商业

---

① 企业制度主要表现为收入制度和组织制度。收入制度是通过收入分配来激励约束经营者；组织制度是从权力赋予的程度对经营者进行激励和约束，评价和监督信息主要来自经理人市场和股票市场。

化程度就越高①。

20 世纪 80 年代中期，我国就全面推行了厂长承包责任制，在许多中小国有企业中形成了厂长和职工部分收入与企业绩效挂钩的制度。对于国有大中型企业，成立联合股份公司或合资企业和上市是最有吸引力的两个国有企业商业化措施，通过与国内外民营企业成立联合股份公司，地方政府可使部分国有企业商业化的同时使政府干预降至最低程度；为了吸引外国投资者，各地政府竞相设立开发区，提供优厚税收减免和其他优惠措施。90 年代初，我国设立了上海和深圳交易所，尽管政府开始持有公司的大多数股份，但上市一段时间后，国有股份份额都有一定程度的减少，股市上发生的很多公司并购都是非国有的所有者收购国有股份②，尽管政府推动国有企业上市的直接目的可能不是"国有企业商业化"，而是为濒临破产的国有经济"融资"，国有企业上市后公司治理机制也没有大的改变，上市企业的董事长和总经理通常仍然是由政府任免（形式上通过董事会），但上市毕竟是国有企业商业化的一个必要过渡。企业上市后暴露的许多问题也将迫使政府不得不向民间转让部分企业剩余。在进行股份制试点之时，一些国有上市公司就开始实行经营者持股，在一定程度上增加了经营者收入与企业绩效挂钩的程度，但 1995 年约 2/3 的国有企业经营者仍由主管部门委任，变化了的收入制度与没有变化的组织制度不能相容，一方面企业主管部门作为行政单位不可能以企业效益为唯一尺度，另一方面企业经理的收入不会伴随企业效益的提高而有所增长。在从计划经济体制向市场经济体制转轨的过程中，计划经济时代下"统管一切"的政府权力和对经济治理的"计划思维"仍然存在。地方官员出于完成政治任务和实现政治晋升等目标有较强的动机干预国有企业的经营决策③。

---

① 另外，如果中央政府直接控制国有企业，给地方设定一个固定的税后剩余分享份额或两个地方政府能够完全合作以获取联合收入的最大化，则商业化就不可能发生。

② 1994 年，香港本地的控股公司收购了总部在北京而在香港上市的我国最大的房地产公司之一——北京华远房地产 52% 的股份；收购后，管理人员尽管未变，经理的激励和控制权却明显增加了。引自李麟. 香港华润兼并北京华远地产公司的案例研究 [C]. 我国企业兼并案例国际研讨会论文集，1996.

③ 江轩宇. 政府放权与国有企业创新——基于地方国企金字塔结构视角的研究 [J]. 管理世界，2016（09）：120-135.

麻珂（2015）建立了一个工资激励和解雇威胁的一般激励模型①，并得出结论：一个好的激励体系的设计，一是应积极引入市场机制，通过竞争手段择优选人用人；二是充分考虑组织环境的激励诱导，增强不同层级员工的普遍激励和重点激励等。

笔者基本赞成以上结论，过渡时期国有企业的经营者往往既是国有资产的委托人，又是其代理人，偏离所有者利益的行为以风险偏好和机会主义同时存在为基本特征，一方面，投资决策失误成为国有企业亏损的主要原因；另一方面，自利行为导致国有资产大量流失，而且企业规模扩张越快，经营者获取各种非货币收益的机会就越多，动机越强烈。因此，在所有者不能有效监督经营者的情况下，组织制度的调整势在必行，就是将经营者的行政任命制度转变为董事会选聘经营者的经济组织制度，这不能完全杜绝机会主义行为，但在约束经营者的行为方面要比行政组织制度更有效，而且通过市场的筛选可以尽可能地减少逆向选择风险。因此，张五常把企业与市场的关系理解为一种契约对另一种契约的替代，在构造我国国有企业组织制度和建立公平竞争的市场制度之前，必须考虑企业作为市场主体的本质是在公平竞争的基础上追求利益的最大化。

1986 年，我国制定了《民法通则》；1999 年 3 月 15 日，第九届全国人民代表大会第二次会议通过了《合同法》，自 1999 年 10 月 1 日实施；《证券法》于 1998 年 12 月 29 日通过，于 1999 年 7 月 1 日实施；《物权法》也于 2007 年 3 月 16 日通过，自 2007 年 10 月 1 日实施。我国政府从企业作为市场主体的角度通过改革国有企业的组织制度，保证所有者和经营者的利益，从而为我国的企业治理创造了良好的制度环境。

在具体的实践中，国企改革依然是以产权多元化和治理结构建设为中心。2003 年 10 月，中共十六届三中全会提出的《中共中央关于完善社会主义市场经济体制若干问题的决定》中指出，要"建立健全现代产权制度，产权是所有制的核心和主要内容，包括物权、债权和知识产权等各类财产权。建立归

---

① 麻珂. 国有企业组织内部的激励结构：理论分析和政策含义［J］. 四川行政学院学报，2015（01）：82 – 86.

属清晰、权责明确、保护严格、流转顺畅的现代产权制度，有利于维护公有财产权，巩固公有制的主体地位；有利于保护私有财产权，促进非公有制经济发展，有利于各类资本的流动和重组，推动混合所有制经济发展；有利于增强企业和公众创业创新的动力，形成良好的信用基础和市场秩序。"《决定》第一次把产权制度提到如此的高度，提出"产权是所有制的核心和主要内容"，是对"产权清晰、权责明确、政企分开、管理科学"的现代企业制度的重大创新和历史突破，进一步明确具体了国企改革的任务和目标。

建立现代企业制度，实现国有经济的战略性重组，迫切需要资本市场提供有力的金融支持与有效的金融服务。资本市场对于国企改革而言非常重要。2005 年 4 月中国证监会启动了股权分置改革试点工作。到 2006 年年末，股权分置改革基本完成，资本市场的功能逐渐回归。股权分置改革成功后，随着资本市场体制的逐渐完善，资本市场将成为一个全国优质资产的吸纳器，为国企改革提供了一个全国范围的资源配置平台，企业之间的大额换股并购有了可能。这对于国有经济的战略性结构调整，非公资本参与国企改制，产业整合以及上市公司做优做强，都有积极的影响。而且，国有资本的市场价值和市场价格可以在资本市场获得公允的定价，股价有条件成为新的绩效考核标准。

香港金融发展局委员，招商局集团、招商银行原董事长秦晓认为，国有企业存在的本质是政府直接进入市场。政府不是作为中性的调控者或者监管者，或是基础设施的维护者，而是直接参与了市场竞争①。

二、完善充分信息形成和公平竞争机制

随着时代演进与制度变迁，人类已经别无选择地走进了一个问题丛生与风险重重的信息社会。在信息革命这一被托夫勒称为"第三次浪潮"的滚滚洪流的冲击之下，信息已经超越物质和能量成为最重要的经济资源，如何收集、管理和使用信息不仅关系着一个国家在信息时代的竞争实力，也关系着

---

① 《财经》年会"2019：预测与战略"于 2018 年 11 月 13～14 日在北京举行。香港金融发展局委员，招商局集团、招商银行原董事长秦晓出席并演讲。

国家治理体系与治理能力现代化的终极命运①。

近年来，我国证券市场可谓乱象丛生，资金空转，套利横行，资产价格虚高，风险不断聚积，最终酿成了的史无前例的2015年"股灾"。"股灾"过后，一场声势浩大的市场整顿与监管改革接踵而至，力度、范围与影响均超乎以往。然而，由于本轮证券市场治理并未摆脱"运动式治理"的窠臼，且存在对程序正义、人权保障、执法公正等法治精神的背离，所以难以根治困扰证券市场多年的顽疾。推进证券市场从运动式治理到制度性治理的转变，需要立足于证券业"三信"行业的本质，厘清证券市场的内生性和本源性问题，进而才能有的放矢。由于信息不对称的分析范式是证券法律制度比较和建构的立论基础，治理工具又是将治理理念转化为实际行动的关键，故而从信息工具配置的视角检视证券市场的治理难题并寻求治愈的方案是一条符合认知逻辑的近路。

众所周知，信息不充分、信息不对称和信息不准确是证券市场的常态化现象，如何控制由此产生的道德风险与逆向选择成为证券市场法律制度建构的核心性命题，信息披露制度更是成为证券市场治理的根基性制度。证券市场中的信息具有生成的无秩序性、分布的非均质性、传递的可迁移性等特征，面对杂乱无章和变动不居的海量信息，证券市场治理的第一要务是根据特定的标准将信息征集上来，然后再将这些信息披露给那些处于信息弱势地位的投资者。这一过程交织着收集工具和流动工具的运用，前者是将信息从分散走向集中的过程，后者则是将信息从集中走向分散的过程，二者在降低证券交易成本、减少道德风险和逆向选择的价值旨趣上实现了殊途同归。在逐利性的证券市场中，如果没有合适的制度约束和利益激励机制，寄希望于信息优势方主动、及时、真实、准确地披露信息是不现实的，道德自觉的防线很容易在权力与资本的侵蚀下轰塌。诚如有论者指出："市场主体能自发提供或获得真实信息，可能是由于信息弱势方具有规则设定权，也可能是由于完全竞争市场对提供虚假信息的信息优势方的驱逐效应。但如果让信息优势方享

---

① 李安安，冯岳. 资本市场中信息工具法律配置的反思与变革［J］. 证券法律评论，2018（00）：483-494.

有信息披露的主动权，其往往遁入道德风险的窠臼，加剧信息不对称。"

鉴于此，各国证券法关于收集工具与流动工具的规定基本上都属于强制性规范，我国《证券法》关于信息报送制度、信息告知与披露制度、公共信息制度的规定同样如此。然而，为什么这些强制性的制度安排难以遏制欺诈发行上市、内幕交易、虚假陈述等不法现象的滋生？为什么法律文本中的收集工具与流动工具未能转化为实践中规制证券市场乱象的"利器"？答案需要从我国证券市场的信息治理结构中去寻找。

证券市场中的信息治理结构（或者信息规制结构）包括三个层面的问题：是否需要信息治理、谁来进行信息治理、如何进行信息治理。证券市场的公共性决定了信息治理的必要性和正当性，证券市场需要信息治理是毋庸置疑的经验性常识。"谁来进行信息治理"关注的是中央与地方、行政监管机构与自律监管机构的监管权限划分问题，其要求合理确定政府与市场之间的有效边界，根据比较优势原则发挥监管主体的积极性，使各方归位尽责，共同维护证券市场的稳定。"如何进行信息治理"主要指向的则是信息工具的配置问题，其要求建立妥当和动态的治理体系，即注意目的与手段之间的有效匹配，顾及各种信息工具之间的功能组合与动态调适。

我国证券市场中的信息流动工具同样广遭诟病。在现行的证券法文本中，信息流动工具主要具象化为发行人的信息披露制度和监管机构的信息公告制度，前者又可以细分为证券发行信息披露制度、持续信息披露制度和重大事件临时报告制度，均属于平行的信息流动工具，后者主要表现为通过公开谴责、通报批评、市场禁入等对违法行为进行公示以及通过其他方式公开监管信息，属于自上而下的信息流动工具。由于信息披露制度是证券市场的基石，其制度规则供给异常丰富，繁杂多元，时常因标准不一而引发适用冲突，给人以无所适从之感。长期以来，证券市场信息披露制度都是建立在"以监管需求为导向"的基础之上，信息披露的规范重点在于信息披露义务人是否披露了信息，至于信息的接收者是否理解了所披露信息的含义则不过问。这种形式意义大于实质意义的信息披露制度缺乏针对性和有效性，不利于及时发现上市公司的潜在风险，减损了信息披露监管的制度功能。证券市场层出不穷的内幕交易、操纵市场、虚假陈述案件也间接说明了信息披露制度的弊病，因此推动"以监管需求为导向"向"以投资者需要为导向"转型势在必行。与信息披露制度这种平行式的信息工具相比，信息公告制度是一种自上而下的信息工具，由于其是享有公权职责的监管部门所做出的，效果较为直接明显。例如，对违法行为信息的公示就能起到传统法律责任所不能起到的功效：一方面，能够使获知信息的交易主体用脚投票，放弃与违法者交易；另一方面，信息的广泛传播能够普遍降低社会对违法者的评价，使该违法者主动做出合法的行为选择，从而缓解公共机构的执法压力。但不得不承认的是，监管机构的现行信息公告制度与市场需求尚有较大落差，违法行为的发现能力不足，风险预警的意识不强，信息公告的主动性、及时性、准确性、透明性均有待改进。由于证券市场的特殊性，证券违法属于典型的资源优势型违法范畴，违法主体具有资金与信息优势，违法手段复杂难辨且趋于隐蔽，查处成本高昂，以致最终公告出来的违法行为信息失去了应有的威慑功能。值得注意的是，美国的《多德—弗兰克法案》规定了"举报人激励与保护"条款，引入了向合格举报者提供10%～30%罚没所得的激励机制，建立了"公私协同，罚没款分成"的证券违法查处模式，显著提高了违法成本和监管效能，颇值得我国学习借鉴。此外，作为信息公告的载体和信息流动的平台，新闻媒体在证券市场治理中的角色尚未被充分关注，特别是自媒体背景下的市场传言、网络谣言更是处于证券监管的真空地带。

商品价格由稀缺状况决定，资金能在不同企业自由流动，竞争使同一行业的利润水平趋于一致①，利润成为反映企业状况的充分信息，因为企业是否具备竞争力取决于企业经营的优劣，这就把经营者与企业价值联系到一起，只要将企业利润水平与该行业的平均利润率加以比较，即可对经理的能力做出准确判断，被证明有能力的经营者会被雇用，因而经营者会追求企业价值的最大化，企业内外部劳动力市场有机地结合在一起，可见，在一个商品和生产要素能够自由流动的市场上，充分竞争使经营者与所有者激励相容，对经营者的监督与评价变得单一明了。

---

① Hart O. The Market Mechanism As an Incentive Scheme [J]. *Bell Journal of Economics*, 1983, Vol. 14，366－382.

改革前，我国国有企业的建立是为了满足国家发展战略的需求，所需的投资和其他生产要素则由政府无偿拨付，生产的产品及其规格、数量和产品的调拨或销售由政府计划决定，财务统收统支，企业剩余由国家控制，利润全部上缴，亏损全部核销，在这种高度集中的计划体制下，我国形成了特殊的国有企业治理机制。此时，商品和生产要素价格扭曲，没有反映企业经营水平的平均利润率，企业的利润水平不能充分反映企业经营状况，也就不能作为评价经营者能力的指标。要获取企业的开支水平是否合理，利润水平是否真实，以及是否维护所有者的利益等信息，费用十分高昂甚至不可能，所有者和经营者之间的激励不相容且难以克服，责任的不对等则进一步加剧这种倾向，结果表现为企业亏损增加和国有资产流失，同时，企业可以将这些归咎于国家下达的政策性负担，要求政府继续给予补贴和保护，企业预算约束软化，竞争的市场也难以形成。可见，充分信息的形成和公平的竞争是完善我国企业治理机制的基本要素，同时也意味着治理机制落后的低效益企业应该退出市场。

三、我国国有资本管理完善的要点

尽管我国国企的改革非常艰辛，面临一个又一个的新的历史条件和新的技术问题，但我国国有企业资本管理的路径已经不断清晰，可以说是必须要积极发展混合所有制经济，促进资本市场和产权市场公开交易。

党的十八届三中全会在确立市场机制在资源配置中起决定性作用的改革基调的同时，也提出了国有企业改革的两个重点：一是按照"混合所有制"模式进一步推进产权制度改革；二是进一步完善国有资本管理体制与运营机制。其实，混合所有制本身并非一个新概念，党的十四大提出要建立现代企业制度，推动产权主体多元化，以股份制形式存在的混合所有制是公有制的实现形式。那么，当前混合所有制对于进一步深化国有企业改革有何意义呢[①]？

应该说，党的十四大以来的国有企业股份制改革实质上是把其他非国有

---

① 杨瑞龙. 以混合经济为突破口推进国有企业改革 [J]. 改革，2014（5）：19-22.

的产权主体引入国有企业，把两权分离建立在混合经济的基础上，这对于推进政企分开和产权主体多元化、明晰产权关系、提高企业的治理结构效率起到了积极的作用，但在国有资本与非国有资本的混合过程中还存在有形的或者无形的制约因素，尚没有真正建立起产权明晰、政企分开、权责明确、管理科学的现代企业制度。具体表现为：

第一，不同所有权主体在"混合"过程中存在种种制度性障碍，这直接影响了国有经济的战略性调整以及产权的明晰化。一是在竞争性相对较强的国有企业的股份制改造过程中，子公司的股权多元化进展较大，甚至在有的子公司出现了非国有股东控股的情况，但母公司一般以国有独资的集团公司的身份出现，同时股份制改造后的国有股股权交易受到了限制，导致政资不分、政企不分等传统国企病仍然存在。二是在垄断性国有企业的改革中，基本上是国有资本一统天下，对民营资本的进入有较高的门槛，所谓的"玻璃门""弹簧门""天花板"正是描述了民营资本难以进入基础设施、基础产业等垄断性行业。

第二，国有资产管理与经营体制改革的滞后制约了国有企业更快地走向市场。一是国资委只拥有国有资产的部分权能，而更重要的人事任命权、资产处置权、投资决策权等还分散在国家的其他部门，政资不能真正分开，政企就无法分开；二是多个代表国家行使所有者职能的部门在分配国有资产的权利时互不相让，而在落实责任主体时相互推诿；三是地方国有企业的改革采用了国资委—资产经营公司—股份公司等多级委托代理构架，处于代理链条中间环节的国有资产经营公司通常是由企业原主管部门改制而成的"翻牌公司"，从而可能出现在新的改革形式下"穿新鞋、走老路"的现象。

第三，所有者行为的行政化导致企业内缺乏真正的风险承担主体。企业治理结构的效率含义包含了一个重要的假设前提，那就是拥有剩余索取权的所有者是企业风险的承担者，因而更具有通过强化监督提高企业效率的内在动机。然而，国有企业股份制改造后，大股东仍由政府扮演，政府及其代理人在经营国有资产时未必会把追求利润最大化作为最重要的经营目标，而会考虑多元化的政府目标。当充当监督者的所有者都不把资本效率作为首要目标时，不承担风险的经营者的监督动力和企业的治理效率低下就不再是一件怪事。特别是国有企业内部组织构架科层化，不仅层级较多，而且干部比职员多，这会扭曲上下级的信息传导，放大各级的代理问题，造成内部风险控制难度加大，降低管理效率。

第四，国有独资或一股独大导致不同治理主体相互制衡机制的失灵。现代公司为解决所有权与控制权分离下的经理人偷懒问题，分别构建了股东会与董事会之间、董事会与经理人之间、董事会与监事会之间、监事会与经理人之间的制衡机制，使得经理人唯有实现股东利益最大化才能实现自身利益最大化。在国有独资或一股独大的条件下，企业领导人的任免权掌握在政府手中，即使存在董事会、监事会等治理构架，也多流于形式。董事长与经理人之间没有明确的权利划分，遇到了一个强董事长，则总经理就扮演一个常务副总经理的角色；遇到一个强经理人，则扮演半个董事长的角色。在这样的治理构架下，当面临经理人偷懒行为时，政府监督机构就面临两难选择：加强监督，则可能会强化行政干预；放任不管，则可能会导致偷懒行为普遍化。

第五，激励与约束机制不健全导致企业经营者行为官员化。现代公司为解决代理问题，一方面，股东通过在股东大会和董事会上用"手"投票以及在资本市场上用"脚"投票来约束经理人的行为，另一方面，通过为经理人建立一个包含年薪、奖金、股票期权收益等形式的最优报酬计划，激励经理人努力为股东的利益服务。如果只有激励，没有约束，经理人就可能滥用经营权；如果只有约束，没有激励，经理人就可能选择不作为。在目前的国有企业中，经营者的工作业绩与其个人收入以及职务升迁关联度不大，基本是干多干少一个样、干好干坏一个样。在激励机制缺乏，而某些经营环节问责制强化的情况下，有些经营者就偏好于选择"谨慎"行为，热衷于搞好各种关系，对提升盈利能力等关注不够，这种内部关系政治化倾向必定会影响企业治理结构的效率。

为更好地发挥市场在资源配置中的决定性作用，党的十八届三中全会强调，未来的国有企业改革要大力推进国有资本、集体资本、非国有资本等交叉持股、相互融合，并把这样一种混合所有制看成社会主义基本经济制度的实现形式。为此，必须以混合经济为突破口，推进国有企业更深层次的改革。

第一，继续推进国有企业的分类改革战略，为国有资本与非国有资本的融合减少制度性障碍。在社会主义市场经济条件下，分布在不同行业的国有企业实际上发挥着不同的作用，应根据国有企业所处行业的不同选择不同的改革模式。对于那些提供公共产品的公益类国有企业，应保持国家所有、政府经营，应在财力可支撑的限度内加大国有资本的投入，以确保城市正常运转和稳定、实现社会效益为目标。对于那些处于基础产业、基础设施以及某些特殊的高科技和军工产业的国有企业，应适当引进非国有资本，打破行政垄断，自然垄断行业要实行以"政企分开、政资分开、特许经营、政府监管"为主要内容的改革，以完成战略任务或专项任务为目标，更好地弥补市场失灵；对于那些适宜完全进入市场的竞争性国有企业，应从市场效率出发，努力构建一个有效的退出机制，使企业真正成为产权明晰化的市场竞争主体。当前尤其需要推进竞争性或者垄断竞争型国有企业的母公司（集团公司总部）产权多元化，同时，应向民营资本开放经过选择的"国计民生"行业，通过混合经济模式提高功能性国有企业的效率。

第二，重构与混合所有制相适应的国有资产管理与经营体制。如果国有资产监管部门继续习惯于扮演政府的角色，那么只要是"一股独大"，不管选择什么改革形式，国有企业也很难成为真正的市场主体。因此，推进国资监管体制的改革至关重要。一是在政资分开的基础上实现政企分开，使国资委真正履行一个出资人的职责；二是把分散在各个政府部门的所有权职能集中到新的国资委，形成权利、义务、责任相统一，管资产、管人与管事相结合的国有资产监管体系；三是通过试点逐步将原来的"国资委—中央企业"的两层架构向"国资委—国有资本运营投资公司—中央企业"三层架构过渡，这就有必要改革国有资本授权经营体制，可参考新加坡淡马锡公司模式，组建若干国有资本运营公司，支持有条件的国有企业改组为国有资本投资公司。

第三，积极探索国有资本有序退出的路径，为国有产权与非国有产权的融合创造条件。一是发挥资本经营这一杠杆作用，推动企业的兼并和重组，优化资产质量。特别是可以通过资本市场让更多的央企实现公众化、市场化、全球化，有利于国有资本和社会资本的结合，增强国有企业的活力。二是对于适宜走向市场的国有企业，逐步开放所有权的转让市场。特别是对于已上市的股份公司，积极探索国有股和法人股上市流通的办法，争取实现全流通目标。三是把企业的债务重组与企业重组结合起来，用市场经济的方法对经营陷入困境的国有企业进行重组。四是实行员工持股计划，把股权激励与股权分散化结合起来。同时，在各类投资者平等参与、竞价受让国有产权的条件下，企业管理层通过自有资金或社会融资等规范方式收购某些中小企业。五是对于那些重组成本过高而又能够卖出一个较好价钱的中小型企业予以出售，并在改革的实践中完善一些防止国有资产流失的原则，如先改造后出售的原则，公开出售的原则，建立中介性资产评估机构，公正、客观地评估国有资产的价值等。六是对于那些既卖不出去、又无改造前景的亏损企业则予以关闭，宣布破产。七是进一步完善证券市场。因为一个有效的证券市场不仅可以提供资本转让的场所，而且可以及时反映资产的价格，从而大大降低企业重组的成本。八是对已经进行股份制改造的竞争性国有控股的股份公司，应引入企业控制权的退出机制，强化市场对公司经理人员的约束机制。

第四，优化混合所有制企业的治理结构，建立职业经理人制度。国有企业领导人的行政化任命，导致了国企领导人身份的双重化，既是官员，又是经营者，从而具有既依赖政府又依赖市场的两面性，影响了企业的竞争力。因此，随着混合所有制的推行，必须建立职业经理人制度，由市场来选择经理人，评估经理人的经营业绩。同时，人力资本只能激励，不能压榨。人的劳动与创造能力隐藏在人体之中，如果不能引入有效的激励机制，人力资本所有者就可能在固定收入下最小化自己的劳动供给。经理人是一种更稀缺的人力资本，尤其需要激励。当前可选择的是引入以年薪制、奖金、股票期权计划、退休金计划为主要内容的最优报酬计划，将经理人对个人效用最大化的追求转化为对企业利润最大化的追求。

参考文献

一、中文文献

1. 吴艳辉，张明华. 所有者和经营者的风险偏好与最优报酬安排 [J]. 经济问题，2002 (6)：14 - 39.

2. 郭彬，张世英，郭焱，冷永刚. 企业所有者与经理人委托代理关系中最优激励报酬机制研究——兼论企业产业类型与业绩报酬的关系 [J]. 中国管理科学，2004，12 (5)：80 - 84.

3. 杨淑君，郭广辉. 论建立所有者与经理人的双向激励约束机制 [J]. 河北经贸大学学报，2007，28 (4)：67 - 70.

4. 刘银国. 基于委托——代理理论的国有企业经营者激励机制研究 [J]. 经济问题探索，2007 (1)：155 - 160.

5. 朱信贵. 高管薪酬管制分析——基于多任务委托代理视角 [J]. 经济与管理，2012，26 (6)：61 - 65.

6. 丁永健，王倩，刘培阳. 红利上缴与国有企业经理人激励——基于多任务委托代理的研究 [J]. 中国工业经济，2013 (1)：116 - 127.

7. 刘凤委，孙铮，李增泉. 政府干预、行业竞争与薪酬契约——来自国有上市公司的经验证据，管理世界，2007 (9)：76 - 84.

8. 李维安，刘绪光，陈靖涵. 经理才能、公司治理与契约参照点——中国上市公司高管薪酬决定因素的理论与实证分析 [J]. 南开管理评论，2010，13 (2)：4 - 15.

9. 陈冬华，陈富生，沈永建，尤海峰. 高管继任、职工薪酬与隐形契约——基于中国上市公司的经验证据 [J]. 经济研究，2011 (2)：100 - 111.

10. 马连福，王元芳，沈小秀．国有企业党组织治理、冗余雇员与高管薪酬契约 [J]．管理世界，2013（5）：100 – 115.

11. 王垒，刘新民，丁黎黎．异质委托情境下国企高管自利行为对激励契约的影响分析 [J]．上海经济研究，2015（9）：41 – 48.

12. 迈克尔·曾伯格．经济学大师的人生哲学 [M]．侯玲，等译．北京：商务印书馆，2002.

13. 李红刚．从均衡到演化：经济分析方法演讲的一条道路 [J]．江苏社会科学，2004（3）.

14. 余晓燕．一般均衡理论的发展脉络研究 [J]．现代商贸工业，2009，21（7）：22 – 23.

15. 吴福象，朱蕾．可计算一般均衡理论模型的演化脉络与应用前景展望——一个文献综述 [J]．审计与经济研究，2014，29（2）：95 – 103.

16. 李贞芳．关于契约经济学的研究 [J]．社会科学动态，2000（6）.

17. 谢舜，周鸿．科尔曼理性选择理论评述 [J]．思想战线，2005（2）：70 – 73.

18. 刘波．"证券市场的理论与实践"讲座：第八讲 有效率的资本市场理论及发展 [J]．世界经济文汇，1992（6）：61 – 68.

19. 黄彬．中国股市和美国股市弱势有效性研究 [J]．时代金融，2011（21）：163.

20. 冯玉梅．现代资本市场理论：发展、演变及最新发展趋势 [J]．中国地质大学学报（社会科学版），2005（6）：26 – 30.

21. 王亚玲，张庆升．资本市场效率理论的体系 [J]．北京工商大学学报（社会科学版），2005（1）：33 – 36.

22. 李茂生，苑德军．中国证券市场问题报告 [M]．中国社会科学出版社，2003.

23. 乔治·斯蒂格勒．新包格拉夫经济学辞典 [M]．麦克米伦出版社，1987：457 – 459.

24. 康芒斯．制度经济学（上）[M]．商务印书馆，1983.

25. 诺斯．经济史中的结构与变迁 [M]．上海三联书店，1991.

26. 科斯. "联邦通信委员会" (1959), 社会成本问题 (1961), 企业、市场和法律 (1980).

27. 科斯. 论生产的制度结构 [M]. 上海三联书店, 1994.

28. 张五常. 中国的前途 [M]. 香港信报有限公司, 1988: 15.

29. 波斯纳. 法律的经济分析 (上) [M]. 中国大百科全书出版社, 1997. 20.

30. 安东尼·德·雅赛. 重申自由主义 [M]. 中国社会科学出版社, 1997: 122.

31. 张五常. 财产权利与制度变迁 [M]. 上海三联书店, 1996.

32. 谢德宗. 货币银行学 [M]. 台湾三民书店, 1993: 265。

33. 肖作平. 资本结构影响因素的双向效应动态模型——来自中国上市公司面板数据的证据 [J]. 会计研究, 2004 (2): 26–41.

34. 连玉君, 钟经樊. 中国上市公司资本结构动态调整机制研究 [J]. 南方经济, 2007 (1): 23–27.

35. 张娟. 上市公司对资本结构优化调整的关注——基于我国制造业数据的实证研究 [J]. 山西财经大学学报, 2007 (11): 80–83.

36. 谭雪. 行业竞争、产权性质与企业社会责任信息披露——基于信号传递理论的分析 [J]. 产业经济研究, 2017 (3): 15–28.

37. 樊纲. 公有制宏观经济理论大纲 [M]. 上海三联书店, 1990: 245–265.

38. 丁丹. 信贷配给理论研究述评 [J]. 吉林金融研究, 2018 (2): 18–23.

39. 中国人民银行吐鲁番中心支行课题组, 李卫林, 宋长江. 利率政策、信贷配给与企业去杠杆 [J]. 金融发展评论, 2017 (8): 113–124.

40. 张维迎. 所有制、治理结构及委托——代理关系 [J]. 经济研究, 1996 (9).

41. 黄群慧. 控制权作为企业家的激励约束因素: 理论分析及现实解释意义 [J]. 经济研究, 2000 (1).

42. Y·巴泽尔. 产权的经济分析 [M]. 上海三联书店, 1997: 72.

43. 张维迎. 控制权损失的不可补偿性与国有企业并购中的产权障碍 [J]. 经济研究, 1998 (7).

44. 钱德勒. 看得见的手 [M]. 商务印书馆, 1987.

45. 张维迎. 博弈论与信息经济学 [M]. 上海: 上海人民出版社, 2012.

46. 张春霖. 国有企业改革中的企业家问题——兼评张维迎著《企业的企业家》. 中国书评, 1996 (4).

47. 于成永, 施建军, 方红. 控制权、规模与并购绩效——基于沪深制造业上市公司的实证研究 [J]. 国际贸易问题, 2013 (5): 128 – 142.

48. 张跃平, 刘荆敏. 委托代理激励理论实证研究综述 [J]. 经济学动态, 2003 (6): 74 – 78.

49. 伯利, 米恩斯. 现代股份公司与私有财产 [M]. 台湾: 台湾银行出版社, 1982: 97.

50. 冯根福. 双重委托代理理论: 上市公司治理的另一种分析框架——兼论进一步完善中国上市公司治理的新思路 [J]. 经济研究, 2004 (12): 16 – 25.

51. 李仕明, 唐小我. 完全信息下的激励——努力动态博弈分析 [J]. 中国管理科学, 2004 (5): 117 – 120.

52. 张亦平. 委托代理关系中信息不对称问题研究——理论框架与资管市场经验证据 [J]. 投资研究, 2017, 36 (11): 145 – 157.

53. 李纲, 吴学军. 不确定性、风险与信息约束 [J]. 情报理论与实践, 1998 (1): 21 – 23.

54. [英] 洛伦兹. 格利茨. 金融工程学 [M]. 经济科学出版社, 1998: 219 – 220.

55. 陈道晖. 代理成本下的资本结构与公司治理研究 [J]. 中国商贸, 2012 (5): 253 – 254.

56. 王琦. 企业的起源和变迁 [J]. 晋阳学刊, 2001 (3).

57. 薛鹏. 企业理论的起源和发展: 一个时间演绎视角 [J]. 湖北经济学院学报, 2007. 11 月第 Vol. 5 (6).

58. 李玉良. 从 "生产函数" 到 "契约安排" ——企业本质理论认知的演进脉络分析 [J]. 科技经济市场, 2009 (7): 74 – 75.

59. 杨瑞龙, 周业安. 一个关于企业所有权安排的规范性分析框架及其理论含义——兼评张维迎、周其仁及崔之元的一些观点 [J]. 经济研究, 1997 (1).

60. J. M. 布坎南. 自由、市场与国家 [M]. 上海三联书店, 1989: 149 - 150.

61. 汪丁丁. 知识沿时间和空间的互补性以及相关的经济学 [J]. 经济研究, 1997 (6).

62. 王红一. 公司法功能与结构法社会学分析 [M]. 北京: 北京大学出版社, 2002: 252 - 253.

63. 徐良平. 市场、技术、资本结构与企业所有权安排 [J]. 南京金融高等专科学校学报, 2001 (1).

64. 蔡贵龙, 郑国坚, 马新啸, 卢锐. 国有企业的政府放权意愿与混合所有制改革 [J]. 经济研究, 2018, 53 (9): 99 - 115.

65. 李义奇. 国企改革 40 年回顾 [J]. 征信, 2018, (10): 1 - 7.

66. 钱颖一. 企业的治理结构改革和融资结构改革 [J]. 经济研究, 1995 (1): 20 - 29.

67. 桑瑜. 论公有制与市场经济的有机结合: 基于财产所有权与产品所有权分离的视角 [J]. 江汉论坛, 2018 (2): 17 - 23.

68. 胡徐腾. 坚持党对国有企业的领导与建立现代企业制度 [J]. 党建研究, 2018 (7): 41 - 43.

69. 陈清泰. 摘掉企业头上的所有制标签 [M]. 新京报, 2018, 11.

70. 刘芍佳, 李骥. 超产权论与企业绩效 [J]. 经济研究, 1998 (8).

71. 许小年. 信息、企业监控和流动性 [J]. 改革, 1996 (4, 5).

72. 江轩宇. 政府放权与国有企业创新——基于地方国企金字塔结构视角的研究 [J]. 管理世界, 2016 (9): 120 - 135.

73. 麻珂. 国有企业组织内部的激励结构: 理论分析和政策含义 [J]. 四川行政学院学报, 2015 (1): 82 - 86.

74. 《财经》年会 "2019: 预测与战略" 于 2018 年 11 月 13 日 - 14 日在北京举行。香港金融发展局委员, 招商局集团、招商银行原董事长秦晓出席并演讲.

75. 李安安, 冯岳. 资本市场中信息工具法律配置的反思与变革 [J]. 证券法律评论, 2018 (0): 483 - 494.

76. 吴颖洁. 中国金融产权制度的变迁与改革 [J]. 集团经济研究. 2007

（11S）：253.

77. 高坚，李琦，王艺璇. 全球视角下的中国金融制度变迁［J］. 中国经济报告，2015（9）：82－84.

78. 李梅. 解读我国证券市场的市场化［N］. 金融时报，2000－6－24.

79. 刘明，董文兵. 浅析我国风险投资现状及问题［N］. 北京印刷学院学报，2018，26（1）：95－97.

80. 傅斌. 证券的经济分析［M］. 中国统计出版社，2001.

81. 傅斌. 证券的信息披露：兼谈我国上市公司信息公开的规范化［M］. 经济科学出版社，2017.

82. 陈军，傅斌. 美国、日本证券立法与证券设计理念的比较——兼谈各国证券法规的经济实质［J］. 海南金融，2018（1）：58－63.

83. 廉思东. 双重目标下上市公司信息披露问题研究——基于公司市场价值与社会价值如何统一的研究分析［D］. 指导老师：傅斌，2014级金融学学士毕业论文，2018.5.

二、英文文献

1. Debreu G. , Scarf H. . A Iimit Theorem on the Core of An Economy ［J］. *International Economic Review*，1963，26（4）：23546.

2. Johansen L. . *A Multisectoral Study of Economic Growth* ［M］. North-Holland：Amsterdam，1960.

3. Kendall ，M. G. . The Analysis of Economic Time Series, PartI：Prices ［J］. *Journal of Royal Statistical Society*，1953（96）.

4. Barzel. Y. *Economic Analysis of Property Rights* ［M］. Cambridge University Press，1989.

5. F. Modiligliani，M. H. Miler. The Cost of Capital，Corporation Finance and the Theory of Investment ［J］. *American Economic Review*，1958（48）. Corporate Income Taxes and the Cost of Capital ［J］. *American Economic Review*，53. 663.

6. R. M. Townsend. Optimal Contracts Competitive Markets With Costly State Verification ［J］. *Journal of Economic theory*1979（21），265－293.

7. Freixas, X. And Rochet, J. C. Microeconomics of Banking [J]. *Massachusetts Institute of Technology*, 1991.

8. J. Williams. Monitoring and Optimal Financial contracts [R]. Working Paper. University of British columbia, 1989.

9. Myers S. C.. The Capital Structure Puzzle [J]. *Journal of Finance*, 1984, 39: 75 – 92.

10. Fischer E. O. , Heinkel R. , Zecchner J.. Dynamic Capital Structure Choice: Theory and Tests [J]. *Journal of Finance*, 1989 (1), 19 – 40.

11. Leary M. T. , Roberts M. R.. Do Firms Rebalance Their Capital Structures? [J]. *Journal of Finance*, 2005 (6): 2575 – 2619.

12. Strebulaev I. A.. Do Tests of Capital Structure Theory Mean What They Say? [J]. *Journal of Finance*, 2007 (4): 1747 – 1787.

13. Lemmon M. L. , Roberts M. R. , Zender J. F.. Back to the Beginning: Persistence and the Cross Section of Corporate Capital Structure [J]. *Journal of Finance*, 2008 (4): 1575 – 1608.

14. Fama E. , French K.. Testing Tradeoff and Pecking Order Predictions About Dividends and Debt [J]. *Review of Financial Studies*, 2002 (1): 1 – 37.

15. Huang Rongbing, Ritter J. R.. Testing Theories of Capital Structure and Estimating the Speed of Adjustment [J]. *Journal of Financial and Quantitative Analysis*, 2009 (2): 237 – 271.

16. Flannery M. J. , Rangan K. P.. Partial Adjustment Toward Target Capital Structures [J]. *Journal of Financial Economics*, 2006 (3): 469 – 506.

17. H. Wijkander. Financial Intermediation Equilibrium Credit Rationing, and Business Cycles. In L. Werin et al. Contract Economics. Blackwell, 1992.

18. E. Baltensperger. Credit Rationing. Issues and Question [J]. *Journal of Money*. Credit and Banking, 1978, 10, 170 – 183.

19. Alchian, Armen and Demsetz, Harold. Production, Information Costs, and Economic Organization [J]. *American Economic Review*, 1978, 62 (50). 77 – 95.

20. FitzRoy, Felix R. and Dennis Mueller. Cooperation and Conflict in Contractu-

al Organization [J]. *Quarterly Review of Economics and Business*, 1984, 24 (4).

21. Riordan, Michael H.. What Is Vertical Integration? . in M. Aoki, Bo Gustafsson and O. Williamson, eds. , The Firm as a Nexus of Treaties, London: Sage Publications Ltd, 1990.

22. Dow, Gregory K.. Why Capital Hires Labour: A Bargaining Perspective [J]. *American Economic Review*, 1933, Vol. 83 (1), 118 – 134.

23. M. Harris and A. Raviv. Corporate Governance: Voting Rights and Majority Rules [J]. *Journal of Financial Economics*, 1988 (20): 203 – 235.

24. M. Harris and A. Raviv. Corporate Control Contests and Capital Structure [J]. *Journal of Financial Economics* 1998 (20): 55 – 86.

25. M. Harris and A. Raviv. The Design of Securities [J]. *Journal of Financial Economics*, 1989 (24): 255 – 287.

26. O. Hart and J. Moore. Default and Renegetiation: A Dynamic Model of Debt [R]. MIT Working Paper, 1989, No. 520.

27. O. Hart. *Firms, Contracts and Financial Structure* [M]. Oxford University Press, 1995: 186 – 187.

28. M. M. Blair Ownership and Control. The Brooking Institution, 1995: 98 – 110.

29. R. M. Stulz. Managerial control of Voting Rights: Financial Policies and the Market for Corporate Control [J]. *Journal of Financial Economics*, 1988 (20): 25 – 54.

30. R. Israel. Capital Structure and the Market for Corporate Control: the Defensive Role of Debt Financing [J]. *Journal of Finance*, 1991 (46): 1391 – 1409.

31. Johnson, Simon, Rafael La Porta, Florencio Lopez-de-Silanes and Andrei Shleifer Tunneling [J]. *American Economic Review*, 2000 (90).

32. Friedman, E. , S. Johnson, T. Mittton Propping and Tunneling [J]. *Journal of Comparative Economics*, 2003 (31).

33. Shleifer, Andrei and Robert Vishny. A Survey of Corporate Governance [J]. *Journal of Finance*, 1997 (1).

34. S. Ross. The Economic Theory of Agent: The Principals Problem [J]. *A-*

merican Economic Review, 1973 (63): 134 – 139

35. James Mirrlees, The Optimal Structure of Incentive and Authority within an organization [J]. *Bell Journal of Economics*, 1976, 7. 1, 105 – 131.

36. O. Hart , B. Holmstorm Theory of Contracts. in Advances in Economic Theory: fifth world congress, edited by T. Bewley. Cambridge University Press, 1987.

37. H. Leland and D. Plye. Information Asymmetries, Financial Structure and financial Intermediation [J]. *Journal of finance*, 1977, 32 (2): 371 – 387.

38. S. C. Myers and N. S. Majluf Corporate financing and Investment Decisions When firms Have Information That Investor Do Not Have. *Journal of financial Economics*, 1984 (13): 187 – 221.

39. Evans David S An Estimated Model of Entrepreneurial Choice Under Fiquidity Constraints [J]. *Journal of Political Economy*, 1989, Vlo. 97, №. 4, 808 – 827, Blanchfower David G and Andrew J Oswald. What Makes An Entrepreneur? [R]. Working Paper, Dartmouth College, 1990.

40. Aoki. M. . *The cooperative Game Theory of the Firm* [M]. Oxford: Clarendon Press, 1984.

41. Williamson, O. E. . Markets and Hierarchies [M]. New York: The Free Press, 1975.

42. Milgrom Paul and John Roberts. *Economics, Organization and Management* [M]. NemJersey: Prentic-Hall International, Inc. , 1992: 191 – 193.

43. Barzel, Y. . *Economic Analysis of Property Rights* [M]. Cambridge University Press, 1989.

44. Rubinstein, A. . Perfect Equilibrum in a Bargaining Model [J]. Econometnica, 1982 (50): 97 – 110.

45. Stigler, G. J. and C. Friedland. The Literature of Economics: the Case of Berle and Means [J] . *Journal of Law and Economics*, Vol. XXVI, June 1983.

46. Fama, E. M. Jensen. Separation of Ownership and Control [J]. *Journal of Law and Economics*, 1983 (26): 301 – 325.

47. Zeckhauser R. and M. Horrn The Control and Performance of State-Owned

Enterprises, MacAvoy, Stanbury, Yarrow, and Zeckhauser (eds.), Privatization and State-Owned Enterprises: Lessons from the United States, Great Britain and Canada, Boston, Dordrecht, London, Kluwer Academy Publishers, 1989: 38.

48. Shleifer. A. and R. Vishny. A Survey of Corporate Governance [J]. *Journal of Finance*, 1997 (52): 737 – 783.

49. Hart O. . The Market Mechanism As an Incentive Scheme [J]. Bell Journal of Economics, 1983, Vol. 14, 366 – 382.

50. Zvi Bodie, Alex Kane and Alan J. Marcus. *Essentials of Investment* (Tenth Edition) [M]. McGraw-Hill Education, 2016.

51. Stephen A. Ross, Jeffrey F. Jaffe, Randolph W. Westerfield and Bradford D. Jordan. . Corporation Finance (11th Edition). [M] 2017.

三、主要的法规和数据资料来源

1. 《中国统计年鉴》，1998～2017 年；

2. 《中国证券法律法规汇编》，法律出版社，1998～2017 年；

3. 《中国证券报》，中国证监会主办，1993～2018 年期；

4. 《美国 1933 年证券法》，1975 年 6 月 4 日生效；

5. 《日本证券交易法》，1948 年 4 月 13 日且昭和五十九年〔1984 年〕修改法律第四十四号法律第二五号；

6. 《美国 1986 年政府证券法》，1986 年 10 月 28 日国会通过；

7. 《中华人民共和国公司法》；

8. 《中华人民共和国证券法》；

9. 《上海证券交易所股票上市规则》；

10. Wind 数据库。